验区、卢作孚的北碚实验区、江苏省立教育学院的无锡实验区、齐鲁大学的龙山实验区、燕京大学的清河实验区等。梁漱溟、晏阳初、卢作孚、陶行知、黄炎培等一批名家及各自领导的社会团体，使"乡村建设运动"产生了广泛的国内外影响。费正清主编的《剑桥中华民国史》，曾专辟"乡村建设运动"一节，讨论民国时期这一波澜壮阔的社会运动，把当时的乡村建设实践分为西方影响型、本土型、平民型和军事型等六个类型。

1937年7月抗日战争全面爆发后，全国的"乡村建设运动"被迫中止，只有中华平民教育促进会的晏阳初坚持不懈，撤退到抗战的大后方，以重庆璧山为中心，建立了华西实验区，开展了长达10年的平民教育和乡村建设实验，直接影响了后来台湾地区的土地改革，以及菲律宾、加纳、哥伦比亚等国家的乡村改造运动。

"乡村建设运动"不仅在当事者看来"无疑地已经形成了今日社会运动的主潮",[①] 在今天的研究者眼中，它也是中国农村社会发展史上一次十分重要的社会改造活动。尽管"乡村建设运动"的团体和机构，性质不一，情况复杂，诚如梁漱溟所言，"南北各地乡村运动者，各有各的来历，各有各的背景。有的是社会团体，有的是政府机关，有的是教育机关；其思想有的左倾，有的右倾，其主张有的如此，有的如彼"[②]。他们或注重农业技术传播，或致力于地方自治和政权建设，或着力于农民文化教育，或强调经济、政治、道德三者并举。但殊途同归，这些团体和机构都关心乡村，立志救济乡村，以转化传统乡村为现代乡村为目标进行社会"改造"，旨在为破败的中国农村寻一条出路。在实践层面，"乡村建设运动"的思想和理论通常与国家建设的战略、政策、措施密切

[①] 许莹涟、李竟西、段继李编述：《全国乡村建设运动概况》第一辑上册，山东乡村建设研究院1935年出版，编者"自叙"。

[②] 《梁漱溟全集》第二卷，山东人民出版社2005年版，第582页。

相关。

在知识分子领导的"乡村建设运动"中，影响最大的当属梁漱溟主持的邹平乡村建设实验区和晏阳初主持的定县乡村建设实验区。梁漱溟和晏阳初在从事实际的乡村建设实验前，以及实验过程中，对当时中国社会所存在的问题及其出路都进行了理论探索，形成了比较系统的看法，成为乡村建设实验的理论根据。

梁漱溟曾是民国时期宪政运动的积极参加者和实践者。由于中国宪政运动的失败等原因，致使他对从前的政治主张逐渐产生怀疑，抱着"能替中华民族在政治上经济上开出一条路来"的志向，他开始研究和从事乡村建设的救国运动。在梁漱溟看来，中国原为乡村国家，以乡村为根基与主体，而发育成高度的乡村文明。中国这种乡村文明近代以来受到来自西洋都市文明的挑战。西洋文明逼迫中国往资本主义工商业路上走，然而除了乡村破坏外并未见都市的兴起，只见固有农业衰残而未见新工商业的发达。他的乡村建设运动思想和主张，源于他的哲学思想和对中国的特殊认识。在他看来，与西方"科学技术、团体组织"的社会结构不同，中国的社会结构是"伦理本位、职业分立"，不同于"从对方下手，改造客观境地以解决问题而得满足于外者"的西洋文化，也不同于"取消问题为问题之解决，以根本不生要求为最上之满足"的印度文化，中国文化是"反求诸己，调和融洽于我与对方之间，自适于这种境地为问题之解决而满足于内者"的"中庸"文化。中国问题的根源不在他处，而在"文化失调"，解决之道不是向西方学习，而是"认取自家精神，寻求自家的路走"。乡村建设的最高理想是社会和政治的伦理化，基本工作是建立和维持社会秩序，主要途径是乡村合作化和工业化，推进的手段是"软功夫"的教育工作。在梁漱溟看来，中国建设既不能走发展工商业之路，也不能走苏联的路，只能走乡村建设之路，即在中国传统文化基础上，吸收西方文化的长处，使中西文化得以融通，开创民族复兴的道路。他特别强调，"乡村建设，实非建设乡村，而意在整个中国社会之建设。"① 他将乡村建设提到建国的高度来认识，旨在为中国"重建一新社会组织构造"。他认为，救济乡村只是乡村建设的"第一层意义"，乡村建设的"真意义"在于创造一个新的社会结构，"今日中国问题在其千年相沿袭之社会组织构造既已崩溃，而新者未立；乡村建设运动，实为吾民族社会重建一新组织构造之运动。"② 只有理解和把握了这一点，才能理解和把握"乡村建设运动"的精神和意义。

晏阳初是中国著名的平民教育和乡村建设专家，1926年在河北定县开始乡村平民教育实验，1940－1949年在重庆歇马镇创办中国乡村建设育才院，后改名中国乡村建设学院并任院长，组织开展华西乡村建设实验，传播乡村建设理念。他认为，中国的乡村建设之所以重要，是因为乡村既是中国的经济基础，也是中国的政治基础，同时还是中国人的基础。"我们不愿安居太师椅上，空做误民的计划，才到农民生活里去找问题，去解决问题，抛下东洋眼镜、西洋眼镜、都市眼镜，换上一副农夫眼镜。"③ 乡村建设就是要通过长期的努力，去培养新的生命，振拔新的人格，促成新的团结，从根本上再造一个新的民族。为了实现民族再造和固本宁邦的长远目的，他在做了认真系统的调查研究后，认定中国农村最普遍的问题是农民中存在的"愚贫弱私"四大疾病；根治这四大疾病的良方，就是在乡村普遍进行"四大教育"，即文艺教育以治愚、生计教育以治贫、卫生教育以治弱、公民教育以治私，最终实现政治、教育、经济、自卫、卫生、礼俗"六大建设"。为了实现既定的目标，他坚持四大教育连锁并进，学校教育、社会教育、家庭教育统筹协调。他把定县当作一个"社会实验室"，通过开办平民学校、创建实验农场、建立各种合作组织、推行医疗卫生保健、传授

---

① 《梁漱溟全集》第二卷，山东人民出版社2005年版，第161页。
② 同上。
③ 《晏阳初全集》第一卷，天津教育出版社2013年版，第221页。

农业基本知识、改良动植物品种、倡办手工业和其他副业、建立和开展农民戏剧、演唱诗歌民谣等积极的活动，从整体上改变乡村面貌，从根本上重建民族精神。

可以说，"乡村建设运动"的出现，不仅是农村落后破败的现实促成的，也是知识界对农村重要性自觉体认的产物，两者的结合，导致了领域广阔、面貌多样、时间持久、影响深远的"乡村建设运动"。而在"乡村建设运动"的高峰时期，各地所开展的乡村建设事业历史有长有短，范围有大有小，工作有繁有易，动机不尽相同，都或多或少地受到了邹平实验区、定县实验区的影响。

20世纪前期中国的乡村建设，除了知识分子领导的"乡村建设运动"，还有1927－1945年南京国民政府推行的农村复兴运动，以及1927－1949年中国共产党领导的革命根据地的乡村建设。

"农村复兴"思潮源起于20世纪二三十年代，大体上与国民政府推动的国民经济建设运动和由社会力量推动的"乡村建设运动"同时并起。南京国民政府为巩固政权，复兴农村，采取了一系列措施：一是先后颁行保甲制度、新县制等一系列地方行政制度，力图将国家政权延伸至乡村社会；二是在经济方面，先后颁布了多部涉农法律，新设多处涉农机构，以拯救处于崩溃边缘的农村经济；三是修建多项大型水利工程等，以改善农业生产环境。1933年5月，国民政府建立隶属于行政院的农村复兴委员会，发动"农村复兴运动"。随着"乡村建设运动"的开展，赞扬、支持、鼓励铺天而来，到几个中心实验区参观学习的人群应接不暇，平教会甚至需要刊登广告限定接待参观的时间，南京国民政府对乡建实验也给予了相当程度的肯定。1932年第二次全国内政工作会议后，建立县政实验县取得了合法性，官方还直接出面建立了江宁、兰溪两个实验县，并把邹平实验区、定县实验区纳入县政实验县。

1925年，成立已经四年的中国共产党，认识到农村对于中国革命的重要性，努力把农民动员成一股新的革命力量，遂发布《告农民书》，开始组织农会，发起农民运动。中国共产党认为中

图书在版编目(CIP)数据

中国乡村建设批判·答乡村建设批判 / 千家驹等著. —北京：中国社会科学出版社，2018.11（2020.11重印）
（当代齐鲁文库.20世纪"乡村建设运动"文库）
ISBN 978-7-5203-1620-0

Ⅰ.①中… Ⅱ.①千… Ⅲ.①城乡建设—研究—中国—20世纪 Ⅳ.①D693.62

中国版本图书馆CIP数据核字（2017）第299617号

出 版 人	赵剑英
责任编辑	冯春凤
责任校对	张爱华
责任印制	张雪娇

出　　版	中国社会科学出版社
社　　址	北京鼓楼西大街甲158号
邮　　编	100720
网　　址	http://www.csspw.cn
发 行 部	010-84083685
门 市 部	010-84029450
经　　销	新华书店及其他书店
印刷装订	北京君升印刷有限公司
版　　次	2018年11月第1版
印　　次	2020年11月第2次印刷
开　　本	710×1000　1/16
印　　张	17.5
插　　页	2
字　　数	244千字
定　　价	68.00元

凡购买中国社会科学出版社图书，如有质量问题请与本社营销中心联系调换
电话：010-84083683
版权所有　侵权必究

编纂委员会

顾　　　问　徐经泽　梁培宽
主　　　任　李培林
编辑委员会　唐洲雁　张述存　王兴国　王志东
　　　　　　袁红英　杨金卫　张少红
学术委员会　(按姓氏笔画排列)
　　　　　　王学典　叶　涛　刘显世　孙聚友
　　　　　　杜　福　李培林　李善峰　吴重庆
　　　　　　张　翼　张士闪　张凤莲　林聚任
　　　　　　杨善民　宣朝庆　徐秀丽　韩　锋
　　　　　　葛忠明　温铁军　潘家恩
总　主　编　唐洲雁　张述存
主　　　编　李善峰

总　序

从传统乡村社会向现代社会的转型，是世界各国现代化必然经历的历史发展过程。现代化的完成，通常是以实现工业化、城镇化为标志。英国是世界上第一个实现工业化的国家，这个过程从17世纪资产阶级革命算起经历了200多年时间，若从18世纪60年代工业革命算起则经历了100多年的时间。中国自近代以来肇始的工业化、城镇化转型和社会变革，屡遭挫折，步履维艰。乡村建设问题在过去一百多年中，也成为中国最为重要的、反复出现的发展议题。各种思想潮流、各种社会力量、各种政党社团群体，都围绕这个议题展开争论、碰撞、交锋，并在实践中形成不同取向的路径。

把农业、农村和农民问题置于近代以来的"大历史"中审视不难发现，今天的乡村振兴战略，是对一个多世纪以来中国最本质、最重要的发展议题的当代回应，是对解决"三农"问题历史经验的总结和升华，也是对农村发展历史困境的全面超越。它既是一个现实问题，也是一个历史问题。

2017年12月，习近平总书记在中央农村工作会议上的讲话指出，"新中国成立前，一些有识之士开展了乡村建设运动，比较有代表性的是梁漱溟先生搞的山东邹平试验，晏阳初先生搞的河北定县试验"。

"乡村建设运动"是20世纪上半期（1901到1949年间）在中国农村许多地方开展的一场声势浩大的、由知识精英倡导的乡村改良实践探索活动。它希望在维护现存社会制度和秩序的前提下，通过兴办教育、改良农业、流通金融、提倡合作、办理地方自治与自卫、建立公共卫生保健制度和移风易俗等措施，复兴日趋衰弱的农村经济，刷新中国政治，复兴中国文化，实现所谓的"民族再造"或"民族自救"。在政治倾向上，参与"乡村建设运动"的学者，多数是处于共产党与国民党之间的'中间派'，代表着一部分爱国知识分子对中国现代化建设道路的选择与探索。关于"乡村建设运动"的意义，梁漱溟、晏阳初等乡建派学者曾提的很高，认为这是近代以来，继太平天国运动、戊戌变法运动、辛亥革命运动、五四运动、北伐运动之后的第六次民族自救运动，甚至是"中国民族自救运动之最后觉悟"。① 实践证明，这个运动最终以失败告终，但也留下很多弥足珍贵的经验和教训。其留存的大量史料文献，也成为学术研究的宝库。

"乡村建设运动"最早可追溯到米迪刚等人在河北省定县翟城村进行"村治"实验示范，通过开展识字运动、公民教育和地方自治，实施一系列改造地方的举措，直接孕育了随后受到海内外广泛关注、由晏阳初及中华平民教育促进会所主持的"定县试验"。如果说这个起于传统良绅的地方自治与乡村"自救"实践是在村一级展开的，那么清末状元实业家张謇在其家乡南通则进行了引人注目的县一级的探索。

20 世纪 20 年代，余庆棠、陶行知、黄炎培等提倡办学，南北各地闻风而动，纷纷从事"乡村教育""乡村改造""乡村建设"，以图实现改造中国的目的。20 年代末 30 年代初，"乡村建设运动"蔚为社会思潮并聚合为社会运动，建构了多种理论与实践的乡村建设实验模式。据南京国民政府实业部的调查，当时全国从事乡村建设工作的团体和机构有 600 多个，先后设立的各种实验区达 1000 多处。其中比较著名的有梁漱溟的邹平实验区、陶行知的晓庄实验区、晏阳初的定县实验区、鼓禹廷的宛平实验区、黄炎培的昆山实

---

① 《梁漱溟全集》第五卷，山东人民出版社 2005 年版，第 44 页。

中国乡村建设批判

千家驹　李紫翔　编著

序　言

中国近百年来的历史，可以说是一部中国国民经济"现代化"的失败史。在这一长期的抵抗和奋斗的失败过程中，不仅固有的农业手工业悲惨地殁落了，即连各种"振兴实业"的努力，也同样不断地遭受了失败和打击。自清末同光以来，由官办实业的失败，以至民营实业的兴起；再由民营实业的失败，以至形成了中外合办实业及外人在华投资设厂的太阿倒持的局面。如果这些经济改革的企图和努力，对于封建性的经济组织，起了些促进其崩溃的作用，对于资本主义的发展，尽了若干清道夫的任务，那么，这种作用和任务之另一方面，显然是将整个国民经济更加推入半殖民地的道路中去了。

因为这样，所以才有 1925—1927 年的国民革命运动。这种运动，一方面固然是争取中华民族之自由独立与解放，同时却也就是为争取国民经济之自由发展的政治的前提。不幸自这个运动失败后，因为一部分人之投降帝国主义者和封建势力的怀抱中，另一部分知识阶级和小资产阶级，却在对于将来的革命怀疑，对于目前的现状不满之一种烦闷下，遂广泛地发展了一种改良主义的运动。这一种运动，虽然包含各种形形色色不同的内容，各具有不同的理论和出发点，其背景既殊，其办法亦异，但我们可以统而名之为"乡村建设运动"。

在对抗土地革命和对抗反帝国主义斗争中发生和发展起来的乡村建设运动，自然是企图在现存的关系下，用和平的方法，来达到国民经济之改革的理想。因此，所谓"农村复兴""乡村建设"，"合作运动"和"土地村公有"等等，虽然采取了各种簇新的姿态，以各种不同的名辞而出现，但是它的内容，它的本质，是不是仍是袭蹈了过去一再失败过的覆辙？它的实际的努力，是不是可以达到中国国民经济之自由发展的目的？抑或和此目的背道而驰？这在乡村建设运动的发展过程中，已经提出了下列几个问题，要求我们作一客观的正确的回答：

第一，中国的国民经济，无论从其与各国的关系上，或其自身的结构上，无疑的已是世界经济之一环节，特别是在整个民族陷入沦亡危机的时候，中国经济的解放更与政治的解放形成不可分开的一个事实的两面。那末，乡村建设运动是否能由我们把它与中国民族解放运动切开，而由我们意识地或非意识地不顾一切的前提下，关起门来完成？换句话说，中国的乡村建设——或者可以说是中国的国民民经济建设——问题，是否能离开民族解放运动而单独地解决？

第二，现在中国的问题和恐慌，是一整个的国民经济问题。如果我们由工业的竞争逃避到农业，由都市的失败逃避到农村，并且将农村经济从整个的国民经济中分离开来，想由"农业以引发工业"，或由农村复兴以救济都市，这是不是能得到中国问题之真正的解决？

第三，在我们正在为"乡村建设"而"建设"的无原则的情形下，帝国主义者的势力，却同时已获得了长足的进展。举一个明显的例说，某帝国主义者不仅强迫在某种政治条件下，实施所谓"经济提携"，而事实上，河北山东的种植美棉，已成为它们所提的"经济提携"中主要的工作，河北华洋义赈会所属的合作社，以及定县和邹平的实验成绩，亦将成为某国开发华北所企图利用的对象。像这样无原则的"建设"乡村，是建立民族经济的壁垒呢；还是会做殖民地的清道夫呢？

第四，农业或农村经济问题之主要的内容，实包含有生产手段

的分配，生产物的分配，农业经营和农村金融诸问题。我们现在如意识地抹煞了或忽视生产手段和生产物分配的问题，特别是土地分配的问题，仅从农业技术，农产运销，和流通金融等枝节问题去兜圈子，是否能够解除中国农民的痛苦？

第五，乡村建设的理想，虽在所谓促进农业经济的"现代化"，但是实际上有许多地方却看重在恢复落伍的并且崩溃的手工业经济以至宗法社会的礼教，这究竟是前进呢；还是在开倒车？

以上几个由乡村建设运动中发生出来的问题，不仅一般国民迫求着解答，即是一般从事乡村建设者，亦是要求一个正确的解答。这就是我们编辑这本集子的理由，亦就是我们对于国民和乡村建设者的一种贡献。

这里所收集的，是近两年来对于农村建设运动之分析与批评的十几篇论文，这些论文除了"中国农村运动的理论与实际"揭载于第三卷第十八期的新中华杂志，"中国农村建设之路何在"揭载于第三卷第十期的申报月刊，以及"中国乡村建设运动的估价"揭载于第一卷第四期的大众生活之外，其他都是由天津益世报农村周刊和中国农村月刊中选辑的。

这些论文，虽是从各种刊物中选辑出来，但它们的态度是严肃的，分析是实际的，批判是客观的，而目的则在求民族解放运动中获得国民经济之自由发展的光明前途，这是读者可以从各篇论文中得到这种认识的。

一九三六，三，二十五·编者

目 次

序言 …………………………………………… 编者（3）

关于一般的
中国农村运动的理论与实际 …………………… 李紫翔（11）
中国乡村建设运动的估价 ……………………… 孙晓村（29）
从整个民族经济上观察现在的乡村建设工作 …… 张志敏（36）
拉西曼报告书之农业部分的批评 ……………… 李紫翔（53）
中国农村的出路在那里 ………………………… 千家驹（64）

关于定县的
中国农村建设之路何在 ………………………… 千家驹（71）
论"定县主义" ………………………………… 吴半农（81）

关于邹平的
中国的歧路 ……………………………………… 千家驹（89）
乡村建设运动的评价 …………………………… 李紫翔（105）
评梁漱溟先生的乡村建设理论之"方法问题" … 张志敏（118）

关于合作社的
中国合作运动之批判 …………………………… 李紫翔（133）

关于土地村公有的

按劳分配的土地村公有之批判 …………………… 李紫翔(151)

土地村公有方案的实际意义 ……………………… 叶民(163)

私有？村有？国有？ ……………………………… 孙冶方(174)

《当代齐鲁文库》编纂说明

不忘初心、打造学术精品，是推进中国特色社会科学研究和新型智库建设的基础性工程。近年来，山东社会科学院以实施哲学社会科学创新工程为抓手，努力探索智库创新发展之路，不断凝练特色、铸就学术品牌、推出重大精品成果，大型丛书《当代齐鲁文库》就是其中之一。

《当代齐鲁文库》是山东社会科学院立足山东、面向全国、放眼世界倾力打造的齐鲁特色学术品牌。《当代齐鲁文库》由《山东社会科学院文库》《20世纪"乡村建设运动"文库》《中美学者邹平联合调查文库》《山东海外文库》《海外山东文库》等特色文库组成。其中，作为《当代齐鲁文库》之一的《山东社会科学院文库》，历时2年的编纂，已于2016年12月由中国社会科学出版社正式出版发行。《山东社会科学院文库》由34部44本著作组成，约2000万字，收录的内容为山东省社会科学优秀成果奖评选工作开展以来，山东社会科学院获得一等奖及以上奖项的精品成果，涉猎经济学、政治学、法学、哲学、社会学、文学、历史学等领域。该文库的成功出版，是山东社会科学院历代方家的才思凝结，是山东社会科学院智库建设水平、整体科研实力和学术成就的集中展示，一经推出，引起强烈的社会反响，并成为山东社会科学院推进学术创新的重要阵地、引导学风建设的重要航标和参与学术交流的重要桥梁。

以此为契机，作为《当代齐鲁文库》之二的山东社会科学院

"创新工程"重大项目《20世纪"乡村建设运动"文库》首批10卷12本著作约400万字,由中国社会科学出版社出版发行,并计划陆续完成约100本著作的编纂出版。

党的十九大报告提出:"实施乡村振兴战略,农业农村农民问题是关系国计民生的根本性问题,必须始终把解决好'三农'问题作为全党工作重中之重。"以史为鉴,置身于中国现代化的百年发展史,通过深入挖掘和研究历史上的乡村建设理论及社会实验,从中汲取仍具时代价值的经验教训,才能更好地理解和把握乡村振兴战略的战略意义、总体布局和实现路径。

20世纪前期,由知识分子主导的乡村建设实验曾影响到山东省的70余县和全国的不少地区。《20世纪"乡村建设运动"文库》旨在通过对从山东到全国的乡村建设珍贵历史文献资料大规模、系统化地挖掘、收集、整理和出版,为乡村振兴战略的实施提供历史借鉴,为"乡村建设运动"的学术研究提供资料支撑。当年一大批知识分子深入民间,投身于乡村建设实践,并通过长期的社会调查,对"百年大变局"中的乡村社会进行全面和系统地研究,留下的宝贵学术遗产,是我们认识传统中国社会的重要基础。虽然那个时代有许多的历史局限性,但是这种注重理论与实践相结合、俯下身子埋头苦干的精神,仍然值得今天的每一位哲学社会科学工作者传承和弘扬。

《20世纪"乡村建设运动"文库》在出版过程中,得到了社会各界尤其是乡村建设运动实践者后人的大力支持。中国社会科学院和中国社会科学出版社的领导对《20世纪"乡村建设运动"文库》给予了高度重视、热情帮助和大力支持,责任编辑冯春凤主任付出了辛勤努力,在此一并表示感谢。

在出版《20世纪"乡村建设运动"文库》的同时,山东社会科学院已经启动《当代齐鲁文库》之三《中美学者邹平联合调查文库》、之四《山东海外文库》、之五《海外山东文库》等特色文库的编纂工作。《当代齐鲁文库》的日臻完善,是山东社会科学院坚持问题导向、成果导向、精品导向，实施创新工程、激发科研活力结出的丰硕成果，是山东社会科学院国内一流新型智库建设不断实现突破的重要标志，也是党的领导下经济社会全面发展、哲学社会科学欣欣向荣繁荣昌盛的体现。由于规模宏大，《当代齐鲁文库》的完成需要一个过程，山东社会科学院会笃定恒心，继续大力推动文库的编纂出版，为进一步繁荣发展哲学社会科学贡献力量。

山东社会科学院

2018 年 11 月 17 日

当代齐鲁文库·20世纪"乡村建设运动"文库

The Library of Contemporary Shandong

Selected Works of Rural Construction Campaign of the 20th Century

山东社会科学院　编纂

/07

中国乡村建设批判
答乡村建设批判

千家驹　李紫翔　梁漱溟　等著

中国社会科学出版社

国农村问题的核心是土地问题，乡村的衰败是旧的反动统治剥削和压迫的结果，只有打碎旧的反动统治，农民才能获得真正的解放；必须发动农民进行土地革命，实现"耕者有其田"，才能解放农村生产力。在地方乡绅和知识分子开展"乡村建设运动"的同时，中国共产党在中央苏区的江西、福建等农村革命根据地，开展了一系列政治、经济、文化等方面的乡村改造和建设运动。它以土地革命为核心，依靠占农村人口绝大多数的贫雇农，以组织合作社、恢复农业生产和发展经济为重要任务，以开办农民学校扫盲识字、开展群众性卫生运动、强健民众身体、改善公共卫生状况、提高妇女地位、改革陋俗文化和社会建设为保障。期间的尝试和举措满足了农民的根本需求，无论是在政治、经济上，还是社会地位上，贫苦农民都获得了翻身解放，因而得到了他们最坚决的支持、拥护和参与，为推进新中国农村建设积累了宝贵经验。与乡建派的乡村建设实践不同的是，中国共产党通过领导广大农民围绕土地所有制的革命性探索，走出了一条彻底改变乡村社会结构的乡村建设之路。中国共产党在农村进行的土地革命，也促使知识分子从不同方面反思中国乡村改良的不同道路。

"乡村建设运动"的理论和实践，说明在当时的现实条件下，改良主义在中国是根本行不通的。在当时国内外学界围绕乡村建设运动的理论和实践，既有高歌赞赏，也有尖锐批评。著名社会学家孙本文的评价，一般认为还算中肯：尽管有诸多不足，至少有两点"值得称述"，"第一，他们认定农村为我国社会的基本，欲从改进农村下手，以改进整个社会。此种立场，虽未必完全正确；但就我国目前状况言，农村人民占全国人口百分之七十五以上，农业为国民的主要职业；而农产不振，农村生活困苦，潜在表现足为整个社会进步的障碍。故改进农村，至少可为整个社会进步的张本。第二，他们确实在农村中不畏艰苦为农民谋福利。各地农村工作计划虽有优有劣，有完有缺，其效果虽有大有小；而工作人员确脚踏实地在改进农村的总目标下努力工作，其艰苦耐劳的精神，殊足令人起敬。"① 乡村建设学派的工作曾引起国际社会的重视，不少国家于二次世界大战后的乡村建设与社区重建中，注重借鉴中国乡村建设学派的一些具体做法。晏阳初1950年代以后应邀赴菲律宾、非洲及拉美国家介绍中国的乡村建设工作经验，并从事具体的指导工作。

总起来看，"乡村建设运动"在中国百年的乡村建设历史上具有承上启下、融汇中西的作用，它不仅继承自清末地方自治的政治逻辑，同时通过村治、乡治、乡村建设等诸多实践，为乡村振兴发展做了可贵的探索。同时，"乡村建设运动"是与当时的社会调查运动紧密联系在一起的，大批学贯中西的知识分子走出书斋、走出象牙塔，投身于对中国社会的认识和改造，对乡村建设进行认真而艰苦地研究，并从丰富的调查资料中提出了属于中国的"中国问题"，而不仅是解释由西方学者提出的"中国问题"或把西方的"问题"中国化，一些研究成果达到了那个时期所能达到的巅峰，甚至迄今难以超越。"乡村建设运动"有其独特的学术内涵与时代特征，是我们认识传统中国社会的一个窗口，也是我们今天在新的现实基础上发展中国社会科学不能忽视的学术遗产。

历史文献资料的收集、整理和利用是学术研究的基础，资料的突破往往能带来研究的创新和突破。20世纪前期的图书、期刊和报纸都有大量关于"乡村建设运动"的著作、介绍和研究，但目前还没有"乡村建设运动"的系统史料整理，目前已经出版的文献多为乡建人物、乡村教育、乡村合作等方面的"专题"，大量文献仍然散见于各种民国"老期刊"，尘封在各大图书馆的"特藏部"。本项目通过对"乡村建设运动"历史资料和研究资料的系统收集、整理和出版，力图再现那段久远的、但仍没有中断学术生命的历史。一方面为我国民国史、乡村建设史的研究提供第一手资料，推进对"乡村建设运动"的理论和实践的整体认识，催生出

---

① 孙本文：《现代中国社会问题》第三册，商务印书馆1944年版，第93-94页。

高水平的学术成果；另一方面，为当前我国各级政府在城乡一体化、新型城镇化、乡村教育的发展等提供参考和借鉴，为乡村振兴战略的实施做出应有的贡献。

由于大规模收集、挖掘、整理大型文献的经验不足，同时又受某些实际条件的限制，《20世纪"乡村建设运动"文库》会存在着各种问题和不足，我们期待着各界朋友们的批评指正。

是为序。

2018年11月30日于北京

编辑体例

一、《20世纪"乡村建设运动"文库》收录20世纪前期"乡村建设运动"的著作、论文、实验方案、研究报告等,以及迄今为止的相关研究成果。

二、收录文献以原刊或作者修订、校阅本为底本,参照其他刊本,以正其讹误。

三、收录文献有其不同的文字风格、语言习惯和时代特色,不按现行用法、写法和表现手法改动原文;原文专名如人名、地名、译名、术语等,尽量保持原貌,个别地方按通行的现代汉语和习惯稍作改动;作者笔误、排版错误等,则尽量予以订正。

四、收录文献,原文多为竖排繁体,均改为横排简体,以便阅读;原文无标点或断句处,视情况改为新式标点符号;原文因年代久远而字迹模糊或纸页残缺者,所缺文字用"□"表示,字数难以确定者,用(下缺)表示。

五、收录文献作为历史资料,基本保留了作品的原貌,个别文字做了技术处理。

编者说明

1936年4月，新知书店出版了由千家驹、李紫翔主编的《中国乡村建设批判》论文集，对20世纪30年代在全国各地兴起的"乡村建设运动"及理论认知，包括梁漱溟在山东从事的乡村建设实验，从理论到实践予以批判。《答乡村建设批判》一书，是梁漱溟对这些批判意见所作的答复，该书写成于1940年8月，1941年2月由重庆中国文化服务社印刷发行。本次编辑，以《中国乡村建设批判》新知书店1936年版本，《答乡村建设批判》以重庆中国文化服务社1941年版本为基础本、以山东人民出版社2005年出版的《梁漱溟全集》（第二卷）为对校本，收入《20世纪"乡村建设运动"文库》。

关于一般的

中国农村运动的理论与实际

李紫翔

一 几点声明

一、近几年来，农村"救济""复兴""建设"或"改造"的呼声和活动，随着农村破产的浪潮，颇有在各地蓬勃发展的现象。据说从事这种农村工作的单位，已不下一二百处，从事农村工作的人员，亦有二三千人。因之，对于此种抱有各种不同动机和目的的农村运动，实在需要一个鸟瞰式的介绍和批评。

二、我国"村治"运动的发生，虽已有数十年的历史，然而披上"民族自救"或"民族再造"的新装而出现的农村运动，不过是近数年来的事。究竟它的原因是什么？它的前途是怎样？这是需要一个客观的研究才能答复的。

三、目前关于农村运动的文字，差不多在每个刊物上都可以看到。但是每多失之夸大和歪曲的宣传，或认识不够的过低评价。本文则想从农村运动发生和发展的客观研究上，给以适当的述评。

四、本文的对象，自是整个的中国农村运动。但因材料和篇幅的限制，不得不着重于农村运动的两大中心——邹平的"乡村建设"和平教会的定县实验区之检讨。至于合作运动，虽已为农村运动之一主流，笔者则拟另文述评，此处暂不论及。

二 农村运动的社会背景

我国农村运动的历史，可以远溯至一九〇四年米迪刚先生在定县翟城村的"村治"，民国以后，山西"模范省"的"村治"，"五四"后的新村运动，平民教育运动及晓庄乡村师范等。它们的旨趣，大抵注重农村改良，不过活动范围和影响都甚狭小，所以初期的农村运动，在社会上并没有占到什么地位。一九二五年的"五卅"运动，深入农村的结果，另外引起一个政治性质的农民运动，随着国民革命军的北伐，特别是在粤赣两湖广泛地发展起来。这一运动，一方面带着反帝反封建的色彩，另一方面，一开始就要求彻底的农村改革，以至"土地革命"。这一农民运动，一九二七年后经过种种变化，才部分的消沉下来。可是影响所及，使社会上，思想上和政治上已划了不可磨灭的痕迹。改良派的农村运动，受了农民运动的反响，就以"民族自救""民族改造"的新姿态，普泛地在各处活动起来。乡村哲学家梁漱溟先生说过："乡村建设运动实为一种农民运动，或造端于农民运动者，要在启发农民自觉，促成农民组织，培起其自身力量，解决其自身问题，——所不同于过去之农民运动者，盖在不分化乡村而视乡村为整个的，不斗争破坏而合作建设。"由此可知农村运动或"乡村建设"与农民运动是有了如何的关系；同时农村运动并不是农民运动，亦不是农民运动的继续。它与农民运动的关系，大都偏于反面的影响，这是从它的社会背景和旨趣的分析上，可以明白看到的。笔者在研究了各种农村运动的理论和实际工作以后，认为它的背景和旨趣主要的有三点：

1. 帝国主义的，封建的以及资本主义的榨取，是我国农村经济破产的主要原因。帝国主义在华之商品市场，原料市场和资本市场的长足发展，都使我国国民经济的各部门，愈益隶属于资本主义的体系之下。不管我国的农业经济采取何种方式，一般的农产的生产和农业必需品，都不得不被动的参加商品的交换行程。这种商品的交换关系之发展，一方面建筑于农村家庭手工业破产的基础上，另一方面又本质地限制了现代化的农业生产方式之采取。同时超经济的榨取，高额地租，繁苛捐税和商业资本，高利贷资本等更加吸血鬼般的死命地束缚着整个农村。畸形的民族工业，更不得不视农村为其唯一的"回旋之余地"。这样在多方面的压榨和转嫁之下的农村，就在长期的慢性破产之行程上更爆发了急性的破产。社会经济史的研究，告诉了我们，我国国民经济的唯一康庄大道，只有生产组织的彻底现代化。但是现实的帝国主义的与封建的束缚，既阻止了生产力的发展，而屡次积极的解放运动，又以不能克服主观的和客观的困难，大都中途夭折。失败而又失败之后，自然有一部分知识分子感到政治苦闷；因了农村急遽破产的事实，不得不"两眼常回转来看自家这里"，广大的"处女地的农村"，或许还是"英雄用武之地"。尽管有许多农村运动家标榜着"不谈政治""不管政治"，然而实际上不过都是"中国将永久不能如日本之走上近代工商业路"，另一方面"言经济建设诚无逾苏俄所走之路，但其所需政治条件乃更大，为我所不具"的烦闷下，退而"反求诸己"的第三条道路之试探。

2. 我国虽是小农占优势的国家，但是一般农民的丧失土地已为一切公私统计所证明。农村的两极分化之结果，使大部分农民终年不放下锄头，或者出卖超体力以上的劳动力，亦不能不为饥饿所威胁。北伐前后的农民运动之所以兴起，与夫左倾的"土地革命"之激荡，就是独立的小农经济之崩溃，至少是崩溃趋向中的反映。农村中的非法斗争，和暴力行为，或者是"乡民愚迷而有组织，且为武装组织，其危险实甚"，以致"法制礼俗悉被否认，凤昔治道已失，而任何一秩序建立不成"之危险，摇撼了整个的社会关系以至国际关系之存续，所以"社会的危而复安，秩序的亡而复立"，已为中外"志士仁人"所痛心疾首急迫以求者。农村运动，就适应了这种要求而抬头起来。

3. 我国幼稚的民族工业，不胜外力的压迫，唯有转移其希望于内地的新市场之开辟，与农民购买力之增加；同时国际资本帝国主义者在恐慌深渊的挣扎，亦完全系于新市场之获取。因此，他们都一致的把目光集中到广大人口的中国，特别是占人口之最大多数的内地农村来。他们根据下述理论的推定：中国现在每个人的贸易额，平均不过只有美金三元左右。这个数字，只值加拿大的八十分之一，英国的六十五分之一，法德的三十分之一，美国的二十分之一，日本的十分之一，并且只是典型殖民地印度的二分之一。所以中国人民的购买力有无限开发的可能，在目前是最被集中注意的一件事。这几年来，国联的技术合作，开辟交通兴修水利，棉麦借款，提高银价，以及"中日经济提携"的重要目的之一，可以说都是希望提高中国农村的购买力，以扩大工业品的市场。拉西曼报告书中说："若中国农民能利用改良棉种，则每年不必购买外棉，此项财力，可用以购置机器及其他现在不能自制之物品，"又说："中国蚕丝业之天然利益，较其他各国为大，而丝业之发展，向予农村以相当之生产剩余。目下丝业既日趋衰颓，殊足使中国成为一贫弱之工业品购买者。"汇丰银行年会中，马尔基更明白的说："吾人所需要者为增进购买力与推销存货之一种复兴办法。"其次，上海的中国银行家之忽然热心于农村放款，固然主要的在谋冻结的资金之殖利的用途，同时亦多少含有恢复或扩大商品流通的作用在内的；在这里农村破产的危急形势，不过是一个"集中到农村"的诱因，其目的无疑的是在"杀鹅取蛋"的农村购买力之提高。虽然民族工业被迫的由通商口岸逃避到内地，由都市逃避到农村，即使农村的购买力有尽量开发的可能，主要的还不过促进地方经济的农村，迅速的变为"国际农村"，是已被决定了的命运。但是无论如何，就目前说，"农村购买力的提高"，仍不失为中外工商业者协调的一致的要求，同时亦就是农村运动重要的任务之一。

笔者并不抹煞农村运动者之主观的远大理想，亦不忽视他们间的各有不同的"一套"理论；然而上述的三个客观原因总是目前农村运动之一般的社会基础,是我们了解和评价农村运动的锁钥。

三 农村运动概观

农村运动的重要团体,曾有一个乡村工作讨论会的自由组织。二十二年七月开第一次年会于邹平的山东乡村建设研究院,去年十月十日开第二次年会于定县平民教育促进会。第一次到会代表七十余人,第二次则增至一百五十余人,代表团体七十七处。这些团体内包括政治性的机关二十五,学校二十六,民间团体二十,学术机关三,银行二,工业机关一。除政治机关的代表外,以属于平民教育促进会之系统者为最多,计有代表三十四人,属于山东乡村建设研究院之系统者次之,计有代表十八人,燕京大学又次之,计有代表十六人。又代表中直接间接与教会学校或教会有关系者有五十余人,约占全体代表人数三分之一以上。

梁漱溟先生在讨论会的演讲中说:"我听过各方面的报告再印证到我自己身上,发见了我们到会同人各从不同的动机,不期而然地集于乡村运动一途,好多为始意所不及料。例如这里平教会始而不过从事识字运动,现在却变成整个乡村建设。中华职业教育社始而不过培养职工店伙,现在却转到各地农村改进。从教育方面转过来的已有这许多不同的来历。其不从教育方面来的,如华洋义赈会,始而不过赈灾,何曾料到今日成为农村合作运动的一支主力军。河南治村学院同人,其动机出于乡村自救,与义赈会以救人为事者,正反映成趣。我自己是从对中国政治问题的烦闷,而想到如何养成大多数人的新政治习惯,而银行界朋友,又从经济问题的刺激,亟谋流通农村金融。四面八方来到一块,这证明今日乡村运动,好像是天安排下的,非出偶然。"各种各色农村外的人物,从各种不同的动机,"非出偶然"的四面八方集中到农村运动,就是说它们有了共同的一般的社会基础和要求;同时,在农村这一对象下,统一了各种不同的动机和立场。但是另一方面,农村运动的方针和步骤，还是与它们的动机相一致，真是千差万别，甚且相互矛盾。那些为农村运动而农村运动的，和那些新村式的模范村之活动，姑且撇开不谈，现就有主张、有办法的各派农村运动加以分析，就其出发点和目的说，有普及平民教育的，有宗教的社会服务的；有便利行政的，有发展交通的，有救济都市和流通金融的，有增加工业原料供给的，有推销工业制品之存货的，有充实地方保卫和为士兵的供给之便利的，更有从教育的立场，谋求农村的现代化，以达"民族改造"之目的的，有以伦理本位的"乡村建设"，开辟乡村文化的第三条道路，"民族自救"并以救济世界为理想的。就其手段说，既有侧重于教育、保甲、合作社或某种农业技术的改良之分，复有完全依靠本国的人才，地方的财力，社团的供给，政府的协助，或依赖国际的技术和经济的援助之别。不过话又说回来，现阶段的农村运动，尽有许多差异和矛盾，可是仍不失其"非出偶然"的一般的共同性。这共同性表现在农村秩序的维持或重新建立，农村购买力的提高，农业技术的某种改良，和以合法的精神，代替农民之非法行动；以某种精神的涵养，缓和或消灭农村之内部矛盾。

农村运动的主张和办法的复杂，已如上述。其中最有力量或领导的团体，在政治机关方面，为经济委员会农业处，中央农业实验所，农村复兴委员会及实验县等；学术机关方面，有中央大学农学院，金陵大学农学院，燕京大学农村建设科，江苏省立教育学院，山东邹平乡村建设学院，及定县县政建设研究院等；私人团体有定县平民教育促进会，上海中华职业教育社，华洋义赈会，江西黎州基督教农村服务社，以及上海银行，交通银行，金城银行及南开大学，平民教育促进会合组的华北农产研究改进社等。上面各种机关和团体，又可以概括的分成"新""旧"两派，新派可以平民教育促进会为代表，旧派可以山东邹平乡村建设研究院为代表。在下面即对"新""旧"两派给以简单的介绍和分析。

四　邹平的"乡村建设哲学"

农村运动中的"旧派",普通可称为村治派,日本学者则称为"农业社会主义派"。它的起源,可以远溯到一九〇四年间米迪刚先生办理的翟城村治起,经过山西省的村治制度,到梁漱溟先生的河南村治学院,山东乡村建设学院,而完成了所谓乡村建设哲学,确定了村治派的理论和实行的方案。村治派的理论是建立于特殊的中国文化,所谓高度的乡村文化这一点上。这种"高度的乡村文化"的特征,就是"伦理本位"的社会,梁先生说:"在昔西洋以个人直接教会,今以个人直接国家。尤以近世个人主义盛行,遂形成一个人本位的社会,既不胜其弊,乃翻转来企图改造成一社会本位的社会。旧日中国社会于此二者皆无所似,乃若以伦理为本位。人生必有其相关系之人,此即天伦;人生将始终在人与人相关系中生活,此即伦理。亲切相关之情,发乎天伦骨肉;乃至一切相关之人莫不自然有其情。情谊所在,义务生焉;父义当慈,子义当孝,兄之义友,弟之义恭,夫妇朋友乃至一切相关之人莫不自然互有其应尽之义。伦理关系即表示一种义务;一个人似不为其自己而存在,乃仿佛互为其他人而存在者。"因此,在社会方面,"家乃天然的基本关系""人必亲其所亲""师徒东伙邻右社会上一切朋友同侪,或比于父子之关系,或比于兄弟之关系",社会的习俗,国家的法律,在西洋"恒出以人对人相对之势",在我"莫不寓有人与人相与之情者"。在经济方面,夫妇父子,祖孙兄弟均共财,"自家人兄弟以迄亲戚朋友,在经济上皆彼此顾恤,互相负责","故在昔中国人生计问题上无形中有许多保障在"。在政治上,"但有君臣间,官民间相互之伦理的义务,而不认识国家团体关系,又比国君为大宗子,称地方官为父母,举国家政治而以家庭情谊代之"。在社会上没有"贵族与奴隶阶级的对立",没有"资本家与劳工阶级的对立","生产工具无为一部分人垄断之形势,殆人人得而有之，以自行其生产，形成一职业分立的社会"。在此"伦理本位，职业分立二者，交相为用，和互相成"下的中国特殊文化，既不同于"两眼常向前看，逼直向前要求去，从对方下手改造客观境地以解决问题而得满足于外者"的西洋文化，亦不同于"取消问题为问题之解决，以根本不生要求为最上之满足"的印度文化而是"两眼常回转来看自家这里，反求诸己；尽其在我，调和融洽于我与对方之间，或超越乎彼此之对待，以变换主观，自适于这种境地为问题之解决，而得满足于内者"的"中庸"文化。这种人类社会的三条道路，依其天然顺序，第一期的西洋文化，必然进到第二期的中国文化，中国文化又必然进到第三期的印度文化。所以"凡以中国未进于科学者，昧矣，谬矣，中国已不能进于科学。凡以中国为未进于德谟克拉西者，昧矣，谬矣，中国已不能进于德谟克拉西。同样之理，凡以中国为未进于资本主义者，昧矣，谬矣，中国已不能进于资本主义"。在这里，我们却不来指摘梁先生的人类社会之玄学的解释；就是在他的笔下美化了的中国"伦理本位"文化，本质上要亦不过是属于封建范畴的宗法社会罢了。我们的"哲学家"，虽然哲学上发现了中国文化已走到西洋文化的前面，可是事实上，中国的政治经济以至文化都还远远地落在西洋文化的后面；这样就不能不使"哲学家"陷入烦闷与矛盾的深渊了。比如梁先生一方面既说："现在之中国问题并不是其社会内部自己爆发的问题，而是受西洋文化的势力压迫打击，引起文化上相形见绌的注意，而急求如何自救的问题。"另一方面又说："此社会向下破坏沉沦之所由致，主要在其内部之矛盾冲突，而此矛盾冲突则为外界潮流国际竞争所引发。以内部矛盾而社会组织构造崩溃，以组织构造崩溃而矛盾冲突益烈，如是辗转无已。"在另一个时候，却又掉转笔锋说："故我以为中国问题的内涵，虽包有政治问题，经济问题，而实则是一个文化问题。"并且更推论到"外国侵略虽为患，而所患不在外国侵略，使有秩序则社会生活顺利进行，自身有力量可以御外也。民穷财尽虽可忧，而所忧不在民穷财尽，使有秩序则社会生活顺利进行，生息长养不难日起有功也。"于是"乡村建设"任务，就变成"社会之秩序"的建设了。用梁先生术语说，是"重建一新组织构造，开出一新治道"。这个新治道，就是已经"崩溃"了的"伦理本位和职业分立的社会"之再建立。但是梁先生又把理想的伦理本位的社会，穿上西洋文化的外衣："中国兴亡系于能否工业化问题。但从世界大势看去，中国的工业化，将必走一条不同的路。他是要从乡村生产力购买力辗转递增，农业，工业叠为推引（'从农业引发工业'，）逐渐以合作的路，达于为消费而生产，于生产社会化的进程中，同时完成分配的社会化。这样创造起来的文明，完全为一新文明。既不是过去的乡村文明，亦不是近代西洋的都市文明。""其社会的重心在乡村，经济的中心，政治的中心以及文化的中心，都可以在都市"。这里，我们的"哲学家"要创造的社会"新文明"，恐亦不过尽量玩着术语的游戏而已。因为第一，经济政治文化的中心都可以在都市，显然并不企图变更现存的都市对乡村之统治及剥削的关系；第二，小生产者基础上的合作社，不仅不与大企业对立，并且在都市的大银行，大企业的支配之下；因此第三，"生产的社会化"和"分配的社会化"，会是永远不能兑现的空头支票，实际上从"乡村生产力购买力辗转递增"上，主要的只可以"推引"帝国主义的在华工业和商品市场。第四，农村合作道路的"工业化"，假如是可能的话，那亦只是民族革命失败后的"反求诸已"，进一步退二步的殖民地的经济学说。所以所谓不同于过去，不同于西洋的"新文明"，就是半殖民地的文明吧。

现在再说到"乡村建设"在邹平实施的情形。邹平乡村建设的基础，完全寄托在吕氏乡约社学之类的乡学，村学上。"乡学，村学意在组织乡村，却不想以硬性的法令规定其组织间的实际关系，而想养成一种新礼俗，形著其组织关系于柔性的习惯之上"。故乡学，村学一方面代替了从前的乡公所，区公所，另一方面又是一个教育机关，即所谓"行政机关教育化"和"社会学校化"。

为要达以理想，"我们必须看乡村是一整个的"，全体乡民都看成一般的"学众"，而组织在村学之内（乡学为村学的上级组织）。由乡村中有资望信用的领袖，组织学董会，推举齿德并茂者一人，经县政府礼聘为学长，主持教育，为乡民之师长，不负事务责任。县政府再于学董中委任一人为理事，负"办公事"的责任。又委派辅导员一人，教师一二人，以辅助学长，学董和理事，而为实际上的行政和教育的负责者。村学进行之工作：酌设成人部，妇人部，儿童部等，"施以其生活必需之教育，以期乡民皆有参加现社会，并改进现社会之生活能力；相机倡导本村所需要之各项改良运动（如禁缠足，禁早婚等），兴办本村所需要之各项社会建设事业（如合作社等），期于一村之生活逐渐改善，文化逐渐增高，并以协进大社会之进步"。此外，更有一重要的工作，即训练有身家财产者之连庄会员，以"用软工夫"化导并取得"乡民愚迷而有组织，且为武装组织"领导权，以免"为人利用，酿出祸乱"。前二者的主要目的，在"整顿村风""造出新礼俗"，后者的主要目的，自然在维持"社会之秩序"。因此必须使学众（乡民）都知道以团体（整个的乡村）为重，为团体服务，遵规约，守秩序，敬长睦邻，尊敬学长，接受学长的训饬，信任理事，爱惜理事，更推村学之义于乡学，而使村学、乡学、县政府，乡村建设院等一串的组织成为"小家庭对大家庭之伦理的关系"。由这样一县、一乡的实验，扩大到全中国，全国成了一个大家庭，"民族自救之最后一着"也就完成了。最后还得补充一点，即乡村建设的动力，梁先生虽承认要靠"乡村自己的力量"，但在实际上却完全依赖于被看成整个的"拥挤都市"的知识分子。这些知识分子，"无论如何要算一社会中有力量的分子，民族自救的大任，除了我们还靠谁？须知民族的兴亡，系于乡村的破坏或建设，而其关键正在自家身上。只看脚步所向，一转移之间，局面可为之一变的"。因此，"大家一齐回乡"，并且是"不得不回乡"的知识分子，回到乡村就有三种作用：第一种作用"好比为乡村增广了耳目"，第二种作用，

"好比为乡村添了喉舌"，这样"乡村建设便算成功了一半"。第三种更进一步的作用，那便是替乡间谋划一切建设事宜，"好比为乡村添了脑筋一样"。但是回到乡村的知识分子，是不是回乡来作"土豪劣绅"，梁先生却还没有提出保证。

邹平乡村建设哲学的"一套"，诚然如时人所批评的，只是庞杂和矛盾，而没有一个完整的体系。不过它的庞杂和矛盾，却是梁先生保守主义的本质，错误的方法论，对于现阶段的中国社会之庞杂和矛盾现象之忠实的反映。我们在这里不要扯到题外的哲学之辩论，却看梁先生告诉我们的"研究乡村建设的途径"；"不要单从我们此刻的大势所需要的处所去想，你不要肯定中国在政治非如何如何不可，不要单从'要求'一方面去想。如果从'要求'一方面着想，而单顺从其'要求'来想办法，这也是错误的！你以为如何渴切需要，你正不可从此渴切的需要上想办法。有人羡慕某种政治制度好，固然是错误；就是你无论怎样的看清楚了中国的政治需要，而从其需要上想办法，想途径，想制度，这个都要不得！这就好像你口渴的时候不要想水喝，即令前面有蜜，你也不要想它是不是甜的，这是第一层。第二层当说口渴了也不要想水喝。这个意思就是：你不要先从要求方面去用心，要先看看摆在眼前的事实能够有什么。差不多一件事情至少要从两方面看：一是主观的要求，一是客观的事实。我们宜重在客观的事实能够有什么，不要斤斤于主观的要求什么。"这一段关于研究"乡村建设"的方法论，亦即是梁先生整个哲学的方法论。梁先生这样着重"客观的事实"，似乎是非常科学的了。可是实际上他的出发点和归宿点却都是唯心的。因为第一，他把主观客观截然分为毫无关系的两种范畴。他既否认主观的意见要受客观事实的影响和规定，同时又不理解主观客观在实践上的一致。第二，他所认识的"客观事实"是没有发展的不变的"客观"，没有发生亦没有死灭，永远只看到今天的"客观事实"能够有什么。因此，由此出发的乡村建设的理论和实际办法，都是屈服于一切现存的"客观事实"之顽固的保守主义，一切改革运动的蔑视和反对者。凡是存在的就是有价值的。这样的纯客观论，必然转成为纯主观论。所以他的"主观"上虽亦承认帝国主义是中国问题的一个重要因素，但是实际上却无条件的要为帝国主义的购买力之增加而努力；同时帝国主义霸占了中国的都市，既是一个"客观事实"。所以梁先生就到逃到乡村里去"建设"。"主观"上虽然痛恨敲剥农村的"军阀、官僚、商人、买办"，同样的这亦是既成的"客观事实"，所以"军阀""买办"的权力和财力，就成为乡村建设的主要力量。一切改革运动，既然是要摇撼现存的"客观事实"，所以要用"软工夫"去消灭，并且"我们必须看乡村是一整个的"。而社会的政治的伦理化，就成为乡村建设的最高理想；农村购买力的增加，就成为乡村建设的实际目的，"社会之秩序"的维持或建立，就成为乡村建设的任务，"软工夫"的教育工作，就成为乡村建设的主要手段：这一切大概就是当前"客观的事实""能够有"的东西了！

五 平教会的"定县主义"

"定县主义"一名词，是外国游历者对于平教会在定县的实验工作所加上的用语。我们在此处，是以定县的实验运动为代表，而兼及其他所谓"新派"的农村运动。严格的说，把邹平以外的农村运动，都归入"新派"是不大妥当的。因为新旧派所侧重的理论和实际，虽有多少形式上的差异，而本质上却是一致的。同时，所谓"新派"，还没有统一的理论和一致的步骤。有人以对"中国"文化的态度作为区分的尺标，其实旧派坚持的伦理本位的"礼俗"，新派一般也是维护和提倡不遗余力的。他们实际上的区别，似仅在新派直接依赖"国际"之物质和人力的帮助，而旧派则是比较保守的，至少在目前是未欢迎外来的势力直接的参与"农村建设"而已。

新派农村运动，规模最大，历史较久的，要算定县平民教育促进会。它每年有三四十万元的经费，一二百个办事人，而以整个的定县为实验的表证。无锡江苏省立教育学院，是被推为农村运动三大中心之一，不过主要的还在注重人才的培养。中华职业教育社以职业教育的立场，加入农村工作，其所办乡村改进区，有江苏昆山之徐公桥，镇江之黄墟，泰县之顾高庄，苏州之善人桥，及宁波之白沙等十余村庄，俨然成为江浙一带农村建设的模范。江西黎州基督教农村服务社，山东齐鲁大学龙山镇农村服务社等，则是以宗教的社会服务之立场兼作改革农村运动的。金陵大学农学院，燕京大学农村建设科，中央大学农学院等，对于农村研究，育种改良及培养农业人才上，是占有重要地位的。此外，如农村复兴委员会，经济委员会农业处，实业部中央农事实验所等，亦是以农村救济或"建设"为目的的。

新派的特点，是受西洋文化的影响较深，同时，大半是从办教育或农村救济起家的。所以他们的理论，亦是依据各人的实际工作经验而推衍出来的。其中要算平教会，比较已形成它的"一套"理论的体系了。平教会的创始人晏阳初先生，在欧战期间，由美国到法国办理华工教育，"目睹华工不识字之痛苦"，"同时理想到国内一般不识字文盲关系国家民族前途的重大，所以回国以后，就从事提倡识字运动"。民国九年晏先生在上海青年协会主持平民教育科的职务，后来在长沙，烟台，嘉兴，杭州等地作过平教试验，十二年平教总会即成立于北平。最初的平教，只在城市里推行，"在工作经验中相信中国大部分的文盲，不在都市而在农村"，"要想普及中国平民教育，应当到农村去"。同时，平教运动又获得美国人的重视和金元的帮助，故将全国分成华南、华北、华东、华西、华中、西北及东北为实施平教的七大区域。后来为集中人力财力，把一切工作都集中到"定县实验区"。经过民国十五年到十九年四年的准备时期，由识字运动转到了"农村建设"，于是完成了"定县主义"的"一套"理论与实际。

平教会的人认为"中国今日生死问题，不是别的，是民族衰老，民族堕落，民族涣散，根本是'人'的问题"。这个人的问题，以量说，农村要占四万万人的百分之八十，以质说："古来许多英雄豪杰成大功立大业的，大部分都来自田间"，所以"民族再造"的对象，"当然也要特别注重在农村"。不过"今日农村运动的主要目标"，不是全部的农村人口，特别注意的只是农村的全部青年男女。全国四万万人中，农村青年至少有八千万左右。"从前项羽破秦与楚，只仗八千子弟，中国今日如果集中精神，只要把八千万的农村青年改造过来"，"无论什么困难，都当得起，什么国耻，都雪得掉，一切建设，也有了安定的地盘，巩固的根基"。另一方面，他们以为我国近八十年来发生过五次自救运动——太平天国运动，戊戌政变，辛亥革命，五四运动，国民革命军北伐，"论范围，是一次比一次的扩大，论意义是一次比一次的深沉，论对挽救危亡的目的，是一次比一次接近，虽然危亡的征象也一天比一天的增加和暴露"，于是"第六次"的农村运动，或实验运动，不仅要继承前五次的自救运动，并且还要补足前五次运动的"缺陷"，这缺陷就是"大多数人们的教育问题"。因此，他们在推行平民教育的工作中，就发现了中国的"基本缺点"，确切点说，发现了脱离具体的社会关系的"人"的基本缺点，是"愚""穷""弱""私"四种。这四种缺点据平教会的研究，是有因果关系的。即愈愚愈穷，愈弱愈私的。为救济此四大缺点，相应的发明四大教育，即以"文艺教育"救农民之"愚"，以"生计教育"，救农民之"穷"，以"卫生教育"，救农民之"弱"，以"公民教育"，救农民之"私"。实施四种教育的方式又有社会式，学校式，家庭式之相互为用，平教会在定县的十年间，成绩最好的自然要算"文艺教育"，如平民学校，实验小学，导生传习处，以及文艺读物，戏剧等，都办得"有声有色"。二十二年"民校"的高初两级毕业生有七六四四人，自十六年以来，毕业人数，不下十数万人，这种减少文盲的工作，在全国一千九百余县中，是没有人能赶上的。其次，"生计教育"的改良猪种、鸡种、棉花及"表证农家"，亦是为人所称道的。再次,"卫生教育"的保健工作,由保健员的分布,造成全县的保健员网。无线电发音机,收音机的输入农村,在集市之前一日,报告物价,尤可谓得风气之先。至于平教会的干部人员,大约是受过高等教育及西洋教育的外乡人,下层的干部,则完全建立于平民学校毕业同学会上。这种同学会,就是平教会组织全国八千万农村青年的基本方式。

"定县主义"的理论基础,是建筑于抽象的"人"的问题上。它们所看到的"人",并不是具体的社会关系中特定的人,这与邹平伦理本位的家庭的"人",基点上可谓完全一致。第二,定县的"民族改造"与邹平的"民族自救",亦有共同的意义,即它所用的"民族"一名词,都是抽象的一般的意义,没有与中国的民族革命运动联系起来亦没有与侵略中国的帝国主义者根本对立的意义;第三,把中国整个的社会政治经济问题,简化成一个农村问题,简化成一个抽象的"人"的教育问题,这是现阶段的农村运动的方法论之特征,不仅定县如此的。至于,或自夸"新礼俗"之建立,为"民族自救之最后一着",或自谥"平民教育"为继承前五次革命运动的"第六次运动",都是没有科学的历史的常识的说法,且是内外矛盾的"客观事实"所要求所决定的。第四,所谓"愚穷弱私"的四大基本缺点,实际不过是社会的几个病态现象,(如江苏教育学院还发现了所谓"散"的缺点),研究社会科学的人,都能知道,造成这些病态现象的还有根本的社会原因。平教会的调查统计上,已证明了一个事实,即"最富的村,也是最有教育的村",同时自然也是最能讲卫生,最能享公民权利的村了;然而他们的意识,他们的哲学却限制了他们在"愈愚愈穷,愈贫愈私"的因果关系上兜圈子。最后,定县对于中国文化的认识,颇有与邹平不同的地方,邹平是中国伦理本位文化顽固的保守者,对于西洋文化,是采取"中学为体西学为用"的态度;但定县所认识的中国是"民族衰老","民族堕落"的中国,它是以"中国五千年的历史,五千年的习俗为敌"的。所以对于西洋文化是无条件的崇拜，并且欲以西洋的精神技术和物质的帮助，造成中国农村所谓"现代化""科学化"。

有人说，平教会的工作，不过是一种教育制度的实验，如果在经济政治已经变革后的社会里，实施起来也许可以事半而功倍，这自然是一个正确的评价。然而"定县主义"虽被事实证明不能挽救定县的破产，却正要在整个社会政治经济问题未解决的时候，尽其最大的效用。正如陈筑山先生所说，"定县从前也曾发生过几次抗债抗捐的事。不过凡是平教会势力所到之处，这种口号便无效了；因为我们告诉他们，'你今天抗了债，明天就无处借债了'。"同样，我们还可以作个补充的意见说，凡是平教会的势力所到之处，反帝国主义的口号也便无效了；因为他们会告诉民众说，"你今天反了帝国主义明天便得不到国际的帮助了！"

六 结语

中国农村运动，可以肯定的说是一个时代的产儿，不管理论有怎样的不一致，步骤有怎样的分歧，但在现阶段的中国社会自有其一定的意义和作用，我完全同意梁漱溟先生的说法，农村运动所以蓬勃起来的原因完全是应乎一种"时势的要求"。不过这一运动所代表的"客观事实"的要求，是前进的还是保守的？是中国的"根本建设"，还是一时的补苴之术？是"民族改造"，还是"民族自杀"？以及这一运动的本身，能继续到何种程度，这却有了客观事实的答复。大公报的旅行通信记者长江君，在同情地介绍了兰溪实验县以后说："照兰溪的实例看来，实验县的原则，是在社会原形不变的条件下，尽量的取消旧式土豪劣绅们对于农民非经济的或超经济的剥削。进一步去奖励出口，提倡本地手工业，以谋地方经济的复苏。但是亦遭遇了下述的困难，很难有法解决；第一，手工业无论如何提倡，总敌不了外来货物的倾销，则手工业还有什么前途？第二，外来农产品倾销到农村，有什么方法可以把洋米洋面赶出去？如果赶不出去，则改良农业生产增加收获，岂非将更使农产品价格跌落，农民愈不能维持。对此有何方法救济？第三，特殊原料之输出，不能一般通用于各县，而且可因在外之竞争而被阻，如日本在辽东半岛金州发展水果业，使烟台水果业无出路。此事并非根本恢复经济方法。第四，农民贷款，如果从理论上看，土产农产品价格必自然的日渐低落，仓库抵押，必有不可实行之一日，否则银行有亏本之处。这些困难，他们的意见（按指兰溪县的负责工作者）大体认为第一、第二两点，非地方力量所能办，有待于省与中央。第三、第四，只能做到局部，至少在暂时是有利益的。然而中央与省两方面又都认地方县政，才是抵御外来经济侵略的政治细胞。结果，不知道这种责任，将归到什么人身上？如何能解决外来经济侵略问题，正是中国政治是否有前途的唯一关键。"燕京大学农村建设科的杨开道先生亦说："这个五千年的古国，历史是多么悠久，可是灰尘也是多么深厚，积重难返，一时要想学街上的帽匠，整旧如新，是真谈何容易。定县朋友自己明白，他们的敌人是五千年的历史，五千年的习俗，不是一年半载可以征服的，因为习俗的原故，因为知识悬绝的缘故，因为经济分别的缘故，这些旧村的人民，都是被治的阶级，被动的人物，而他们的代表，他们的领袖，便是土地多一点的智识高一点的地方绅士之流，我们同这些人讲自卫、自给、自治，会有什么结果？农民自己没有兴趣，没有工夫，没有能力。地主绅士还能让我们好好的谈平均地权，节制资本，农民自卫，农民自治吗？'劳民伤财'，这是梁漱溟先生给山西村治的总评，也可借用于一切改造旧村的活动，尤其是现代化运动，科学化运动。无论你谈自卫也好，自治也好，教育也好，经济也好，一般农民是没有资格了解没有法子参加的十亩地的自耕农，已经是耕作的牛马，而不是社会的中坚，何况种他人土地的佃农，为他人佣雇的工人资本越少，土地越少，工作器具越旧，工作效能越低，农场收入越少，农家生活越低，一个循环不已的圈子，只有越走越低，不会越走越高的。旧村改造的工作，等于推车上山，起初比较容易，以后越走越重，越走越难，也许就会从半山倒塌下来的。"这两段话的观点，虽然颇有可议的地方，但其所根据的事实，即使是部分的事实，亦已证明"拥护中国固有文化"，或以"五千年的习俗为敌"的农村"现代化、科学化"运动，因它们对于中国整个社会政治经济问题内外的根本矛盾，要从"文化工作"上来弥缝，要从工农手工业的技术上枝节的来改造，所以终归是"推车上山"的开倒车运动。它们的一切努力，既会与"民族自救"，"民族改造"的道路相反对，同时运动的本身，自会被发展的客观事实，逼得有"倒塌下来的"一天吧。

（原文载《新中华杂志》第三卷，第十八期）

中国乡村建设运动的估价

孙晓村

一 问题的提出

最近一期独立评论上，中央大学农学院院长邹树文先生发表了一篇批评乡村工作的文章，他说："乡村中有大多数的文盲，有大多数的穷人，仅仅教他们识了字，有饭吃，是不够的。"怎样才够了呢？邹先生的意思，还得教他们"爱国"。邹先生是把乡村中的农民，看作了中央大学的学生，以为爱国的观念，可以离开吃饭等实际条件，凭空灌输得进去，同时也把中国目前的乡村工作估价得太高了，以为已经做到可以使农民有饭吃的地步。假使各地的乡村工作真已做到这一步，邹先生的忧虑，倒可以收起，而目前真正值得忧虑的，就是这近年来风起云涌的乡村运动，并不能解决农村中大多数穷人的吃饭问题。

二 阵容的概述

说到乡村建设运动，在中国已有了很长久的历史，但是成为像今日那样的一个广泛的社会运动，却是近三四年来的事。参加这运动的队伍，要数起来，全国各地也不下几百。这些从事工作的机关和团体，论到范围大小，有时彼此相差得很远，尤其是论到工作的路线和目标时，简直五花八门，方面众多，其最主要的可以分为七种类型：第一种类型是从近代的教育观点出发，想用最实际的社会教育的方法，来改善农民的生活，而且企图拿这一套实验的结果，介绍推广到全国。晏阳初先生领导下的定县，便是这一类型的代表。定县的平民教育，先确立一个目标，他们对于中国大多数人民认为有四种基本缺点，第一是"愚"，第二是"穷"，第三是"弱"，第四是"私"。根据这个观察，他们主张用"文艺教育"培养人民"知识力"，用"生计教育"培养人民"生产力"，用"卫生教育"培养"健强力"。用"公民教育"培养"团结力"。这几宗教育因为实施时的方式，有学校式社会式家庭式三种，所以倒并不一定是书本知识的灌输。例如在生计教育中的训练，也包含着举办合作社，改良棉花小麦及猪鸡等品种的实际工作。第二种类型也可说是从教育入手，不过这教育是以发扬固有的礼教精华，培养内在的能力为内容，而将自治的工作与教育打成一片，将自治的机构融合在教育的机构里面。换句话说，即是以习惯代法律，以柔性的感化，代替了硬性的行政。梁漱溟先生领导下的邹平便是这类型的代表。邹平的最高理想是"政教富卫"合一，实行办法是行政机关教育机关化，用"村学"代替"村公所"，用"乡学"代替"区公所"；县自治机关的系统，便是"县政府——乡学——村学"。这个系统，除"政""教"外，关于"富"的方面，组织各类合作社，尤重运销合作社，并从事农产物优良品种的推广；关于"卫"的方面，则训练民团。第三种类型是纯粹从"自卫"出发的，从前在彭禹廷先生领导下的镇平，最足以代表。镇平僻处河南南部，民国十四五年时，全县土匪蜂起，人民终日在刀光枪影下讨生活，对于"自卫"的需要，十分迫切，镇平的"村治"基础，就在这上面确定的。第四种类型是从改革县政入手的，江宁兰溪两个实验县，是属于这一类。据梅思平胡次威两先生自己的意见，认为这与定县邹平，完全不同：一则江宁兰溪完全应用行政力量，由上而下；二则江宁兰溪不作训练人才之预备，专门做事。因为出发点的不同，所以江宁兰溪的着重处，至少初期时，是调查土地人口，整理田赋，充裕岁收，推广教育，兴办道路水利等建设。第五种类型是专门从事合作社的组织和推广，这一派的工作者有一个信念，认为这是改善农民经济生活的唯一途径，同时又有一个理想，觉得将来一切的教育，自治，甚至自卫等，都可以凭借合作社的组织而执行。在这类型中，华洋义赈会是最标准的一个。第六种类型是以实验并推广优良的农产品种为主要目的，金陵大学中央大学的乡村工作，都属于此。最后的一种类型，则论到一般的农村改进区，这中间的异点：一，少雄厚的行政力量的资助；二，无特殊的乡村建设哲学的信念。他们只是在表面上看出了中国农村中几多欠缺的现象，然后在表面上去从各方面加以改进。中华职业教育社，燕京大学的农村改进工作，可为代表。

三　能使大多数的农民有饭吃吗

这一切的努力，论其主观的动机，原都不坏，尤其是在这贪官污吏，土豪劣绅充塞着的中国社会里，知识分子肯深入农村去接近农民，不论成绩怎样，总是值得我们尊敬的；而且这一切的努力，也不能说没有相当的成绩，例如定县邹平，在组织农民，教育农民，和训练农村服务人才这些方面，都有相当的成就，尤其是定县，因为组织农民，竟至和当地豪绅冲突起来；如镇平内乡的自卫，真几乎办到"夜不闭户"的程度；如江宁兰溪的改良县政，可说开了一个地方政治的新纪录；如华洋义赈会的努力组织合作社，简直是奠定了中国合作事业的一个基础；其他如各大学的优良品种推广工作，一般农村改进区的实施成绩，也都有可观的结果。

可是问题并不在此，拿这些成功来赞美中国的乡村建设运动，那末各地从事乡村工作诸先生都许感觉到这并不是他们所期望的颂语。每一个农村运动家，都想像着，甚至坚决地认定着，自己是在做建设农村，复兴民族的工作，可是从作者看来，这一切的努力，且不说建设农村与复兴民族，仅仅"使大多数穷人有饭吃"这一点，实在还离得很远。不说目前的农村工作够不上使全国的大多数农民有饭吃，就是在各该实验改进地方，也很少有所成就。

先说定县邹平，这种的教育和训练，自然能相当地使农民能得到生活的能力，可是这不是一个可靠的保障；生产工具在人家的手里，一切的负担是这样的苛重！政府不修水利，黄河一泛滥就是几百里；仅仅有了知识，受点生产卫生公民等的训练，就能有饭吃，就能活得下去吗？而且农村里的剥削阶级存在着一天，农民的受教育，也受着限制，在霍六丁先生任定县县长的时代，定县"农民同学会"的活动，把青年农民都组织了起来，当地的大绅士马上出来反对，要驱逐平教会，为了不忍抛掷平教会几年来努力的成绩，霍六丁先生只得去职，"同学会"也只得停止活动。这便是告诉我们，知识分子进农村去，组织农民，教育农民，诚然是有意义的事，可是不能夸大地说，这样便能解决目前的农村问题。要知道当你的教育，或组织的活动，稍稍触到地主绅士的利益的衣角时。他们便会驱逐你。至于想教他们从农民那儿少榨取一些，或竟不许他们榨取农民，那更谈不到了。

自卫这件事，本身就是乡村建设的反面，乡村建设得有办法，大多数人有饭吃，根本就不必"卫"。自卫工作做得最好的地方，无非是外县的匪不敢来，本地的匪不敢起，但是一个普通的人都懂得"匪也是老百姓"。真正的问题，是在如何使老百姓有饭吃，不当匪，不在武装了民团来镇压匪。而且，公正一点的话，也要问一声"为谁而卫"？"谁需要卫"？所以从自卫来做乡村工作的出发点，原则上就欠健全。因为自卫不能解决匪，只有让老百姓有饭吃才是根本的办法。自卫做得最好时，只能使穷人不造反，而不能使他们不穷。

中国的县政太差，江宁兰溪在改革县政这一点上不能不说是有着相当的成功，不过也就因为一般县政太差之故，这两个实验县就被看做了乡村建设工作的一部分。其实，中国农村之成今日的破局，各地县政府固然也尽了很大的力量，但究不过"为虎作伥"，因此，我们不能反过来说，目前县政改革好了，就好算是乡村建设的成功，因为即使土地人口调查清楚，财政有办法，教育渐渐发达，交通水利都开始建设，一切的县政都在轨道上，离农村关系的根本改善，实在还远得很。更深一层说，目前县政的改革，对内不能改变一点现存的关系，（如胡次威先生有一次和作者谈到，说："我最感困难的是现行法律的束缚！"法律是社会关系的凝固，你也许能使土豪劣绅对农民"少"作些超经济的压迫，但是，你不能使他们"不"作，尤其你不能使他们根本不存在。胡先生真有心想做得更好些，但是县政改革的可能条件限制了他。）对外不能成为独立的单位，中央政府把棉织物的进口税减低，你土布的提倡便完全落空。

在乡村工作的各团体中，除华洋义赈会专门从事合作社的努力外，其余各团体，也无不或多或少地在做着这同样的努力，要问到中国目前乡村工作中，关于经济方面的建树，唯一的而且最普遍的就是合作社。合作社的组织，自然是一件于农村有益的事，中国目前合作社的这样发达，华洋义赈会与其他从事乡村工作的团体，都有莫大的功绩。不过合作社不是农村疾病的万应灵药，他对农民生活的改善，有个限度，而且这个限度常常被国民经济的性质所决定的。比方：华北产棉的区域，他们组织了许多运销合作社替棉农服务，这和一般商人相比时，农民的损失，自然减轻了许多。可是这些棉花最大的命运，却被决定于上海市场上的外棉竞争程度，假若美棉来一个倾销，任你有多少运销合作社，也没法挽救棉农的破产。至于近几年来银行资本通过合作社的组织投资农村，那尤其是纯粹以商业利润为目的，离问题的本身更远了。

关于优良种子的推广，各大学中如金大中大都做得很有成绩，这种工作，如其在适合的条件下，很能发挥极大的功效的。可是在中国，农业生产的独立性，被市场关系击得粉碎。采用优良品种后所增加出来的生产，经不起市场价格的一落。仅仅着眼于生产的增加之不能改善农民的生活，一个最老实的农民也懂得，他们在几年来的丰收成灾中，得过很大的教训了。所以希望优良品种的推广，能使农民有好处，首先当解决的是中国如何能有一个完整的国内市场否则最优良的小麦种子，在洋麦倾销下，也会变成最劣等的。

综合起来说，目前虽然有这样多的人士在为乡村工作努力，然而无论他是从教育入手，从自卫入手，从改革县政入手，从合作社入手，从推广优良品种入手，对于中国农村的根本病症，还少有确切的诊断，所以他们入手的那几点尽管有相当的成功，而大多数农民的吃饭问题，仍不见有根本的改善。

四　病症究竟在哪里

中国农村中大多数人没有饭吃，病症究竟在哪里呢？

第一，土地分配不均。这农业上主要的生产工具，集中在少数地主手里，农村中至少有百分之六十五以上的贫苦农民，在急迫地需要土地。一般论者，常说中国江南一带，佃农虽多，但拥有土地者，都是中小地主，所以地权集中的程度比较不高，至华北一带，则大都为自耕农，土地分配根本不成问题。可是在实际上，华北的自耕农，很少有自给自足的意义，大多数和贫农一样，所有土地不足耕种，如以定县来说，自耕农占百分之七十，佃农占百分之五，然而在一个一万四千六百十七家的调查中，发现有百分之三十的农家占有土地不到全数百分之三十，而有不到百分之三的农家，却占有了几乎全数五分之一的土地河南南阳县，有百分之六十五的农家仅占有百分之二十的土地，而有百分之四的农家，却占有土地到百分之三十以上。至于江南，那末无锡总算是工商业发达的地方可是有一万亩以上的大地主，就全县论，中央研究院所调查的结果，百分之五的地主，占有百分之四十七的土地，轮到占全数百分之六十八这样多数的贫农头上的，仅为百分之十四的土地。这三个地方都可说是乡村建设运动的领域，定县不必说，南阳毗连镇平，无锡则有江苏教育学院。试问这种土地分配状态不改变，大多数农民的生活如何能好起来？

第二，生产物分配不均，换句话说，农民所负担的"租""税""价""息"及一切超经济的压迫过重。这和前者所说的有密切的关系。生产工具分配不均，必然地引起生产物分配的不均，因为后者是前者的目的。最直接的自然是地租，中国地租的高率，常在百分之六十上下（其他的孝敬，服役，招待等尚不在内），中国农民支付地租的总额估计起来，常年至少在一万万元以上，其次还有基因于土地所有的对立关系而来的间接剥削，如苛捐杂税，商业利润以及高利贷。这一切都以各种的名义在分配着农民的产物，以致农民经营农业的结果，不论其为自耕或佃耕，连自己最低的工资都无法挣到。这种状态不改善，农村中的富庶从何说起？

第三，帝国主义的商品侵略深入中国农村，使农村中的手工业，全部破产。近年以来，这情势是更变本加厉，连最主要的农产品，如米棉麦等都以倾销的姿态冲入中国市场，于是继手工业而后，中国农业的基本部队，也受遭了袭击。这种宗主国与殖民地的对立关系不解除，局部的努力不会有实际的结果。

对于这三点，目前的农村工作可以说没有顾到。中国乡村建设运动，都有一个前提，就是在社会关系不变更之下，尽力做改良的工作；可是，前面指出的三点，乃是今日中国农村中的主要关系：第一是财产关系；第二是剥削关系；第三是殖民地的关系。而真正的"痛处"却在这些关系上。

（原文载《大众生活》第一卷，第四期）

从整个民族经济上观察现在的乡村建设

张志敏

一种事实往往在其实际进程中与其在思想上所表演的形式不能一致，这就是说，实际是一回事，其观念是另一回事。根据观念追求实际，往往不能尽如人意，这就需要用科学的方法作严格的分析，认清实际之所以为实际，如此人们便可以正确地应付事实而不为抽象的观念所蒙蔽。

中国农村之破产及此种破产之影响于整个的民族经济，这是无可否认的事实。又，此种破产之急待挽救，也是无庸置疑的。但是，农村经济与整个的民族经济之相互关系，农村破产之真实原因，及此种破产在如何的关系上影响于整个的民族经济，则尚待研究明白。必须先明白了这样的事实，然后才可以对农村破产之救济政策获得正确的方针。

但是，据作者所见，现在的农村建设的提倡者并未追究中国农村破产之真实原因，不从多方面的关系上观察农村问题，而把这个问题孤立起来造成一个自我的大一统。因而他们的农村建设也就是唯我独尊。这样的为农村建设而建设，可以说与救济农村破产及发展民族经济毫无关系，因而他们所进行的事业就一定不能与他们所昭示于人的愿望相符合。因为他们的农村建设是以挽救农村的破产及复兴民族相号召，我们就得根据这种号召来观察其实际的建设。

本文的研究就在本上述的见地，先弄明中国之国际地位，中国民族经济之出路及农村破产之真实原因，然后再考察现在的农村建设之实际效用。

一　中国之国际地位

中国早已不是闭关自守的国家，它已丧失其独立自主的地位。所谓独立自主，必须具备两种必不可少的资格：主权之不受侵犯与领土之完整。前者包含关税自主，财政不受牵制，金融不受操纵，及外人在境内一切营业之受取缔等；后者则包含边疆要塞之保有，及对通商口岸之控制等。这是近代立国之必须具备的基本条件，中国对这些基本条件，可以说完全丧失，即使尚保留独立国的名义，亦不过是名存而实亡罢了。

在这样毫无防御的国家中，民族经济既因生产落后不足与外国大规模生产组织相对抗，外国资本又已先入为主，并挟种种特权以自固。本国资本完全处于外国资本之附属地位；本国资本大部分只能在外国的经济侵略中起一种副业的作用。（例如交通工业及买办式的商业和金融业。）在特殊情形下所发展起来的一些小规模的民族工业，在平时尚可以竭蹶图存，在世界的经济危机中便依大资本压倒小资本之定律而发生根本的动摇。

这样，中国在国际供求相需的关系中所赖以自处的是什么呢？它没有积极的对抗的力量，而只有消极的供应的材料。这就是地大物博与人口众多，即有丰富的富源可供外国资本之开采，有贱价的劳力可供使用，及有广大人口的消费力可吸收外国商品。但是，天然的财富既不可以由自己开采来致富，以积累民族资本，中国人民，就其一般地说，便只有依靠做苦工以维持其逐渐低下的生存，甚至于因经济的停滞与破产，连做苦工都不可得，这就发生乡村的人口过剩与城市的游民众多。

在此种状况之下，一切设施（例如农村建设，交通建设及一般的所谓生产建设），无论出于愿意与否，都只能顺应外国资本的计划，替外国资本开拓市场，即搜括原料与扩大购买力。

但是，一般的乡村建设论者，似乎把中国还当作一个闭关自守的国家看待，而不知道它在国际竞争的关系上已丧失其独立自主的地位。或者，他们明知之，而看不起这种事实，所以他们尽可掉首不顾，而埋首于他们的理想的建设。这就与黑格尔一样：要从脑子中建设世界。

他们说，中国是以农立国，而不是工业国；农村破产便是中国国民经济之致命伤，所以要提倡农村建设或做乡村建设运动，这种论断是很简单的。但可惜太简单了。是的，中国尚不可称为工业国，但这亦只能就某一定的意义而言，即中国尚没有相当的"本国的"工业。因为他们没有注意到或看不起中国已非独立国，他们便不知道中国已是一个国际的乡村。这个乡村受尽工业国的害处，但得不到它的好处。比如在一个独立自主的资本主义的国家中，城市工业的发展消灭了乡村的手工业，但它可相当地容纳乡村之过剩人口，并以工业技术改进乡村的农业。乡村的农业之改进，亦可以相当地繁荣城市的工业。但是，在中国则不然。中国人民被大规模的机器工业破坏了他们的手工业，消费工业的生产品，又受近代的商品经济之侵害，但工业的制造不在本国城市，而在东京，伦敦，纽约，巴黎及柏林这些大城市中，而这些城市又因民族的界限而禁止中国人进口。农业的改进（即农村建设，包括水利的疏浚，交通的建筑，合作的经营，种子的改良及化学的肥料之采用等）即使能办到（尚有赖于外资之引进），亦并不能如梁漱溟先生所想像的，可以繁荣本国的城市，而只能经过这个转运机关的城市以繁荣上述的那些外国的城市。这就是乡村建设运动的理论家所未看见的过程。

工业与农业在生产技术上并无性质上的不同，只有程度上的差异。本来在工业落后的国家，大部分就依靠利用农民的贱价劳力，增加农产品之输出，以保持对外贸易的平衡。但这亦只有在独立的国家中才可以办到。在非独立的国家中，失了防卫的拙劣的农业，便不足与工业国抗衡。以农立国论者对这一点有一个很大的忽略。

只因有此忽略，他们便只羡慕丹麦之农业合作运动，而不羡慕它的民族独立。

二 中国农村破产之原因及其出路

自一九二九年世界经济危机爆发以来，资本主义的列强不仅以过剩的工业品实行对华的倾销，以压倒我国货工业；并且努力于过剩农产物的输出，以大量的农产物送到中国来。中国农产物因交通不便，从内地输出反不及外国农产物从海外输入之便利。这种情形就充分反映在中国一九三三年之丰收成灾和谷贱伤农上。

年来中国民族工业（例如棉纺业和丝业）固因毫无保护受日货之倾销与排挤而日就危亡，即农产品之输出如茶、蛋品、皮毛、桐油等亦大形减退。同时外国的农产品，特别关系民食的米和麦反急剧的增加。去年的旱灾更引进洋米洋麦之输入，来季的丰收又必然要发生"谷贱伤农"。水旱灾之袭击只催促贫困的中国农村经济更一蹶不复振。不待说，水旱灾是与水利失修及山林滥加伐掘有密切关系，而这些又关系于国内政局及一般的经济发展。所以水旱灾之为害，在农村破产上究带临时附加的性质，而不是其根本的原因。

农村手工业之被破坏，便使农民日益脱离其自给自足的经济而依赖于商品市场。又因交通的不便使散乱的农民与市场远隔，在农产品与城市日用品之交换上，农民便受商业资本之无限制的盘剥。

又因经济的停滞，商业资本与高利贷资本之畸形的发展及土豪劣绅之欺压，农民又受过重的地租与高利贷之压迫。

最后则为捐税之负担与兵匪之扰乱，此均为加重农村破产之重要原因。

总括言之，农村破产之直接的原因约有以下数端：（一）外国的经济侵略；（二）农业恐慌所引起的内地农产品之滞销；（三）水旱灾之袭击；（四）手工业之被破坏与商品经济之侵害；（五）

过重的地租和高利贷之剥削；（六）捐税繁重；（七）兵匪扰乱等。

这些原因又可归结为三个根本原因：（一）外国的经济侵略；（二）国家的负担过重与军阀割据；（三）地主，商业及高利贷资本之剥削。还附带的要指明一点就是：这后两个原因都与在外国资本压制下之经济的停滞，列强之直接的干涉及民族内部的矛盾有密切关系。

农村破产所发生的影响是：（一）农民丧失土地；（二）农民受地租的压迫和抵押借款的束缚；（三）农村金融枯竭；（四）乡村人口过剩；（五）农村生产不能改进，甚至于无法举行再生产；（六）占广大人口的农民购买力之降低；（七）现时农村之普遍的饥荒等。这些就是今日中国的农村问题。

解决这个问题不外三点，即：（一）民族独立，包括关税自主，领土保全，取消外债赔款及取消外人在华之一切特权等；（二）土地之从新分配，实现耕者有其田，并取消高利贷；（三）政治的改革。必须有这样的解决才可以复兴农业，进而复兴工业以至整个的民族。但这样的解决便不是为农村而解决农村，亦不是从农村解决整个的中国问题。

三　农村破产与乡村建设运动

这里且就梁漱溟先生之乡村建设理论做研究的对象，以便先从理论上试一考量现在一般人所提倡的乡村建设是否有补于农村破产以至整个的中国问题。

梁先生说："中国社会日趋破坏，向下沉沦，在此大势中，其问题明非一乡一邑所得单独解决，故乡村建设实非建设乡村，意在为整个社会之建设，或可云一种救国运动。此社会向下破坏沉沦之所由致，主要在其内部之矛盾冲突；而此矛盾冲突则为外界潮流国际竞争所引发。以内部矛盾而社会组织构造崩溃，以组织构造崩溃，而矛盾冲突益烈，如此辗转无已。"

我们认为农村问题是与民族问题和国内的政治问题有不可分离的关系的，因而这个问题之解决只有在民族问题和政治问题之总解决下才可实现。在此意义下，我们也可以说，农村问题之解决对于一般的政治问题（包含民族问题和国内的政治问题）之解决是大有帮助的。梁先生在观察农村问题时，也是着眼于整个的中国社会问题，并谓此"问题明非一乡一邑所得单独解决"；又看清此问题"之所由致，主要在国际竞争所引发之内部的矛盾冲突"。但当他谈到乡村建设时，又把此问题"之所由致"的"矛盾冲突"撇开不管，而专谈他的理想的建设，这就是我们所大感不解的。

梁先生谓"乡村建设运动，浅言之，起于中国乡村的破坏，即是救济乡村运动……进一层言之，是起于中国乡村之无限止的破坏，迫得不能不自救，乡村建设运动实是乡村自救运动……进而言第三层，是起于积极建设之要求，乡建运动即我民族社会的新建设运动。"这样由浅入深，一层进一层，把对"中国乡村的破坏"如何"救济"，对"中国乡村无限止的破坏"如何自救，均略而不谈，一直走到"民族社会的新建设"，这似乎是近于纸上谈兵。

梁先生认定"总计破坏乡村的力量有三：

1. 政治属性的破坏力——兵祸，匪乱，苛征等；
2. 经济属性的破坏力——外国之经济侵略等；
3. 文化属性的破坏力——礼俗风尚之改变等。"

又谓"三大破坏力以文化居先，而政治最大。因破坏不外两面：国内的与国外的。国内的固当由政治负责，即国际的侵略，其责亦在政治……为害于乡村最大的政治——此谓今日中国之政治。统治力为多个的，无复法律秩序，但有一往不顾之破坏。每个统治力各顾自己，乃绝不稍顾惜乡村；乡村于此，乃纯落于被牺牲地位。"

梁先生这样对乡村破坏的原因之分析，"浅言之"，是对的。但是，"外国之经济侵略"的"破坏力"和"兵祸，匪乱，苛征等"之"政治属性的破坏力"若不加制止，及破坏力"最大而又负国内外两面的破坏之责的政治"若不加改变,"民族社会的新建设"是否可以实现呢?梁先生似乎应该明白答复这个问题。

梁先生在破坏乡村的一方面,承认那些物质的破坏力。而在建设乡村这一方面,又忽视这些力量,而自遁于理想之宫,着重于精神的培养,即"新习惯之养成"。其实这种"新习惯之养成"只可存在于理想之宫;在现实的世界中,即在"其内部矛盾冲突"的社会中,是不可捉摸的。但梁先生的乡村建设运动是要在同一世界中与那些上述的破坏力和平共居,这不过是叫我们对这些破坏力退避而求得精神上的安慰(引语均出自梁漱溟的乡村建设理论提纲,载于《乡村建设论文集》第一集八〇—八八页,后企)。

"日本亦为东方农国,其自维新以来之建设,固未尝为乡村建设,中国建设何为而必于乡村求之"?梁先生对这个问题的答复分两方面:从过去言之,(一)由于"国内情势不同":日本"政治有办法,故经济有办法,于是走入近代工商业之路,而模仿成近代都市文明;中国则政治无办法,一切无办法,走入破坏之路,无建设可能";(二)由于"国际情势不同":凡日本之"较好情势,中国均错过,未得利用"。"自今后言之,中国将永久不能如日本之走上近代工商业路,其故:(一)近代工商业路今已过时,人类历史已走入反资本主义阶段;(二)在今日国际间盛行倾销政策下威胁太大,亦无发展之余地;(三)近代工商业路所需政治条件(政府能安定秩序并保护奖励),在我亦不具有"。

"日本之近代式建设不可学,何不为现在式之建设如苏俄"?梁先生又答:"在技术进步国际威胁最大之今日,言经济建设诚无逾于苏俄所走之路,但其所需政治条件乃更大,为我所不具"。

当然,在今日的中国,走"近代工商业路所需政治条件",与"现在式"苏俄"经济建设"所需政治条件,是一样的,其结局亦必相同,所以梁先生于两者都不取。从这里充分看出梁先生对于政治问题之回避而苟且偷安于现状。但我们亦可用"以子之矛攻子之盾"的方法反问梁先生:既谓"中国政治无办法,一切无办法,走入破坏之路，无建设可能"，乡村建设不亦无可能吗？既然"在技术进步国际威胁最大之今日，亦无发展余地，乡村建设便可以不受此种威胁而有发展余地吗？只因近代工商业路和苏俄经济建设所走之路，其所需政治条件均为我所不具，便放弃之，乡村建设难道与"政治条件（政治环境）"不生干系，或其所需政治条件已为我所具吗？

政治条件是经济建设之必须的手段。避开政治条件而谈经济建设，便是纸上谈兵。梁先生所谓"中国之经济建设乃必为乡村建设"，就是要以幻想的乡村建设掩盖现实的政治问题。

再让梁先生自己把问题引到更实际处，从经济上说明他的乡村建设的理由：

"所谓中国建设（或云中国经济建设）必走乡村建设之路者，即谓必走振兴农业以引发工业之路；换言之，即必从复兴农村入手。"

"盖中国图兴产业于世界产业技术大进之后，自己手工业农村破坏之余，外无市场，内无资本，舍从其社会自身辗转为生产力购买力之递增外，更有何道？是即所谓必由复兴农村入手者已。"

"国内连年以来农村破坏已成普遍现象，以致资金偏集二三大埠，内地悉就涸竭，全国金融滞而不通，产业乃益从而凋落。此时唯一关键要在：使内地农村能利用外埠过剩资金以恢复生产，增进生产，因而增进一般购买力以促兴民族工业，而后工业乃至一切产业以次可兴。"

这里有两个可注意之点：1. 梁先生所要走的"乡村建设之路"与他所反对的"近代工商业之路"毫无不同之点；梁先生也与常人一样，不过要在现状之下勉力作殖民地奴隶式的资本主义之挣扎；所不同的只是名称问题；2. 梁先生在这儿说时，似乎又已忘记"在技术进步国际威胁最大之今日"及"外国之经济侵略"，不然，他就应该知道他那躲避的"近代式工商业之路"，即"乡村建设之路"，也是行不通时。

梁先生也见到："今日国际大势：（1）技术与经营组织猛进，有所谓产业合理化，生产过剩向外倾销；（2）（从略）；（3）着眼于有以自给，农业与工业并重，极力拒守，关税壁垒益严。中国承兹影响，土货出口惨遭排斥，外货入口转见激增，农业工业相率凋落"。但这并不能阻止梁先生在同一段文章内又说："工业后进国例必以农产出口易机器而后工业可兴"——实不知其何以自解！

所谓"由振兴农业以引发工业"，梁先生尚有两点具体说明，亦可加以分析：

1. "在农业技术前进程中，工业自相缘相引而俱来，如因农业化学而引起之工业，因农业机械或工程而引起之工业，因农产制造而引起之工业等"——但他不知道在现时中国的"农业技术前进程中"，如果可能的话，亦只能销售外国的工业品及引进外国资本之深入，并不能使民族"工业相缘相引以俱来"，不见"农村建设"与"国联技术合作"互相响应么？

2. "在农业前进程中，农民购买力增加，许多工业乃因需要之刺激而兴起"——我们相信有国联的技术合作和国内金融资本之活动，可以相当地"使内地农村恢复生产，增进生产，因而增进一般购买力"；但并不能以此"促兴民族工业，而后工业以至一切产业以次可兴"（这只是理想的描写）。试看去年棉产已有增加，但中国纱厂仍以棉贵纱贱而难以支持，这就是外国资本的垄断及其"技术与经营组织猛进"之故。

梁先生不知道，在今日的中国，"其社会自身"已非我所有，并不能由我自由"辗转为生产力购买力之递增"。"盖中国图兴产业于世界产业技术大进之后，自己手工业农村破坏之余，外无市场，内无资本"，舍从民族独立外别无他途。

梁先生又从农业的生产之增进较易为力上，证明中国经济建设必从乡村下手。他说："1. 中国农产有基础，而工业没有；恢复农业生产力当较兴起工业生产力为简便迅捷；2. 农村生产所需要件为土地，在我为现成，而工业生产力需要件为机器。适当所缺；3.

农业技术比较许我徐图进步。"

梁先生一切都依赖"现成"的而加以理想化,殊不知这些"现成"的,未必就是实际的。

说"中国农产有基础",便是忘记了另一种说法:"农业工业相率凋落",便是不知道农村破产之作何解释。在日益殖民地化的中国,长期无抵抗的受"外国的经济侵略"及国内苛征兵祸与水旱灾之袭击,"自己手工业农村破坏之余——我尽量援引梁先生的用语——以致水利失修,交通梗塞,生产方法拙劣及农民不能利用土地等,要想改进农业生产,就非有大量的资本及采用新式的生产技术不为功",而这些又适"为我所不具";因此,在这样的中国,因工业落后,其"农产"较之"技术与经营组织猛进"及"农业与工业并重"的国家,更没有"基础"。

"恢复农业生产力"是否"较兴起工业生产力为简便迅捷"?这是关系经济学的常识问题。试看在工业最发达的资本主义国家还保有落后的农村,这正是因散乱的农村之大规模的经营甚为费事,不及投资于工业之有利。只有"走现在式"经济建设之路的苏联,可以不受此限制而改进农业的生产。但是,谁都知道,苏联在革命后,为农村的经济建设,就大费经营。中国若在其取得民族独立后,"例必以"工业改进农业,不能先从农业下手也。

不错,中国有现成的而且"广大"的土地,但这一事实并不取消另一事实:土地荒芜及乡村人口过剩。所欠缺的是什么呢?还不是"机器"(借作广义的技术解)么?

国际的竞争日益逼来,以旧式的农业对抗新式的工业,在生产技术上就命定地要处在劣败的地位。而况农业又已宣告破产,急图挽救,犹恐不及;于此而曰:"农业技术比较许我徐图进步",这真是"万物静观皆自得"了。

总结起来说,在现状之下,即不解决土地问题和民族问题之下,所谓农村建设,只能对世界资本主义的市场及国内的商业,金融业及税收,有一时的效用;对民族工业不能有所裨补。至对于农村，它的增进生产就是加紧搜括。

四　谁是中国乡村建设之有力的提倡者

在国际市场上占极重要地位的中国，又当此世界经济危机之际，它的农村破产及人民购买力之降低，就首先为资本列强所关心，兼之，"农村建设"又须利用外资，是诚一举而两得。国联的技术合作就是本此而来。英国退还的庚子赔款及美国的棉麦借款，对此已有实行上的帮助。最近香港汇丰银行举行年会，主席马基尔的演说更显露这种意旨：

"吾人所需者为增进购买力与推销存货之一种复兴办法……但近来事态已大有进步，中国政府已与上海汇丰银行经理韩志门时常商榷……吾人亟愿合作，以举办可发生良好效力之计划……关于地方与国内之金融事业，吾人与中国重要银行，有长久与密切之关系，吾人希望有与之合作筹募外债之机会耳……经济委员会不久将发表报告书，定载有良好建设，但若中国进步不速，则此报告书亦未必能多所补助，而促进复兴也"（二月二十四日上海申报）。

这些话都用不着再加解释。这就证明"外国之经济侵略"者和中国的"乡村建设运动"者，是以同样的态度注意中国的问题，即维持中国之"以农立国"。

其次关心于"农村建设"者便是国内的银行界。近二三年来，在"农业工业相率凋落"之下，独金融业大有发展。它们从公债的盘剥，投机事业及普遍的破产之机遇中所积聚起来的过剩的资金，不能扶助受外资压迫的民族工业，对动荡中的商业，亦不能见信，便从农村破产中找到其发财的机会。

时事新报十二月十九日沪讯："记者连日向银行界探悉，本年内本市中国，交通，上海，浙江兴业，金城等各银行，直接投资于农村者，计中国二百万元，交通二百万元，浙江兴业二百万元，金城一百五十万元以上，上海二百五十万元至三百万元之数（因各银行放款之数尚未有详细报告，故确数未详）。总数不下一千万元以上。至于运输上打包上各种间接放款，则闻已达五千万元以上。"

最近交通，上海，金城，浙江兴业，四省农行等五银行，更乘势而起，组织"中华农业贷款银团"，因"去年曾联合与棉业统制会所属之陕西棉产改进所订立合同，办理棉业贷款颇有成效，此次系扩大组织办法，预定本年度计划为信用放款三百万元，押汇放款二百万元，业已开始进行"（申报）。

以上还只就上海一个银行中心地举例，还有北方及南方大城市的银行及各省的银行，当然亦望风而起，还有各省市的贫民借本处等，名目甚多。兹再把江苏农民银行"调剂农村金融"（申报的标题）加以检阅，以见近年来金融资本深入农村之一般的形态（节录申报记载）：

该行资金年有增加，至本年止，除原有资本二百二十万元外，新增资本一百四十万元，共计三百六十万元……共有分支行二十二处，办事处十四处，代理处七处，共计四十三处。

全行存款储蓄，至最近为止，合计八百六十余万元，较上年增加四倍左右。放款以农村合作社为对象，按性质区别，有青苗放款，储押放款，运销放款，此三种放款之连贯进行，为该行放款之特点，计全年各种放款，除储蓄处外，为七百五十九万五千余元，与上年比较增加四百九十六万余元。放款余额中以"仓库储押"及"运销放款"为最多，几占全体百分之六十。计二十三年份盈余十一万元。

业务状况：

1. 合作事业——合作社借款种类，以青苗放款为较多，就社数言，共一千五百社；就放款金额言，共二百四十万元；按期还款之金额占百分之九十以上。

2. 农业仓库——该行自去年以来，对于办理仓库储押极为重视，在各地举办农业仓库甚多，统计已办仓库者有三十九县；仓库数一百七十余；储押放款总额，至最近止，已达金额四百余万元，其中请求押款者百分之九十为小农；储押数量有少至数升一斗，押款不过二三角者，亦可见农村经济之困苦矣。此外尚有专抵押农具者，如清江之渔沟仓库，计质押农具三万余件。闻该行在二十四年份内有扩充农业仓库至二百五十余所，储押六百万元之议。

3. 合作运销——该行为代办各地合作社之农民产品运销计，特在上海设立农产运销办事处，以为全省农民产品之集中运销机关，并在无锡，盐城，如皋，徐州，清江，泰县等内地，设立分处，以资联络。该处主要工作为"合作运销"及"合作购买"；前者以米稻麦为大宗，其次为棉花，猪只，金针菜，土布，黄豆，花生等；后者以肥料种籽为多，其次为机器，棉纱，耕牛，柴油等。该处自去年五月成立，迄年底止，共七阅月，计办理运销及购买达金额一百余万元。

其次关心"农村建设"者则为政府的税收。因对外贸易额锐减及国内商品流通的停滞，国家的财政收入便大形减少。既不能在扶助民族工业之意义上以复兴经济，它便只有附和国外和国内的金融资本，为国际资本开拓市场，增加人民的购买力以复兴商品的流通并因而增加税收。这亦是大势所趋不得不然者。

至于民族工业，照普通的道理讲起来，它本亦可以乘机与国内金融资本合作，间接参加"产销合作"，"购买合作"及种籽的改良（例如棉纱业对于棉种）以实行对于原料品之控制与工业品之畅销。但是现在这种种便利仍只有外资可以享受。这就因为民族工业近数年来在不景气的厄运中，主要地却受日货倾销之抵压，已自保不暇；它已不是国内金融业之可信的顾主，去年在开发西北的呼声中，许多国货厂商曾派遣多人到西北去实行考察并组织国货展览会，不料当他们到达目的地时，顶面所见到的尽是外国货——外国货已在那里迎接他们。所以民族工业对于甚嚣尘上的"农村建设"始终是不大感觉兴趣的。

最后说到"乡村建设运动"者及理论家，他们更处在末席的地位。他们自以为是"乡村建设"的提倡者，其实他们不过是上述国内外金融资本及政府当局所进行的事业上一种点缀品。他们的乡村文化运动，无论用旧道德也好，新道德也好，都是要吸收"西洋文明"或"都市文明"，替"外国经济侵略"做传教师。在"理论"的工作上，他们所操的作用，就是把别人所做的事业加以理性的解释，例如把对外退让，解作"由乡村建设以复兴民族"，把工业不能支持解作"先从农业下手"，把农村搜括解作农村建设，把乘人之危的剥削解作救济农村等。

五　农村建设之实际效用

统观现在所进行的农村建设，约有建筑公路，改良水利，改良品种，农业放款，合作运销与购买等项。这些建设对灾荒后农业生产的恢复，农业购买力的增加，商品的流通及政府财政的收入，当有一时相当的效果，但它们不能有裨于民族经济（即民族工业），亦不能从根本上改进农业的生产，因而这一时的效果——如能收到的话——将加深中国之殖民地化及走近最后的破产。其弊害可言者，约有数端：

一为外资和外货之深入。实业部商业司长梁上栋亦已看到这点。他说："过去外资因交通不发达，未能侵入内地，今则利用运输上优越力量，逐渐扩张，达于乡村"（见一月二十七日申报载梁君谈话）。梁君又谓"商业所受之打击，社会不景气固居其半，但外货进口与倾销，亦居其半。譬如前岁全国棉产丰收，而价格大涨，去岁棉花减少，而价格反跌，亦其明证"。凡此皆证明农村购买力苟因"农村建设"而增加，则首先迎接外货，农产品之增加与改良，亦为外资所垄断。

二为公路建设本身又增进外国汽车和汽油之输入。据不完全的统计，英国一国自一九三一年八月一日起，至一九三二年一月三十一日止，六个月间，对华输出汽车增加百分之一百。不待说，中国汽车之主要的输入是从美国。汽油输入在一九三三年为五二、九一八、一四九金单位。至一九三四年三月份止，其输入额已达五八、四三二、一八〇金单位。汽车汽油之输入年来均急剧地增加，在工业衰落和商业萧条之下，特别努力于公路的建设，不仅其本身增加入超的数字，并替外资加深对穷乡僻壤之搜括。

三为因防治水旱灾及疏浚灌溉对于土地之垄断。导淮治河，结果都要使附近之地价飞涨，有资金者乘机争买，以并吞当地的土地。在陕西的泾惠渠和洛惠渠也有此种情形，并且农民还要缴纳水费。

四为农业放款对于穷困农民之榨取。此为现时复兴农村之最主要的活动，其实亦即搜括农村，促进农村破产之最厉害的工作。其最毒的手段，便是青苗放款，储押放款。只有自有土地及其他生产手段并向来可以自给的农民，偶因灾荒的打击，不能恢复生产，便可以因借款之接济而勉强渡过难关。但现时农村之普通的现象为饥荒，穷困，受债务的压迫不能翻身，佃租太重，在平时勤耕收获亦不能维持生存，银行资本便乘人之危以侵入。试观上述江苏农民银行之"合作社借款种类，以青苗借款为较多，对仓库储押，其中请求押款者百分之九十为小农（按即贫农），储押数量有少至数升一斗，押款不过二三角者"。试想农民在青黄不接时，为一时救急计，不得不将秋收粮食预先抵押借款，到秋收时此种抵押品便进入"农业仓库"而无赎回之望，因此来春又要欠食，欠食又要借债——如此循环无已以至完全破产。至于拿"数升一斗""押款不过二三角"的农民，人们对他们还可有几回剥削，已不言而喻了。

"信用合作"也并不如"理论家们"所想像的，是农民自动的互助的组织，它是当地地主，富农，商人，高利贷者在城市资本指导之下盘剥贫农的机关。因此银行在农村之放款，利率虽较原有高利贷为轻，但因其组织完备，规模远大，其侵蚀农村更有甚于高利贷者。

五为"仓库储押，运销和购买合作，棉业烟叶放款等"，都足造成金融资本对于农业生产品之控制。例如大晚报芜湖通信,谓芜湖之机器碾米业,因米市不振,"都入于停滞状态中,其仓栈储屯之所,均为银行收罗租作(或收买)粮食押款堆栈,单上海银行一家在河南岸之米仓已有六所之多,由此可以推测芜湖米市前途之命运,或由米商手中转入金融界掌握,渐趋统制之途。"

总之,现在的农村建设,只有外国资本和国内的金融资本可以大得其利,政府亦可从中收得一些手续费;至对于国计民生,"非徒无益而又害之"。

六 结论

结论是要从事实做出来。事实可让人躲避,但终于是要暴露出来迫得人们不能不承认它。

"海通以来,我国之手工业渐归淘汰,国民日用所需,几皆仰给于舶来品。对外贸易,仅有原料与农产品,以量多价贱之原料品,交换质精价昂之制成品,则其结果自必为入超无疑。我国自有国际贸易以来,所以年年入超者,其故即在于是。而补救之方,自非由发展民族工业入手不可。发展民族工业之道,端在厉行保护关税,此为当今经济学者所公认。然我国关税今日虽已自主,顾欲厉行保护关税,必将引起外交上之纠纷,我国民族工业之所以难于发展,此其一大原因。而贸易统制之所以不易实施,其实亦即在此种事实上之困难耳"。

这是申报时评恒君奖励白银入口与提倡国货运动文中之一段,确已认识了问题的所在。如何解决呢?恒君似以为既有此事实就没有办法,只得另找途径,故接着说:

"故于今日之国际环境下,而求我国民族工业之发展,仍唯有一途可走,即国货运动是也"。

但实业部梁司长之谈话,又明指此"一途"是"无办法"的办法:

"提倡国货，本为复兴商业方法之一，但'提倡'二字，实系消极的，并非积极的。消极办法，收效甚微，外货尽可运用倾销政策，以为打破之工具。积极的则须赖运用海关政策，又非现在情势所许可，故消极办法，虽属收效甚浅，但较之无办法，似又略胜一筹也"。

但作者认为提倡国货运动虽无实效，而在民族斗争上究比提倡农村建设还有点积极的意义。现在的农村建设，不但对外毫无抵抗，并且是"悉索敝赋以从"。（一九三五，三，三）

（原文载《中国农村》第一卷，第七期）

拉西曼报告书之农业部分的批评

李紫翔

国际联盟驻华技术合作代表拉西曼博士，近为国联行政院及对华技术合作委员会所提出之报告书，将"技术合作"之经过与内容，驻华技术员之活动，以及中国经济恐慌之原因，"复兴农村""生产建设"之计划等，均有或详或略的叙述。就其内容和范围观察，我们可以说它的性质与意义实在十分重大。这一报告书，在国际上既获得英法意等帝国主义者之热烈赞许，另一方面，复引起日帝国主义者之极力反对；同时在国内亦有赞成与怀疑中国经济之慢性急性的恐慌，能否由国际联盟主办的"技术合作"而达到"复兴农村"与"生产建设"之目的，以及这一"技术合作"的性质与其政治的意义。

我们现在避免各种主观的赞成与反对，打算从拉西曼报告书之内容的客观的分析上，来认识国联技术合作代表之中国经济恐慌与建设观的正确与否，和"技术合作"下的"复兴农村""生产建设"于中国有利或是有害，以及这一技术合作如果能继续下去时，在国内及国际会发生什么可能的结果。现在，先只就报告书中关于农村的部分作为我的研讨对象。不过实际上，报告书除了第一章与第九章至第十一章之序论与概述外，其他第二章至第八章，无不与农村问题有关；而第二章农业，第三章棉业，第四章丝业，第五章水利，第六章公路，更为报告书之中心所在。因此，我们对于农村部分的研究与批判，实际上无异是对拉西曼报告书的全部的研究与批判，亦即是对于"技术合作"之实际的本质的研究与批判了。

拉西曼博士集合国际技术合作员特赖贡尼教授，玛利博士，郭乐诚君，司丹巴君，沙尔德君，克利伯君及天津南开大学"著名经济学家"何廉教授等，调查研究中国农村经济之结果，指出农业危机的基本原因是："中国农业产额低微，高利借贷，赋税过重，尤以附加税为然，及国内大部分所通行苛刻而不经济之佃租制度，为造成中国农业危险之基本原因。"在这里，实在不能不使人怀疑这许多专家们对于中国农村之危机的调查，研究，与其所得的结论，要不是他们把调查研究的对象，弄错了的话，就是戴了有色眼镜的吧。不然，这许多专家的研究所公认的基本原因，不仅与最大多数的国人研究之结论不同，而且对于赤裸裸的现实亦不相同。首先我们根据中国现实的事实，来研讨专家们之中国农业危机的基本原因观。

第一

中国经济之衰落，尤其是中国农村经济之衰落过程中，铁般的事实告诉我们，帝国主义者的经济侵略是一个最基本的原因。帝国主义经济侵略中国的发展，造成中国殖民地化的过程，这是每个科学的研究者，所不能否认的事实。帝国主义者经济侵略政策下的商品市场，原料市场，和资本市场的竞争与扩大，使得中国整个国民经济益发隶属于各个帝国主义者势力之下，而成为附庸——殖民地化的经济；为利于帝国主义者之工业制造品与农产品的推销，和原料的获得，而扩大起来的市场，无疑的只是为了攫取丰富的利润。即是采取各种形态而输入中国的资本：政治的投资和经由中国政府之"实业投资"，不过一方面加重中国人民之债务的束缚，另一方面则攫得特殊的政治权利，以为销售商品和取给原料之保障；所谓直接的企业投资，则商业资本在造成各帝国主义者在华的特殊经济势力，并组织起中国经济之特征的买办制度；其移植来华的工业资本，则在利用中国之廉价的劳动力和原料，免除商品流通过程上的死费用和某种关税的负担，而增加商品销售的竞争力，取得更大的利润而已。因此中国的农业生产者，不仅要负担一般资本主义国家之工业品与农产品之交换价格差的损失，并且因为输入输出的商品均为各帝国主义者的银行，洋行以及为其所操纵的中国买办商业机关独占之下，输入的"洋货"，每在世界市场价格之上，（近来某国某种商品的跌价倾销，则是别有特殊意义的）。而输出的"土货"则又在世界市场价格之下，垄断中国市场价格，攫取了特殊的"买办利润"，从而更增大了工农业产品——洋土货之价格剪刀式的差额。此外，帝国主义者对于殖民地或半殖民地，虽然要攫取原料供给，更重要的还在其工业制品以至过剩农产品之推销。所以中国自一八七一年以来，对外贸易，永久处在入超，其累积数已约达百万万元左右；而自一九〇二年至一九三一年政府债务的本利偿还，约有二、二七五、七百万元，外人在华企业投资的利润，亦有三、一九一、二百万元。仅就这种可能来计算的帝国主义者在华之利润的榨取，已达一百五十万万元之巨。这种巨额利润的榨取一方面要从压溃中国固有的工农手工业之生产，另一方面又要使最大多数的工农群众成为帝国主义的工业制品之消费者，这一过程的发展上得来的。农村的生产事业，虽日就衰落破产，农村的现金，仍是不断的流入都市，最后流入帝国主义的国家。所以在"中国经济"的各部门中，除了帝国主义者在华企业及与其有关的买办式的中国企业外，无一不处于衰落境况，尤其是农村经济所受榨取与转嫁之严重——自中外通商以来，一直就处于慢性破产的过程。近数年来更因受了国内外，特别是帝国主义者之经济与政治的袭击，遂不能不暴发为含有特殊意义的半殖民地的经济恐慌，尤其是农村经济普遍地急速地破产下去。这一普遍的客观的事实，不曾为国联指派下的专家，在实际调查中所看见，在五万余言的报告书中，竟无一字提到，这决不是偶然的罢！拉西曼博士等因为其后面所代表着的帝国主义的立场，不能不把这一中国经济恐慌的基本原因，轻轻放过；不能不意识的歪曲事实，掩蔽帝国主义者的经济侵略的罪恶；

并且在为帝国主义者的侵略政策说教，企图在"复兴中国农村经济"与"生产建设"的幌子下，来扩大帝国主义者经济侵略之新园地。这是在报告书底全部内容上所明白报告了的。

第二

拉西曼博士对于中国农业危机之内在的原因，虽指出"苛刻而不经济之佃租制度"为基本原因之一，然其立意不过欲在现存剥削制度之内，企图施以某种改良，所以不仅对于"或为社会经济紊乱之原因"的佃租制度，没有什么彻底改革的建议；对于中国土地分配的分析，尤尽巧妙曲解之能事。譬如拉西曼博士曾引用的材料，证明黄河以南占人口百分之六十一的地域，平均佃农已占到百分之四十三，半自耕农占到百分之二十五，自耕农不过占百分之三十二这一事实，足以反映土地分配的不均，是已到如何严重的地位，"此种佃租情况，足使情势更形紧张"；但是，又说"详加研究，似仅有少数地主拥有甚大之面积与欧美相等"，似乎告诉我们中国土地底分配问题尚不成问题，至少土地集中，尚远落在欧美之后。这种不从中国土地分配的历史过程上去研究，只是简单的以欧美相比拟，其目的不过在企图歪曲中国土地问题之性质与意义而已。因为中国之自耕农的成分，在与今日先进资本帝国主义国家比较，虽居较高之比率，但是数十年来自耕农土地底失掉与地主土地集中底趋势，以及因中小地主之剥削的更加苛刻，致使农民益陷于半农奴的劳动状况，而急速的破产。所以实际上的中国土地问题，决不是拉西曼博士笔下的那样无足轻重的，那样容易改良的。博士认为改革中国土地制度之"彻底办法"，唯在推行十九年公布之土地法，希望经由下列条件："同一承租人继续耕种十年以上之耕地，其出租人为不在地主时，承租人得依法没收其耕地"，"则原有耕地少而交租多之佃户，将一跃而为执有适量耕地之田主"。实际上因为经济的政治的种种不利条件，所谓"一跃而为执有适量耕地之田主"，不仅理论上证实其不能实现，并且事实已将这一幻想粉碎了。土地法自公布迄今，仍只能束之高阁，就是明证。反之，事实上土地以更高的速度，集中于新旧地主和抵押于银行之手；而且水利的兴办，更加助长新的不在地主之发展，如陕西的泾惠渠，绥远的民生渠之开通，不过给官吏和商人获得土地独占之一机会，就是一个好例证。其次，博士对于百分之五十以至百分之七十的地租，则属望于曾经在广东，广西，湖南，湖北，江苏，浙江，上海等地施行而已失败了的"二五减租"，"倘政府机关，能雷厉风行，佃农所受过分之勒索，得以救济，三分之一农产为最高租率，似可令人满意也。"二五减租运动，在上述各地，或由政府命令取消，或迄今未曾实行；即在所谓最有成绩之浙江，既由减租百分之二五改为最高租率百分之三七·五，中间又曾为省府一度取消。博士亦不能不说，"此法刻已施行至若何程度，殊难决处，闻尚有多处并未实行采用（租率有高至百分之六十甚至百分之六十以上），司法机关，调停争议，厉行法律未能彻底，而地主因受减租法之制裁，乃另用其他方法取偿于佃农，以补其损失；减租法之利益，亦往往为农民协会所利用。（此种组织原为厉行减租法而成立，现已变为新式勒索工具），故佃农本身获利甚微。"由此可见，此种"最满意而最易成功之试验"，在现状下实为一种甚少可能性之"试验"，则所谓减少佃农地租的负担，直等于空言。

第三

拉西曼博士对于繁苛的赋税，亦没有从本质上认识它底封建的剥削性，所以博士虽然表面上认为是农业危机底原因，实际上却为此种剥削方法而辩护了。譬如全国经济委员会指出："此种旧式田赋，无论有无弊病，若依法征收，不增附加及额外剥削，或尚不致病民；但田赋促成农业衰落之原因：为（一）附加税，（二）各处负担不均，（三）征收制度不良，因有消耗与勒索之弊也，"这已经为此种无限的征收赋税，摊派征发现物和劳力等的封建的剥削制度回护周到了。而拉西曼博士更说："此种不平均征收，与各地过分附加，为农民征纳之总数，虽属不公，犹可差强人意。惜乎征收制度不良，使人民受额外之需索，富豪者设法逃税，致政府税收，大受影响。至征收田赋之关键人物，并非官吏，乃书吏；其所持之鱼麟册，由其祖宗传下，……吾人不能计算此种制度所包含之逃税与勒索。"照博士的意思，赋税之所以病民者，倒不在无限制剥削的赋税制度，只是在于征收制度不良，特别是书吏的勒索与揩油。"书吏"固是令人诟病的，不过征收制度与赋税制度是不可分离的；并且中国之不良的征收制度，实在不过是封建性的赋税制度之下产物。即如书吏的特殊势力之形成，正是官吏们狼狈为奸所培养起来的。并且揩油勒索，正是中国数千年一贯相传的官僚制度特征之一，上至高级官长，下至书吏，无不以舞弊相尚，搜括为能。所以不在根本上改革封建的赋税制度，铲除官僚制度，舞弊勒索，终无法消灭。因此博士避重就轻的为中国不合理的赋税制度辩护，不正是暴露了这些专门家在为帝国主义者利益努力而外，同时还为中国的封建的剥削制度以至官僚制度隐讳，并使其合法而又合理的保存着吗？

第四

高利借贷，固然是促进农村经济衰落的一个重要因素，但不是什么农业危机的"基本原因"。我们如果要说明高利贷在农业危机中起了怎样重大的作用，同时不能忘了商业资本在剥削农村中之更重大的地位，因为这都是帝国主义者和封建势力在农村以至都市的两个重要的剥削形式。高利借贷不仅普遍通行于农村，且亦普遍通行于都市，帝国主义者在华的金融机关，就是以放高利贷取得优厚利润著称的；并且因此更加促进高利贷在中国，特别是在农村之通行。至于商业资本底剥削对于农村经济的关系，当更在高利贷之上——因为它可以大部分支配中小农的生产物和完全垄断商品的流通。不仅"江西农民所得农产物之售价，与上海消费者购买之市价，其相差至少一与二之比"，而农民所购买必需物之市价，与世界市场的售价，相差至少又不只是一与二之比，"此即居间人转辗剥削有以致之也"。此种居间人，应该包括中国旧式的新式的商业机关，和帝国主义者，洋行与公司，及其在内地遍设之"经理处"，而帝国主义者在通商口岸所设立之包办中国国际贸易的出入口洋行，就是组织并指挥此种居间人——买办式的商业机关之司令部。这大概又因为关联到帝国主义者侵略中国的问题，所以在报告书中又被略去了。

第五

至于专家们认为造成中国农业危机"基本原因"之基本原因，为中国农业产额的低微，我们的认识也和他完全不同。吾人不否认中国农产额的低微，"非独每人平均生产量，即土地绝对生产量，亦在水平线以下"之一事实，然而这亦不过是证明中国生产的落后而已。"产额的低微"，既不能作为帝国主义的剩余农产物输入倾销之原因，亦不能解释"生产过剩"的农业危机的事实。照拉西曼博士分析，"此种产量之低微，一部分固由于技术之不精，一部分或亦受社会经济情形之影响"。此种"或亦"影响到产额低微的社会经济情形，照我们在上面的分析，完全由于帝国主义的和封建的残酷的榨取所造成，而非技术不精的本身所固有。拉西曼博士既承认社会经济情形，"或亦"影响到生产量之低微，则其"均认农业产额低微"为农业危机之最重要的基本原因，亦已不能自圆其说。况且"技术之不精"，据特赖贡尼教授报告，"如种子之最宜于中国风土者尚未普遍应用，人造肥料亦未充分施用，轮作法仍墨守成规；兽病虫类之科学防治法，不知采用；畜牧事业，本可改善农人生活，而在扬子江之南部，则毫无所知；农人所用旧式农具，过劳人身，亟应改良"等，此种"专家"报告的技术不精，是否正确，自然须待专家再来特加审查。但就其列举的各项说来，其所以"不精"的原因，几无一不为社会经济情形和政治情形的影响所致。譬如以占农业技术之主要地位的农具说罢（农具的改良，在国联的专家们看来，大概没有充分施用人造肥料重要吧！……），中国旧式的农具之简单与不经济，据韩德章君之计算：经营一华亩的谷子，自整地播种以迄收获储藏，共需人工八，畜工五；经营一华亩的棉花，要用十四个人工同一个半畜工。这十四个人工，可以折算成一百四十小时，而美国农家生产一华亩的棉花，不过只用十八小时，生产一华亩的谷子还要减少三五小时，这其间效率的差异，多半是由于农具和动力使用的不同。可见中国旧式农具之效率是如何微小了。但是如要研究中国农民为什么不能采用新式农具和动力，首先就要考虑在双层压榨下的农民，年甚一年的深陷在冻饿的死亡线上，救死不遑，如何能有余力作农具的改良。况且像通海垦殖公司等那样大规模的农业公司，也因劳力低贱于机器，而把费了大量资本购买来的农业机器，废弃不用或改作他项用途。其次，假设中国农民能改良了农具或采用了农业机器，其实在现存条件下，这只能算是没有实践性的假设，甚至拉西曼博士也说，"此种设法改良农业技术（按指各农业试验场之试验改良主要作物之育种），虽属可能，然在合作事业未臻发达之时，恐不易使农民注意此项改良方法及劝导其采用"。事实上，作为农业技术改良之前提的合作事业，特别是生产合作事业，在目前之不易发达，又已被决定了的，即使农业生产技术可以与现代资本主义之王的美国相比，农产物的产量大大地增加起来，麦子增加到当燃料来消费，棉花增加到要强迫农民铲除棉苗，这亦没有消灭农业危机底原因，反之，却是把农业危机更加扩大而深入了。

　　由于生产技术落后所造成的农产额的低微，既不是中国农业危机之基本原因，同时在现状下又没有实践性的技术改良，根本上又只能促进农业危机之深入与扩大，那么，为什么国际对华技术合作的许多"专家"们，硬要把产额低微与技术不精，看作危机的基本原因最重要的一个呢？我们在这里要指出的：这许多专家们，既然主要的任务是要掩蔽帝国主义侵略的罪恶；另一方面，因为气味相投，或者投鼠忌器吧，又要对于封建的剥削，多方曲解，蒙蔽其真相。因此，最聪明的办法，是让技术不精和产额低微，担负了农业危机底基本原因之责任，因为技术本身既不会说话，而使用技术的农民，亦是不会说话的呀！

第六

报告书的出发点，既不站在中国民族底立场上，更不是站在中国人民底立场上，因之对于解决中国农村问题的许多建议，亦是不彻底的不正确的和加深中国之殖民地化的。这可分为两方面说：（一）它们对于土地集中到少数地主手中的趋势，是采用着鼓励的态度，对于地主的土地所有权之动摇，是从法律上去巩固了和保证了的，打算在名义上给佃户永不能获得的"耕地所有权"，使动摇着的地主底土地所有权，与地主阶级底势力再被强有力地保障起来。其次，百分之三七·五的地租率，是否适宜于农民负担能力之标准，专家们并没提供我们以科学研究之结论；况且民国十六年之二五减租运动，正因政府机关之能"雷厉风行"地失败了下去的，现在报告书中既没有提供什么新的条件，使这一成为历史之陈迹的"尚称最满意而最易成功之试验"，可以复活起来的。复次，关于赋税之改革的最大目的，如上面所分析，亦不过在使"负担平均"和以"官吏"代"书吏"，于赋税制度本身和勒索揩油的征收制度，并没有本质的变革，已是十分明显的。最后，对于以上的各个因素，既没有彻底的改革，最多只是希望做到某种限度的改良，将已剧烈化的各种矛盾缓和一下。因此，他们将一切"改良农业技术"，改良借贷和改良运销之前提，放在万能的"合作社运动"上，并且企图由合作社运动挽救中国农村之破产；正确一点说，使咆哮起来的半农奴们，安静下去，来维持现存的制度与秩序。
（二）我们可以在报告书中看出一个强力化的一贯方针，即使中国农民之工业品购买力恢复起来，换言之，即使帝国主义者之商品市场扩大。表面上似乎在计划中国某种农产品的自给或某种农产原料的恢复世界市场，而实际的目的不过完全是使农民有余力作为帝国主义之工业制造品的购买者罢了。如报告书关于棉花之求自给，则说："若中国农民利用改良棉种，则每年可不必购买外棉，此项财力，可用以购置机器及其他现在不能自制之物品"；关于改良丝业之品质，减低丝价，划一品质，恢复世界市场之地位时，又说："丝业之发展，向予农村以相当生产剩余，目下斯业既日趋衰颓，殊使中国成一贫弱之工业品购买者"，这诚不免透露了国联之热心于"复兴中国农村"之真实的目的。同时，亦可以看出中国农民购买力的恢复与市场的开发，对于经济恐慌中的帝国主义者，是如何地迫切与需要了。并且，不论这些"试验"将来对于中国的成果怎样，而在这一试验过程中，帝国主义者之过剩的工业品可以大大地销去一部分。如以建筑公路说，最近两年由全国经济委员会协助督造完成之公路，计达四千余公里，今年计划建筑者达五千余公里以上，现在七省可联络互通车者共计一万三千余公里，因之每年汽车的输入已在四五千辆，汽油的输入亦达三千万加仑，两共计约值五千万元左右。连年的经济恐慌并未影响到汽车汽油之增加，就可见建设公路对于进口工业品是生了如何效果的了。至于公路汽车能否便利农产物之输送，我们可由公路处搜集各种交通工具之运费比较，以汽车为最贵，便可以测知的。每公里每吨之运费计汽车高于铁道三倍至八倍，高于汽船五倍至十三倍，高于帆船十倍至十三倍，高于大车二倍至三倍，高于小车一倍至二倍半，并高于驴马骆驼之运费一倍又四分之一至二倍左右。这种高率的运费，自然只能加速工业品之输入农村，而阻碍农产品之输出的。并且"所筑之公路与农民无大关系，因彼等甚少利用，反觉土地充公与赋税增加之苦也"。最后在"复兴"与"建设"之下，必然引起大量外资之输入，如今年度的经委会之经费，必有待于美棉借款者，更可推测今后依赖于外资之殷繁。过去利用外资的历史教训我们，必然要扩大帝国主义之势力和使中国整个国民经济完全隶属于外人的统制之下，加速殖民地化；如果输入外资而引起帝国主义之冲突表面化，如最近日帝国主义之反对"技术合作"而大喊别的帝国主义者"从中国拿开手"时，自然更加速瓜分与共管之激进，同时又加速内战之进行。

总起来说，我们从民族和民众的立场上研究拉西曼报告书之结果，深深的感觉中国之百尺竿头更进一步的殖民地化的黯影，是怎样有力地威胁着全民族的生活，同时对于这些摇鹅毛扇的"客卿"们，深信他们是在怎样巧妙地玩弄着"挂羊头卖狗肉"的得意把戏。假使有人说报告书的一切建议，对于中国亦有有利的地方，那末，如我们在上面所客观地研究的结论所示，它所赐给的某种小利小惠是可以计算的，而其潜藏和必然随着而来的民族和民众所受的害处，则是不能计算的呵！

一九三四，七，二一

中国农村的出路在哪里

千家驹

凡是关心中国前途的人，他的心中一定有一种苦闷，即中国的社会往那里去；中国的经济又将往那里去？虽然有许多人在喊民族复兴，但是复兴的征兆却不可见；反而民族沦亡的危机已迫在目前。同样地，虽然有好多人在提倡经济建设；然而事实上我们看到的是破坏多于建设；是破产的趋势比转机更有把握。在中国的经济问题中，农村问题是摆在最前面的。我们要问一句：这几年来大家高唱"农村复兴"，究竟农村"复兴"了没有？不要说是"复兴"了，中国的农村近几年来还能维持现状不能？我们也不必引证什么统计材料，即执途人而问之，怕所能得到的唯一答案，也是"一年不如一年"吧！在旧势力笼罩之下，依然被土豪劣绅所剥削所把持的农村固不用问了；即就近年来屈指可数的几个实验县而论，他们的每一个都各有其救济农村的堂皇的方案，有整套的哲学，也有的是刻苦自励的领袖；（如邹平）也有的是充裕的人力与财力；（如定县）甚至如江宁县则有很大的行政权力，不受省政府的节制。然而我们如果问这几县农村经济情形如何，则知其破产固不亚于他县，且近年来破产程度的深刻化与尖锐化，亦丝毫与他县没有两样。我在民国二十三年定县召开的全国乡村工作讨论会席上，听到了河南某一代表的一段报告，他说："现在我们土匪也平了，人民也安居乐业了，然而一般农民的生活还依然一天天的破产下去，这叫怎样办呢！"这句话很令我感动，同时也是值得所有从事农村建设工作的人们反省的。

为什么这种种的努力，为什么所有的这许多乡村建设方案都不能挽回这一农村破产的劫运，使他们仍不能外于破产的浪潮呢？这是我们所必然要发生的第一个问题。第二，长此以往，中国的农村究竟要变成个甚么样子？中国农村有什么前途？它将这样一天天往下沉沦以迄于整个毁灭吗？还是它有另外其他的光明大道，这是我们所要问的第二个问题。

我在别的几篇文章中（参看申报月刊第三卷第十期及中国农村第一卷第八期），曾经指出了定县的平教会和邹平的乡村建设工作，决不是中国农村的出路。平教会是想不谈中国社会的政治的经济的根本问题，但他们所要解决的却正是这种根本问题。他们只看到了社会现象的表面病态——愚，穷，弱，私，但他们没有进一步去追究中国的农民为什么会愚，会穷，会弱，会私？他们根本不了解埋在这"愚，穷，弱，私"底里的帝国主义者之侵略与封建残余的剥削，才是造成"愚穷弱私"的原因。所以平教会的工作视为一种教育制度之实验是可以的；视为解决中国问题的张本是绝对不够的。至于邹平的乡村建设，梁先生在好多方面的认识虽比平教会进步得多；（如他认识帝国主义与军阀是促使中国农村破产的主要原因），而且他明白了农民之自动的组织（村学与乡学）是乡村建设之基本的动力；但由于他不了解乡村中的阶级关系，他把乡村视为抽象的整个的整体，而不把它看成是由各种利害不同的地主农民所组成的；他只看见了乡村之外部的矛盾，而看不见乡村之内在的矛盾，所以他是根本不想改变乡村之内部的生产关系。唯其如此，他的整个乡村是抽象的空洞的东西，即使在表面上在所谓乡长与村长领导之下组织起来了，然而农民们明白这种乡长与村长即是从前的乡绅与地主，他们多是收租的而不是纳租的，多是放债的而不是欠债的，由他们所主持下的乡学和村学，和从前的"自治协会"并没有什么本质上的差别。而且一般贫苦农民的经济地位既不变更，他们对于乡学村学也会取一种漠不相关的态度，他们只把乡学与村学当为新的政府玩艺或新的花样，他们决不会把乡学与村学即看成自己的东西，看成代表他们具体利益的政权。决不是有了它，即可以免除苛捐杂税，高率田租及高利贷之种种的剥削，或有了它，即可以不受贪官污吏土豪劣绅所蹂躏。事实上只有当乡学与村学变质为代表贫农利益的这样的政权时，农民们才会以必死的决心去拥护它，才会对他发生真正的兴趣而"必忠必信，生死以之"。但这又不是梁先生的所谓"乡学"与"村学"了。梁先生的"乡学"与"村学"，不过是旧日豪绅政权之变相，只是披上了一件美丽的梁先生的外衣而已。

然而梁先生能认清了必须农民们有组织才会发生力量，才能抵抗帝国主义者的侵略与军阀的剥削，这却不能不说是一个极大的进步。梁先生从组织农民入手来建设乡村的办法，是比平教会之从平民教育入手改造农村，要前进到一万步的。但梁先生的组织农民虽比平教会的认识进步，不过刚如我们上面所说的，这种农民组织决不是梁先生的乡学与村学。这里读者一定要问这种组织到底是什么呢？（自从我在中国农村及天津益世报上同时发表了中国的歧路一文后，曾收到六七位读者的来信，他们问我说：他们的办法既然不行，请你拿出你的来吧。最令我感动的是一位山东乡村建设研究院的同学来信说："先生假如有具体的办法时，我立刻抛弃了此间的工作而愿意跟着先生干。"吴景超先生读过我的文章后，他也问我的具体办法是什么？我在这里将作一个总的答复）。对于这个问题，环境是不容许我作明显的表示，但我不妨提出几项原则来，读者看了这种原则，就不难明了我心目中组织的轮廓：

第一，这种组织必须是能代表最大多数农民之利益的。如果我们承认中国农民是有阶级的分化的话，那这最大多数农民当决不是地主与富农；而是贫农雇农及一部分中农。

第二，这种组织必须是自下而上的。如果我们承认中国的政权，尤其是地方政权，还掌握在代表豪绅地主利益的人们的手里的话，那这种组织是决不能希望他们来领导与发动的。它必须是一种自发的组织；而不是由上而下的，由政府机关所通令成立的。

第三，这种组织必须是适应世界潮流的。现在的世界，已经不是孤立的闭关自守的世界，我们应该走那条路已摆得非常明显。倒行逆施的开倒车运动固然行不通；自作聪明独创一格也为时势所不许。我们不是向左便是向右，中间是没有第三条路的。纵使某一种运动，因遭逢时令或投机取巧而取得一时的发展，但如这种运动违背历史的自然法则的，则它经过了相当时日，必将烟消云散，有如昙花之一现。在二十三年的乡村工作讨论会席上，梁漱溟先生尝以乡村建设是天安排下的，四面八方都会走上去的一条路，但不幸我的意见刚与梁先生相反，我相信乡村建设只有它暂时的现阶段的意义，它将必不可免的要没落让渡给另一阶段的乡村工作。或者甚至可以说，时人的所谓"乡村建设"，自去年起已经达到了它的最高点，此后将为抛物线的没落，读者不信，再过五年的历史便可证明。

第四，这种组织必须以反帝国主义与反封建残余为其主要任务。因为假如我们承认我国农村破坏的主要因素是由于帝国主义者与封建残余剥削，则肃清这两者自为农村建设的第一步工作。

看了上面的几点，读者可以窥如我们所谓农民组织应该是个什么东西。中国农村有没有出路就要看这种组织能不能获得他稳固的基础与光辉的前途。自然，这一条路是十分难走的，帝国主义者要迫害他，封建集团要用其全力以摧毁它，它能不能冲破这恶劣的环境还是一个大问题；另一方面，国际政治的变化也时时的影响到这一种真正的农村建设运动。不过有一句话，我们可以肯定说的是：中国农村如这一条路走不成功，则势必做了帝国主义经济的附庸，而由半殖民地走向彻底殖民地化。事实上中国现在正在向着这彻底殖民地化的路上迈进，这劫运的能否避免，就要看我们怎样的努力了。

一九三五，十一，二十六·北平

（原文载《中国农村》第二卷，第一期）

关于定县的

中国农村建设之路何在

——评定县平教会的实验运动

千家驹

自从近几年来我国经济加速其崩溃的过程后，尤以农村的破产化威胁到全社会的生存，因之年来救济农村破产的呼声也特别高唱入云。在政府方面有农村复兴委员会之组织，有标榜废除苛捐杂税减轻田赋附加之财政会议的召集；在学术团体方面，有中华平民教育促进会在定县的实验工作，有山东乡村建设研究院在邹平的乡村建设运动，有各省各处风起云涌的合作社组织，他们都是企图救济这一农村破坏之危机的背景下而产生的。关于政府方面的各种农村救济工作，即从事工作者自身亦不敢以此自信，我们亦不愿有所论列。惟定县平教会的实验与邹平的乡村建设，则他们都有较悠长的历史，都有身体力行的领袖，不仅是这样，他们还有一贯的理论系统，有整套的哲学基础，深信这种工作可以解决中国的农村问题，或甚至整个的中国社会问题。究竟他们的理论与实际对不对？他们是不是真正透视了中国社会问题的本质而为针对着中国病症所下的良药？这些都是每个关心中国农村前途者所应深思熟虑的问题。他们的理论如果是对的，则我们每个人都应有宣传与推广这种运动的义务；他们的理论如果是错了，则我们自有指出他的错误所在的责任。乃国人于讨论农村破产，于讨论资金流回乡村，于讨论知识分子回到田间去等等问题之余，对这个实际的乡村运动反少见有赞同或批判的意见，这岂不是遗憾的事。在本文，作者愿先就所知关于定县平教会的理论及工作，作一个简单的介绍与批评，如能抛砖而引玉，那就是作者所热望的了。

按主持定县实验工作的平民教育促进会成立于民十二年，最初是晏阳初先生的平民千字课运动，以后晏君在实行识字运动的时候，发现吾国民族之病根，不仅缺乏知识，并且还缺乏经济，缺乏健康，缺乏合群的习惯，简言之，就是"愚、穷、弱、私"，他又觉得在大都市里除文盲，收效远不如在农村里来得宏大，因此他们就决定了"集中农村实验的计划"，而以"定县为一彻底的集中的整个的县单位实验"。他们到定县是在民十五年，以十五至十九年为准备时期，十九年以后为实验时期。在准备时期内"最主要的是在客观事实上发现'愚''穷''弱''私'四种基本缺点"，针对这四种基本缺点，于是有所谓四大教育；以"文艺教育"救农民之"愚"，以"生计教育"救农民之"穷"，以"卫生教育"救农民之"弱"，"以公民教育"救农民之"私"。为要推行这四大教育，于是又提出了"学校的""社会的""家庭的"三大方式。他们的工作系统，依据该会的说明，有如下表所示：

换言之，他们以"愚、穷、弱、私、为中国社会的基本缺憾，以农村建设为工作之最后目标。定县是他们实验之中心区，由定县之实验而推广全省以至全国，使农村复兴得到具体进行的方案，使国家得一条基本建设的新路，使中华民族能于建设工作之中，创造一个新的生命"。

由此可知他们认为愚、穷、弱、私四字是中国社会的病根，针对这四大病根所以有四大教育，实施这四大教育则有三大方式。换言之，愚、穷、弱、私是病症，四大教育是药方，三大方式是下药的方法。这是他们对中国社会基本的看法，由于这种看法和这种信仰，所以取了定县为一实验之中心。他们说，定县好比是个研究室，每个农民都是他们的参考书，他们正在这个研究室中作研究，希望将来能将研究所得一套套的制度，以供全国之采用。从前有好多人把"实验"误会为"模范"，以为定县的工作是由美国金圆铸

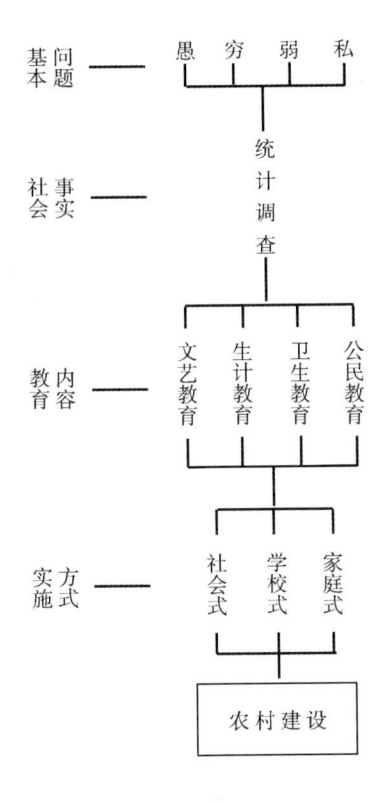

```
基本 ── 问题 ──  愚  穷  弱  私
                 └──┬──┴──┘
                  统计调查
社会 ── 事实 ──────┤
                  │
           ┌──────┼──────┐
教育 ── 内容 ── 文艺 生计 卫生 公民
           教育 教育 教育 教育
           └──────┬──────┘
           ┌──────┼──────┐
实施 ── 方式 ── 社会式 学校式 家庭式
           └──────┬──────┘
              ┌──────┐
              │农村建设│
              └──────┘
```

(见平教会：《定县的实验》页三十)

成的，纵然试验成功了，别的县份也决没有这种资力去模仿。这种批评完全是一种误解，因为第一"实验这个名词，并不等于模范……在实验运动者看来，一切学说、制度、法令不一定和人民的生活能够相和，所以实验运动是必要，而成败的把握是不一定，这个看法与建设模范县的看法完全两样"。第二"实验的时代往往多用一点经费，这是不应该过分责备的，如果我们希望最近的将来能够得到一套从人民生活里面产生出来的学说、制度、法令，而不抄袭东洋稗贩西洋的。那么这一点经费是不能说白花"的。（平教会文艺教育主持人孙伏园：全国各地的实验运动）

免除了对于定县实验运动这种误解，并明了了他们工作的方向与动机后，我们才可以进而对于这种工作作一个公允而正确的评价。

第一，我们觉得，定县平教会对中国社会的整个认识是有问题的。他们以为中国社会的根本病根是占百分之八十五以上的农民之愚、穷、弱、私，所以要救中国必须针对这四个字着手。可是他们就没有想到愚、穷、弱、私，只不过是中国社会病态之表现，怎样会发生这四个病态的现象这问题，是不能由这四个字本身得到解决的。换言之，仅仅知道了愚、穷、弱、私，这种表面的病象是不够的，我们必须进一步去追究中国的农民为什么会"愚"，会"穷"，会"弱"，会"私"？它的真实的原因在那里？愚、穷、弱、私、是中国农民天性赋与的呢，还是有它社会的经济基础的？如果有它的经济基础的，则这种基础又是些甚么？任何一个对中国农村破产有正确认识的人，都不得不承认帝国主义之经济侵略是促使中国农村破产之第一个基本的原因，即十八余年来中国对外贸易之入超达七十余万万元，帝国主义者在华投资达一百万万元以上，每年榨取去的利润达数万万元，他们以政治、经济、枪炮、外交种种方式，把中国开拓为销售帝国主义过剩商品，供给原料，以及投资的市场，帝国主义在华的势力一日不推翻，中国的农民一日没有复苏的希望，这是第一点。第二，农村破产之第二因素谁也要承认是封建剥削关系之存在，无限止的苛捐杂税，高率佃租，高利贷资本等等正是驱使农民于穷困之渊的魔手，他们以税捐、兵差、地租、利息以及其他种种形态来榨取农民最后的一滴血。这个金字塔式的剥削制度一日不息灭，农村破产的运命也就一日不能解脱。第三，中国农村破产之第三个因素是天灾的袭击，天灾的摧毁农村是事实，但天灾之在中国，却正是社会环境所造成的结果，中国农村因资金全被帝国主义者所吸吮，军阀的存在又在不断的破坏中国农村之水利系统。因此，中国农村才会在科学充分发达的二十世纪之今日，反每年要受大规模天灾水旱不断的打击。以上三个因素是促使中国农村破产之真正的动力，在这种种条件之下，农民那得不"穷"？因为穷得不能维持最低水准的生活，他们又那得不愚且"弱"且

"私"呢？"愚""弱""私"均不过是"穷"必然的结果，而"穷"自身又是帝国主义的侵略，封建残余的剥削等等所造成的产物。这样一个明如观火的事实不幸完全为平教会的人们所意识地漠视了。例如他们在定县调查的结果，发觉定县最富的村也是最有教育的村，这不是已证明"愚"是"穷"的产物吗？又如定县全人口中有百分之二十至百分之四十甚至终年不能吃到食盐（据该会负责人之估计）我们还能怪他们不讲求卫生，不自私自利吗？所以我们以为如要救济农民之愚、弱、私，首先必须使中国老百姓不"穷"，即必须先使他们能维持最低限度的生活，而后才求得到读书识字，讲求卫生和不自私。但如之何才能使他们普遍地不"穷"呢？这就决不能诉之于"生计教育"，而必须从根本上先铲除造成"穷"，而且现在正以加速率制造"穷"的各种社会条件。如果我们一面故意忽视了制造穷的诸基本动力，一面又想以枝枝节节的办法来救济，则不仅舍本而逐末，亦所谓煮薪而止沸，薪不熄则沸不止；然而要谈到根本铲除制造"穷"的诸社会条件，那就不能不结论到推翻帝国主义在华统治与消灭封建残余这两个基本的课题上来了。但这却正是平教会的人们所不敢提出，不愿提出，而且有意识地避免提出的。为什么？因为平教会之倡导者多出身于小资产知识阶级，他们大多数受了美国金元教育的熏陶，相信教育万能，教育救国的理论，他们的社会意识与社会关系不许他们走入革命之道路；而同时他们的科学训练与政治修养，又不许他们对于中国社会之病根作正面的认识，这是第一层。

第二，平教会对于社会的整个认识既然是有问题的，他们根据这种有问题的认识而开出来的药方当然亦会药不对症。自然，他们在一小县之内，花上了数十万元的巨款，且有多数优秀知识分子在那里工作，小小的成绩是不难获得的，例如因为实施文艺教育的结果，定县识字的人可以增加，有保健所的设置，病人死亡率可以减少，这些成绩，我们完全承认。不过，这里我们必须指出的是：在定县社会经济的根本组织上，或者更浅近的说，在定县最大多数民众的经济生活（指狭义方面）上决不会因平教会之工作而引起根本之变革；不仅如此，而且我们知道定县也正逃不出一般农村破坏的命运，它的社会经济正随着国民经济破产之深刻化，而日就衰落；这不必我们旁征博引，平教会调查处主任李景汉先生告诉我们这个事实了。李先生在定县农村经济现状（见民间半月刊创刊号）一文中说：

民国二十二年冬季，定县人民常常连盐也吃不起的约占人口总数百分之二十。

农民愿出卖田产者日众，因此地价低落。前五年时普通有井之田地每亩为一百二十元，目下落至五十元，普通旱田由五十五元至二十五元。前五年时雇农之全年工资为四十元，目下落至三十元。

前五年时定县的乞丐是凤毛麟角，上年冬季增至三千左右。

民国二十年内在定县因债务破产而为债主没收一切家产之家数不过五十左右，二十一年内增至三百家左右，二十二年内竟达二千家之多。破产之主要原因为重利盘剥者，超过破产家数总数之半。此外之破产原因为人口众多而收入不足，经商赔累，养蜂赔钱，兵匪抢劫，婚丧耗费，不良嗜好，疾病等项。破产家庭所欠债额是满五百元者占破产家庭总数四分之一，五百至一千元与一千至二千元之家数亦各占四分之一，其余四分之一皆超过二千元者。没收产业之估价不满五百元之家数占总家数之半，五百至一千元者占四分之一，一千至二千元者占六分之一，二千元以上者占百分之七。

目下定县欠债之家数占全县总家数百分之六十七，约四万六千家，不欠债之家数占百分之三十三。借债之农家数目中，不满二十亩之小农占百分之六十三，二十至四十亩之家数占百分之二十四，四十亩以上者占百分之十三。借贷之期限十个月及一年者为最多。月息普通为百分之二·五，有高至百分之五者。全年借入款额不满五十元之家数占总家数百分之三十，五十至九十九元者占百分之二十七，一百至一百四十九者占百分之十四，一百五十至二百元者占百分之六，其余为超过二百元者。

李先生在另一文定县人民出外谋生的调查中，又告诉我们：

自民国十三年至民国二十年，每年出外谋生的至少四百余人，至多一千五百余人。民国二十一年增至三千三百六十七人；而民国二十二年内竟达七千八百余人之多。九一八事变发生以后，移往东北的人数不但没有减少，反倒空前的增加。若不是受经济非常压迫，那能到此地步。

这一幅定县农民破产的图画是值得我们深刻地反省的，实际上，定县之许多政治的经济的和社会的条件，不过是全国一千九百余县中之一个，所以李先生亦以此来自恕："定县是中国一千九百余县中的一个县，终不免卷入一般的农村破产的漩涡里，"但就这句话还不是足以充分地证明平教会的实验工作丝毫不能挽救定县农村经济破产的危机！所谓"生计教育"不唯不足以救"穷"，而且甚至不能维持五年前"穷"的水准，使得"许多贫农连这仅免于冻死饿死的最低限度的生活程度也要维持不住！"由此可知在许多制造"穷"的政治的经济的因素未曾铲除去以前，单赖"生计教育"决不足以医"穷"，没有比这个事实更为雄辩的了。

或许有人要辩护说：挽救农村之破产与救济农民之贫困决不是旦夕可以奏效的，而且也不是定县一县的力量所能为力的，我们也可以承认这是事实；但试问这四五年来农村之所以加速的崩溃，是不是由于昊天不予，虐我斯民，所以这几年农民特别变"愚"变"弱"变"私"，以至变"穷"呢？还是由于许多深藏于"愚、穷、弱、私"、底里的外在因素之作用，即帝国主义侵略之深入（巨额入超之加增），军阀混战之扩大，天灾水旱频仍，苛捐杂税的繁重等等所造成的呢？如我们不从这些基本问题上去着眼，结果岂仅止实验自实验，破产自破产，而且有一天破产的浪潮会把实验的一点点经济基础，也打击得粉碎呢！

第三，如果他们认为平教会的工作仅为一种教育制度的实验，这只是普及农村教育（包含识字、卫生、农艺、公民等等）之一种实施的方案，他们的实验如果成功了，则在一个社会组织已经变革了的社会里，实施起来也许可以事半而功倍，或者说，在中国整个的政治经济都没有得到出路以前，局部的教育民众的工作也是必须的，在乡村里使农民做一点事，比根本袖手不做终要好些。如其意义仅限于此，则我们非但不反对一种教育制度的实验，而且对这种实验具有热烈之赞助与同情。但平教会的人们对实验运动的评价是不止于此的，他们决不止把定县工作仅视为单纯一种教育制度的试验，而是把它视为解决中国社会之一切经济的与政治的问题之万能药方。他们一方面虽然极力避免提出了中国的根本问题，然而他们所企图解决的却正是这个根本问题。他们要"建设农村"，他们要"推广全省以至全国"，他们要"以定县为训练表证的中心，使农村复兴得到具体进行之方案，使国家得到一条基本建设的新路，使中华民族能于建设工作之中，创造一个新的生命"。（见定县的实验，页一〇九）。一言以蔽之，他们要从撇开中国根本问题，以谋解决中国根本问题之一夹道中去找出路。这结果是没有不碰壁的，上面李景汉先生所述定县农民的破产化已经可以给我们作一最好的证明。其实，不要说社会的根本问题，即连小小的社会问题，亦不能用他们的"四大教育"来解决，我们还可以找出别的证据来。例如平教会为要提倡农村工业以裕农民生计，曾在高头村设立了一个小规模的毛棉纺织厂，用意不可谓不善，但是当地的农民，却因为近来棉织品卖不起价，都不肯来学，以致不得不宣告停顿，现在只有移至城里农场前之瘟神庙中（参看天津益世报农村周刊第九期吴半农乡村十日记），这事实告诉我们些什么呢？这是因为现在的中国已不是一个自给自足的经济，每一农产物的产销都要受到世界市场的支配和影响，在一个外货可以任意倾销，市场毫无保障的所在，提倡家庭工业已不是一个简单的"生计教育"所能解决的了，这是一个例子。又如当该会会员霍六丁先生长定县时（现霍氏已去职，改由吕复接任），深感"白面"之危害，于是多方努力，限期禁绝，岂料这项毒物快要绝迹的时候，忽逢某方军队，进驻定县，该军队的头目一到该地便先把禁白面的负责人找去，拿出大批白面，请他代为销售，否则即请其负担该军队一切饷用，这样一来数月成绩，立成泡影，白面依旧充塞定县。后该部军队虽已他迁；但章元善先生"从定县回来"一文中也说："像东建阳这个村子，经济虽不景气，人民还能安居，充满新气象，这一点小小成绩——代表平教会多年的经营——是经不起大兵们一天的光临的呢"！（独立评论第九五期）。这一个事实又告诉我们，在一国的根本问题未解决以前，一切建设事业都没有前途的。又如熊佛西先生编了一本描写一个高利贷者剥削农民的剧本——屠户，（原文曾在新中华发表）在定县排演时听说很博得农民之同情，有一个青年农夫甚至狂呼"揍死混帐王八蛋的孔屠户！"但孔屠户在中国却正是普遍地存在着，农民的愤怒情绪是被熊先生巧妙的技术所引起了，然而熊先生拿什么去满足农民们的要求呢？我有一个朋友曾以这样一个问题问过熊先生，但熊先生自己也说，对于这问题，他很苦恼，因为他决不能叫农民去暴动或去革命——这不是熊先生个人的问题，整个平教会的哲学就不允许农民去革命的——所以结果只得诉之于好政府，据说孔屠户经数千民众之告发而被县政府所拿办了，这是多么富于幻想的结局。

由于上几个简单的事实中，我们可以看出：平教会的工作实包含着一个不能解决的矛盾。他们想不谈中国社会之政治的经济的根本问题，但他们所要解决的却正是这些根本问题，他们不敢正视促使中国国民经济破产农村破产的真正原因，但他们所要救济的却正是由这些原因所造成的国民经济破产与农村破产。

最后，我要愿意声明，我的批判仅限于平教会之把平民教育工作评价得太高，以及他们对于中国社会认识之根本错误一点而已。至于定县实验运动之全部，我是丝毫没有菲薄之意的，反之，他们工作的精神，以及他们肯把目标自大都市移到乡村，这些都值我们深切的同情。他们整个的哲学虽不免于错误，但实验工作中之某几部分，特别是保健制度与平民读物等等确已获得极大的成功，值得我们推广到别的乡村去实行。但如果以为这种局部的技术上面的成功，就足以解决中国农村问题，而"使农村复兴得到具体进行之方案，使国家得到一基本建设的新路"，那无疑地是一种新的乌托邦了。

一九三四，八，二十五日北平。
（原文载《日报月刊》第三卷，第十号）

论"定县主义"

吴半农

平教会在定县的乡村实验工作显然已经引起中外人士极大的注意。我为满足注意平教会的工作而没有机缘前往参观的人们起见，曾在乡村十日记中，用了很长的篇幅，把自己参观时的所见所闻详细地写了出来。写的时候，我完全采取客观叙述和描写的态度；我没有参加丝毫的意见和批评，因为我相信，一件工作的内容之忠实的介绍，便是这件工作的性质和意义之一极好的说明。但是有些意见却也值得特别提出谈谈的，所以我又执笔写这篇文章。

我没有到定县以前，常常听到人家说，定县的工作是美国的金圆铸成的，纵然试验成功了，其他的县份和其他的省份也决没有能力来仿效它。这次到了定县，我觉得这个批评多少有些冤枉了平教会的工作——至少目前的平教会决没有把美国的捐款拿来作"奢侈的游戏"。他们确实是在那里研究和寻找各种简单易行的制度，以供全国各地的采用。而且有些试验，如保健制度，如实验小学，却已有了很好的成绩。又有人说，定县的工作没有一定的哲学和理论，只是零星地乱干；这个批评，照目前的情形说，也不十分正确。目前的平教会确有它整个的"一套"。他们相信中国之所以弄到目前这步田地，完全是因为"愚""穷""弱""私"四个字在作祟。要救中国，便得先救这四个字。于是他们提倡"文艺教育"以救"愚"，"生计教育"以救"穷"，"卫生教育"以救"弱"，"公民教育"以救"私"。为要推行这"四大教育"，他们并且提出了"学校的""社会的""家庭的"三大方式。这确是他们的"一套"。有了这"一套",他们才引以自豪,并博得许多参观的外人之赞赏——甚至有少数的外人,如 Edgar Snow 之流,居然把他们的工作称之为"定县主义"。

所以我觉得定县的工作不是有没有整个的哲学和理论的问题,而是这整个的哲学和理论是否正确,是否抓到了中国整个问题之痒处的问题;换句话说,便是平教会所提出的"愚""穷""弱""私"四字,是否是中国整个的根本问题症结之所在。

这里我敢武断地说,中国目前弄到这样"民不聊生";"国将不国"的地步,其根本原因决不在"愚""穷""弱""私"四字,这四个字充其量不过是中国社会四个病态的现象而已。"怎样发生这四个病态现象"?这个问题是要分开回答的。我们先来谈谈"愚"字。

平教会所说的"愚"我想大约是指农民的文字教育而言,因为谈到实际的农业知识和社会经验,也许一位大学农科的学士或博士,还不如一位目不识丁的老农来得切实。那末,中国农民的文字教育为什么不能发达呢?这个问题,平教会的统计调查处已经给我们从事实的调查中找出正确的答案了。他们调查的结果,发现定县最富的村,也是最有教育的村。可知"愚"这个字不是天上掉下来的,它是随着"穷"而来的产物。

其次我们谈谈"弱"字。平教会的工作是以农民为对象。目前中国乡村的农民之体格,和一般在都市中过惯了奢侈淫逸的生活的老爷,少爷,太太,小姐,乃至教授,学生……比较起来,到底是否衰弱,当然是一个颇成问题的问题。平教会之所谓"弱",如果是指农民的体格和吃苦耐劳这两点而言,我想不敢苟同的当不止我一个人。他们之所谓"弱",或者是指乡村的新式卫生事业和医药设备之不发达而言。如果我这假定不错,那末"穷"的问题又跟上来了,一个县份的人口居然有百分之二十至百分之四十,穷得终年不吃食盐(依据平教会瞿菊农先生的估计),我们还要劝他们讲求卫生,提倡新式医药,我想不管"保健制度"想得怎样妥善周到，也不容易收到普遍的效果的。

再其次我们谈谈"私"字。这里，我们先得说明一个事实。中国的经济，直到目前为止，还是基础于农村生产之上，广大的直接生产者毕竟还是农民。什么是直接生产者？简单地说，便是直接创造"财富"的人。谁都知道，目前中国有这样一种现象：在都市里，大批不生产的寄生分子，如军阀，官僚，买办，地主……拥着巨大的资金，整日度着花天酒地的淫荡生活，而在乡村里面，广大的创造"财富"的人却正在极度的贫困中，任凭统治者加税摊捐，拉夫派差而不敢稍有怨言。在这种情形之下，我们还说农民"自私"，除非主张把农民一日还得不到两顿白薯的食料（定县的农民普通一日只吃两顿白薯），也索性拿了出来供寄生阶级挥霍。所以中国的农民，如果说是"自私"，这个"自私"至多也不过是他们在重重剥削下的一种最低限度的自卫手段而已。我们叫他们不要"自私"，除非叫他们不要生活。何况从经济制度本身来说，中国还是一个私有财产的社会呢！

再其次我们谈谈"穷"字。这确是中国农村一个极重要的问题。我们讨论"愚""弱""私"三个问题的时候，亦已知道每个问题都和这个"穷"字有极深切的关系。我觉得这个问题是要特别加以重视的。平教会把它拿来和"愚""弱""私"三字相提并论，当然是他们忽略了这四个字之间的比重及其相互之因果关系。不过这里，我们也得提醒一句。农村穷困虽为中国目前最主要的问题，同时并为"愚""弱""私"之最主要的原因，但其自身仍然不过是中国社会之一病态的现象而已。中国农村为什么这样穷困，是另有重要的原因存在的。关于这重要的原因之检讨，当然不是本文的职责，不过我们于此也不妨约略提到一点。中国农村之所以穷困到目前普遍破产的地步，其根本原因可分外在的及内在的两方面。外在的方面，我们可以提出的，第一是帝国主义商品长期的侵入；以往不究，仅以民国以来，这二十二年间的对外贸易而论，入超总额即已达七十六万万余元；中国的农村人口要占人口总数百分之八十五以上，这笔巨大的款项直接间接当然是从农村流出去的。第二是军阀混战；民国以来，连年混战的结果，约计损失至少当在百万万元以上；这笔损失归根到底也是要农民来负担。第三是水旱天灾（这些天灾当然不是"天意"而是"人造"的）；别的不算，仅以民二十年的长江水灾而论，损失即达二十万万元。第四是匪患；匪患发生之根本原因，当然是由于一方农村经济急剧破产，一方都市工业不能发展，以致失业农民无处吸收之二事实，但其结果亦足以减低农村生产力，并使农村资金，随着地主的迁移，益发集中于都市。第五是苛捐杂税；目前各省地捐税之离奇与繁重，及破坏农村再生产之作用，已是一件尽人皆知的事实；无须详述。这些都是外在的原因。至于内在的方面，我们可以提出的，便是地主，高利贷资本及商人资本三位一体的高度剥削作用。

这些都是中国农村急剧贫穷化的根本原因，把这些原因归纳起来，我们可以得到两个破坏中国农村，或是说，破坏中国社会的主力，一是帝国主义，一是封建势力。

平教会却没有注意这些根本问题；他们只是把四个轻重各异的病态现象，相提并论地拿了出来，作为他们实验工作的理论之基础和出发点。这当然不能责备他们的。平教会本身的性质和社会背景，便会使他们不敢正视这些根本问题。他们虽然不理会这些根本问题，但他们所要解决的却正是这些根本问题。他们要建设农村，他们要"复兴农村"，他们还要"使中华民族能于建设工作中创造一个新的生命"。一言以蔽之，他们要从撇开中国根本问题，以谋解决中国根本问题之一夹道中去找出路。这当然会使他们常常碰壁的。我现在举几个实例以结束吾文。

例如他们为要提倡农村工业以裕农民生计，曾在高头村设立了一个小规模的毛棉纺织厂。用意不可谓不善。但是当地的农民，因为近来棉织品卖不起价，偏偏不愿来学，以致该厂不得不移至城里。这是因为什么？因为目前的中国已经不是一个自足自给的地方性的社会（几年以前，曾经著过一本中国工业化之程度及其影响的小册子，以统计数字证明中国的工业化业已获得长足的发展的何廉先生，最近又在独立评论第九十三号上发表了一篇中古式之中国经济，说明中国目前的经济还停留于地方性之一形态上。说中国的工业化已经有了长足的发展，当然是言过其实；说中国目前的经济还是地方性的，则又未免矫枉过正。中国的丝茶不是在七八十年以前便在世界市场上占了一个极重要的地位吗？再说国内的市场，中国无论那个偏僻的地方不是都可以找出外洋的商品吗？其实中国便是这样一个奇怪的社会：在一方面，生产虽停滞于中古的形态，但在另一方面，广大的农村却早已卷入世界市场之林），每一农产品的产销，差不多都要受着世界市场的操纵和影响。我们闭着眼睛，在一个外货可以任意倾销的毫无保障的国际市场上，空叫农民养"来航鸡"，改革麦种，改种美棉，乃至复兴家庭纺织副业，是决不能济事的了。这是一个例子。又如该会霍六丁先生长定县时（现霍氏已去职），深感"白面"为害于农民太巨，于是多方努力，限期禁绝。用意亦不可谓不善。但是等到快要达到目的的时候，忽逢某方军队进驻定县，该军队的头目一到该地便把禁"白面"的负责人捉了去，拿出大批"白面"请他代为销售，否则，即请负担该军队的一切饷用。这样一来，数月努力的成绩，立即化为乌有。现在这一部分军队闻已他迁，但据最近章元善先生在其从定县回来一文中所述，当他离开定县的时候，又是"兵车络绎于途，开到了许多军队。西关一带，兵马满街，家家门口，已划上军队符号的粉笔字"。章先生说："像东建阳这个村子，经济虽不景气，人民还能安居，充满新气象。这一点小小成绩——代表平教会多年的经营——是经不起大兵们一天的光临的呢"，这两个事实是表示什么呢？这是表示：一国的根本问题没有解决以前，一切建设都是没有前途的。这又是一个例子。又如他们利用新年的机会，在高头村所作的"化私为公"的家庭会设计，依据陈筑山先生的报告，虽然说是很有效果，但据我们在高头村和两位农妇谈话的结果，则似乎还值得研究。这两位农妇听了我们问她们的意见时，所作的答复是:"有什么意思!'财主老'才有意思呢!我们穷人还不是凑凑数"这是说明什么?这是说明:一个社会的贫富阶级没有消除以前,我们要想用一种"设计"消灭穷人对富人的阶级情绪,鲜有不失败的。但在另一方面,我们如果能代穷人说出一点痛苦,我们马上便会得到他们的反音的。熊佛西先生描写高利贷资本剥削农民的剧本——屠户——不是已经博得台下的青年农夫之狂呼么?虽然这个剧本的结尾还是一个河清无日的"好人政府"!

这些都是我们在定县三日所见所闻的例子之一部分。平教会的同仁在实际工作中所遇到的这类的问题,当然决不止此。

我的文章就此"带住"。最后我还要补充一句:平教会的试验,目前还在进展中。他们时时是在求进步。我这点小小的意见不知于他们的试验的演进上能发生若干作用否?

(原文载二十三年四月二十一日《天津益世报·农村周刊》)

关于邹平的

中国的歧路

千家驹

评邹平乡村建设运动兼论中国工业化问题

自从中国的农业恐慌进入到更深刻的阶段后,"复兴农村"这口号遂正式提到议事日程上来了;但如何谋中国农村的复兴(严格地说,"复兴"两字是有语病的,因为中国的农村始终就没有"兴"过),时论界对于这却有二种不同的意见,一是主张自建设乡村入手,由乡村之建设以引发工商业,一是主张由发展都市来救济乡村。前者可以山东乡村建设研究院的梁漱溟先生,定县平民教育促进会的晏阳初先生及无锡教育学院的高践四先生等为代表,而今日风靡一时的乡村建设运动便是他们这种信仰的成绩表现。后者可以吴景超先生为代表,而独立评论之工业论者大概是属于这个阵营。梁漱溟先生在去年全国乡村工作讨论会席上演讲"乡村建设的旨趣"说:"四面八方的来到一块,这证明今日,乡村运动好像是天安排下的,非出偶然。它(指乡村建设——笔者)是从二面来的:一面从中国历史演下来,一面从西洋历史演下来,二者相遇,发生近百年来的中国问题。从中国问题产生数十年来的民族自救运动,辗转变化,而到最后这一着(乡村运动这一着)。此其故亦很容易明白。用简单的两句话来说:就是中国原为乡村国家,以乡村为根基,以乡村为主体,发育蔚成高度的乡村文明;而近代西洋文明来了,逼着他往资本主义工商业路上走,假如走上去也就完了，没有我们的乡村建设了。无奈历史命运不如此，十年来除乡村破坏外没有都市的兴起，只见固有农业衰残而卒不见新工商业之发达。我们今日的苦痛正在此，然而未来的幸运也在此。盖从大势上反逼着我们走一条不同的路……这一条不同的路，便是从农业引发工业，以乡村为本而繁荣都市，这是在中国今后一定的路线。新社会文明的创成在此，中国的得救在此。中国之得救是要以新社会文明的创成而得救的。我们只有向着创造新文明去努力才可以救中国，此殆为历史命运所决定。没看清大势的人嚷着救济乡村乡村自救，而不知其为民族自救运动之最后一着。或知其为最后的民族自救运动，而不知其恰已负担着创造新文明的使命。"梁先生这个见解，同样的发见于氏所著之《乡村建设论文集》及《中国民族自救运动之最后觉悟》两书中。定县平教会的平民文学部主任孙伏园先生在《全国各地的实验运动》一文中（民间半月刊创刊号）对于乡村运动的评价，恰与梁先生弹同一的调子——虽然他们的运动，观点是不完全一致的，孙先生以为自鸦片战争以来，为着挽救垂亡的国运，曾经发生过六次：第一次是太平天国，第二次是戊戌新政，第三次是辛亥革命，第四次是五四新文化运动，第五次是民十五年的国民革命。"以上这五次运动，其目的都在挽救鸦片战争以来垂亡的国运，论范围是一次比一次的扩大，论意义是一次比一次的深沉，论对于挽救危亡的目的是一次比一次的接近。"但是结果"危亡的征象也一天比一天的加倍暴露"，这是什么道理呢？据孙先生说是由于这五次运动还有若干"缺陷"不曾做到，为了补救这种缺陷，所以有第六次运动起来，这便是"全国各地的实验运动"。虽然孙先生的口气比之梁先生要小一些，一个是要乡村建设开拓世界新文明，孙先生却不过以为这种运动是弥补前几次运动之"缺陷"的，但他们视乡村建设为今后中国唯一的一条路，否则并无二致的。

反对这种论调的有两种人，一派是吴景超先生为代表的工业论者，吴先生在《发展都市以救济农村》（独立第一一八期）文中主张救济今日农村破产应从发展都市着眼，如兴办工业，发展交通，扩充金融机关等等，在另一文我们没有歧路中，吴先生又分析反对工业化的人为四种：一是夸大派，二是禁欲派，三是因噎废食派，四是畏难退缩派。其中夸大派是针对农本论者而说的，但吴先生说："以农立国，是一件可怜的事，没有什么可以自夸"，因为农业国是走向贫穷，愚笨，和短命的路；而工业国是走向富有，聪明和长寿的路。（虽然吴先生在前一文中说："都市与乡村的关系不是敌对的，而是互助的"，但在后一文中他却显然把农业和工业敌对起来了，这是令我们惊异的一点。）不过吴先生反对农本论者的主张终是一贯的，响应吴先生主张的有陈序经先生的《乡村文化与都市文化》（独立第一二六期），贺狱僧先生的《解决中国经济问题应走的路》（独立第一三一期），以及王子建先生的《农业与工业》（天津益世报农村周刊第四十一期）。

　　另一种反对的论调是笔者在申报月刊第三卷第十期上的一篇，《中国农村建设之路何在》（见本书第一一〇页）；对于定县平教会的整个哲学，笔者曾说："平教会的工作实包含着一个不能解决的矛盾。他们想不谈中国社会之政治的经济的根本问题，但他们所要解决的却正是这些根本问题。他们不敢正视促使中国农村破产的真正原因，但他们所要救济的却正是由这些原因所造成的国民经济破产与农村破产。"对于他们的实验运动，我又说过："如果我们不从这些基本问题上着眼（指帝国主义及封建残余之剥削），结果岂止实验自实验，破产自破产。而且有一天破产的浪潮会把实验的一点点基础，也打击得粉碎呢！"这可以代表我对于今日一切乡村建设运动的见解。该文发表后，我只看到一篇喻任暨先生的《中国农村运动与民族之自卫》（申报月刊第三卷第十二号）是批评我的。然而喻君的论点根本没有否定了我的立场，所以我没有答复的必要。最近在民间第十七期上又读到瞿菊农先生一篇人的基础，其中有一段话却是反击我的，他说："有些朋友认为农村建设工作并不是主要的工作，中国的大问题是帝国主义的经济侵略和封建势力的遗存，这种情形谁也见得到，但我们要的是办法，至少是初步的现在的下手办法。""拿办法来",这话很对。不过,我却以为:有没有别的"办法"与乡村建设之路本身是否走得通,完全是两个问题,而且除乡村建设之路外,是否真没有人走其他的路(这另一条路也许更难走,但走的人也更多),也还是一个问题。

本文,我将更进一步来检讨乡村建设之路是一条什么路,是不是真如梁先生所说"天安排下的"中国民族自救运动之最后的一着。但在检讨之前,我得声明几点:

(一)我的批评仅限于乡村建设运动之整个的社会哲学,对于从事建设乡村运动的人们之肯深入到乡间去,我们实深致其敬仰,而且认为这是知识分子之一种新觉悟。

(二)我的批评仅限于乡建设运动之是否能成为"复兴"中国农村的一条桥梁,即仅限于乡建运动是否真已抓到了中国农村的中心问题而在那里推动?至于他们工作中之某几部分技术的成功,我毫无菲薄之意;但要有人以为这种局部的技术成功,就足以解决中国的农村问题,那我认为是一种新的乌托邦。

(三)中国应该走工业化或农业化的路;应以工业来引发农业或以农业来引发工业?这我以为只是一个形式逻辑的问题,双方的论战是不会达到什么结果的。辩证的问题是:在中国目前半殖民地的状况下,乡村建设前途的可能性如何?它能否走得通,工业化前途的可能性又如何?它的阻碍又在那里?

(四)乡村建设是近年来这一种运动的总名称,它里面包含着许多不同的理论和实践,各种理论自身有时亦自相矛盾,在本文内我只能批评这总的潮流之几支主流——特别是梁漱溟先生之乡村建设运动。(平教会运动,我已有文讨论,不再赘述。)

中国的问题是什么

中国的问题是什么?梁先生在乡村建设理论提纲上,给我们有一个明确的答复。梁先生以"乡村运动"之所由起,可分四层来说："（甲）浅言之，起于中国乡村的破坏，这种破坏的力量有三：一是政治属性的，即病兵，匪患，苛征等；二是经济属性的，即外国之经济侵略等；三是文化属性的，即礼俗风尚之改变等。（乙）进一层言之，是起于中国乡村无限止的破坏，迫得不能不自救，乡村建设运动实是乡村自救运动。（丙）进而言第三层，是起于积极建设之要求；乡村运动，即我民族社会的新建设运动。（丁）进而言第四层，今日中国问题在其数千年相沿袭之社会组织构成既已崩溃，而新者未立；乡建运动实为吾民族社会建设一新组织构成之运动。——此为其真意义所在。"说明了乡建之所由起后，梁先生有下述一段结论；"人非社会则不能生活；而社会生活则非有一定秩序不能进行。任何一时一地之社会必有其所为组织构成者形著于外而成其一种法制礼俗，是则其社会之秩序也。于此一时一地，循之由之则治，违之离之则乱；是在古人谓曰治道。中国此时盖其社会组织构造根本崩溃，法制礼俗悉被否认，夙昔治道已失，而任何一秩序建立不成之时也。外国侵略虽为患，而所患不在外国侵略；使有秩序则社会生活顺利进行，自身有力量可以御外也。民穷财尽虽可忧，而所忧不在民穷财尽，使有秩序则社会生活顺利进行，生息长养不难日起有功也。识得问题所在，则知今日非根本上重建一新组织构造，开出一新治道，任何事不必谈。"

这是一段极重要的文字，我们决不能轻易放过的。中国的乡村破坏了，这是有目共见的事实，谁也承认。破坏乡村的力量，梁先生说有三种，政治的经济的与文化的，这三者又"相连环，辗转影响加重其破坏。"这与我们的意见稍有出入，我们认为文化的破坏（礼俗风尚之改变）不过是政治与经济二种破坏力量的结果，随着一社会经济制度的变动，礼俗风尚亦必随之而改变，例如在资本主义的社会，私有财产是神圣不可侵犯，但在苏联就不如此；又如在奴隶社会，奴隶是公认为"能说话的工具"，但在资本主义的社会亦不如此。不过这些都是小节，不必深论。我现在所要问的是：

这"循之由之则治，违之离之则乱"，能抵抗"外国侵略"，不必忧"民穷财尽"的所谓"社会之秩序"是种什么？

梁先生告诉我们："任何一时一地之社会，必有所为组织构成者，形著于外而成其一种法制礼俗"，此即"社会之秩序"。梁先生又告诉我们，"社会之秩序"即古人所谓"治道"。那么，我们又要进一步问这"一种法制礼俗"，这一种"治道"，又是些什么？追问到这里，梁先生的整个哲学系统暴露无遗了。梁先生说，中国夙昔之社会组织构造及治道乃是"伦理本位"，"人生必有其相关系之人，此即天伦，人生将始终在与人相关系中，此即伦理。伦理关系即表示一种义务，一个人似不为其自己而存在，乃仿佛互为他人而存在者。试从社会经济政治三方面征之：社会方面，于人生各种关系中，家乃其天然基本关系，故又为基本所重，谓人必亲其亲也。……举凡社会习俗国家法律，持以与西洋较，在我莫不寓有人与人相与之情者，在彼恒出以人与人相对之势。社会秩序所为维持，在彼殆必恃乎法律，在我则歆重于礼俗。近代法律之本，在权利；中国礼俗之本，则情与义也。经济方面，夫妇父子共财，乃至祖孙兄弟等亦共财……西洋则夫妇异财，其他无论，在西洋自为个人本位的经济，中国亦非社会本位的，乃伦理本位的经济也。政治方面，但有君臣间官民间相互之伦理的义务，而不认识国家团体关系，举国家政治而亦家庭情谊化之。"好了，这不用我们再加什么解释了，中国乡村之所以破坏至于无救，原来是因为我们丧失了这种"社会之秩序"，即丧失了"治道""治道"者何？"法制礼俗"是也，"法制礼俗"者何？旧有之"伦常关系"是也。再明白言之，即"父之义慈，子之义孝，兄之义友，弟之义恭，夫妇朋友乃至一切相关之人莫不自然互有其应尽之义"是也。假如中国仍保持了这些东西，则"外国侵略虽为患，自身有力量可以御外也"；"民穷财尽虽可忧，而生息长养不难日起有功也。"所以"社会的秩序"这名词虽费解，"凡社会必有其所为组织构造者形著于外而成其法制礼俗"，这句子虽抽象，如果我们把它翻成普通的白话，却也不过是我们习见习闻的"世道沦亡，人心不古，四维不张，国乃灭亡"的旧调新弹而已。梁先生"开拓世界新文明的"乡村建设之哲学基础，虽似新鲜，若剥去了外皮，却也不过是我国孔老夫子学说之复活而已。

我们的意见是与此不同：我们认为一社会的法制礼俗本身是由该社会的经济基础所决定的，有怎样的社会经济制度，就产生怎样的法制礼俗。中国固有的旧道德旧伦常，分明是封建经济制度下的产物，自中国社会受到了西洋资本主义的洗礼，旧日的经济制度达到崩溃的阶段后，旧道德伦常自然而然要趋向于混乱与破产。另一方面，我们又走不上西欧资本主义国家的路，（因我国乃一次殖民地），所以个人主义的"法制礼俗"自无法以养成；要新的"社会秩序"之产生，新的"法制礼俗"之养成，必须先有新的经济制度之建立。旧"治道"之崩溃，我们是不必留恋的，我们现在的问题是：如何造成一新的社会经济制度以培养新的法制礼俗，而不是先发明一套做好了的"礼俗习向（社会秩序）"而后改造我们的经济组织与政治组织。后者等于把马车放在马的前面，事实上是行不通的。

但假如梁先生的社会秩序不仅是指法制礼俗，而是说人民所须有的一种新信仰和新组织，这我们是同意的，我们现在就是要来看梁先生的新"治道"是怎样着手进行的？

"新治道"是什么

梁先生以为中国乡村之所以破坏沉沦，是由于社会组织构成崩溃，即由于丧失了"社会之秩序"或"治道"，这种"治道"在昔便是"伦理"。但梁先生与复古派有根本不同之一点，复古派是求恢复昔日的三纲五常，梁先生则要开辟一种新的治道，由这新治道来救中国民族，来创造世界新文明。这"新治道"从什么地方入手呢？曰自乡农学校入手。乡农学校不仅是邹平乡建工作的出发点，而且它还是梁先生理论的一个核心，要了解梁先生乡建运动之精义，是不能不先了解乡农学校的。

"邹平的乡村工作，是以乡农学校来进行。"但乡农学校是什么呢？据说它相当于江南一带的乡村改进会，或农村改进区，也相当于北方定县的平民乡校，不过都不很相同。我们的办法是在相当范围的乡村社会以内，成立乡村学校……我们的目的是要化社会为学校，可称之为"社会学校化"。乡农学校的构成成分有三种人；一是乡村领袖，二是成年农民，三是乡村运动者。它的用意，据说可以八个字来概括，就是"推进（推动）社会，组织乡村"。换言之，梁先生在邹平入手作乡村工作的具体方案是这样的：他们把以前的行政区域都取消了，把"乡公所"与"区公所"改成了"乡学"与"村学"（即乡农学校之具体形式），同时把乡区公所管辖的范围缩小，所有以前由乡区公所办理的行政事项，概改由"乡学""村学"办理。但区公所乡公所与"乡学""村学"不仅是名称上的差异，在本质上也完全不同的。"乡学""村学"的工作有二：一为对该村内各分子之教育，二为酌量倡导社会改良运动，如禁烟禁赌放足等等，故"村学"与"乡学"乃合学校教育与社会教育二者而言，它一方面是教育机关，一方面又是自治机关，可说是"行政机关教育化"或"社会学校化"。乡学与村学的组织分子不称"学生"而称"学众"。至于"乡学""村学"的组织，首先是成立一个"学董会"，这"学董会"由该村中有地位身份的人所组织，"因为在乡间倡办此事，非先得乡村领袖的同意与帮助，就无法作起"。然后由学董会中推举一"齿德并茂""群情所归"的一人，经县政府礼聘为"学长"，学长主持教育，为该区民众之师长，不负事务上之责任；另由县政府委派一人为"理事"，负责办理公事，此外还有"教员"，这就是"村学"或"乡学"聘请的先生，及"辅导员"，这是代表县政府下乡去的，教员与辅导员多半是做乡村运动的人。至于"村学"与"乡学"的区别，则不过"乡学"是上层，"村学"是基础。所以邹平实验县的组织就成为：

村学——乡学——县政府——乡村建设研究院。

此外梁先生还订了些"村学乡学须知"，内分"学长须知""学董须知""教员辅导员须知""学众须知"等等，为的是"村学乡学意在组织乡村，却不想以硬性的法令规定其组织间的分际关系，而想养成一种新礼俗，形著其组织关系于柔性的习惯之上"。

村学乡学表面上看来似乎仅是县政改革的一部分，但实质上它是邹平乡建运动的结晶体，其重要性正与定县平教会的四大教育三大方式相等；而最足以表现邹平乡建院之精神及本质的，也就是它。

瞥眼一看，乡农学校仿佛是一个"组织民众""教育民众""训练民众"的集团，用梁先生明白的话来说，就是要"大家聚合""讨论问题""想出办法""发生作用"。这里我们须先免除一种误解，即这种组织虽自一乡一邑做起，但它决不是一乡一邑的事情。梁先生说过："整个中国社会日趋破坏，向下沉沦，在此大势中，其问题明非一乡一邑所得单独解决，局部的乡村建设如何可能！即如破坏乡村的力量很多，而以眼前中国的政治为最大破坏力。但是政治的影响又是那一处局部的乡村所能逃的呢？假使因为中国政权分裂的方便，或有局部的地方，其政治情况较好，但又如何能够逃出那无远不届，无微不入的经济影响呢？譬如邹平一县，划为县政建设实验区后，在政治上所受不良影响，当然可以减少；但是丝业恐慌，棉花价低，粮食跌价影响，是遮拦不住的。所以凡以为乡村建设是小范围的事，是从局部来解决问题者，都弄错的。"由上一段话中，可知乡农学校只不过是教育民众，组织民众的一个出发点，他们也并不以为有了它，便可以抵抗政治经济之种种侵略的。关于这点，我们完全同意，我们而且同意"农民之自觉，有组织而发生力量，解决他们自己的问题"是中国乡村问题解决之唯一的途径。我们现在所要问的是：梁先生的乡农学校是不是真正民众合作的组织？它内部有没有矛盾之存在？假如有，则这种矛盾是什么？

乡农学校最大的特色就是把农民看成无差别无等级的一团，梁先生说：我们看"乡村社会的内部，虽然不是全没有问题，然而乡村外面问题更严重，所以"我们现在必须看乡村是一个整个的"，这里"乡村"两字实乃"乡民"之义。（此非曲解，读原文上下文便知。）但用是乡民是不是整个的呢？乡民内部是不是真没有严重问题？如果有问题，这会不会影响到他们合作与团结呢？要是他们的利害不一致时，应该谁迁就了谁呢？这几个问题在梁先生看来好似不成问题，我们则以为不然。今日中国农民问题之严重，原因虽错综复杂，然土地分配之不均实亦其一。这不仅可由统计数字得而证明，而且可由农民要求土地之逼切的历史事实所证示出来。例如太平天国运动，一九二五——一九二七年大革命以及历年来的大变乱，殆莫不包括有严重的土地问题在内。梁先生以为我们不应该"在乡村社会内起一种分化的工夫"，但问题是乡村社会内容竟有没有显然对立的农民阶层的划分；假如没有，则参杂外力也分化不了；假如有的，则梁先生苦口婆心的劝告，也终归无用处。我们又知道，由于土地分配之不均而发生的高率佃租，是促使农民贫穷与破产的又一因素，高额佃租随着农民土地饥饿之深化而愈得其发展，例如据中山文化教育馆与岭南大学的调查，广东"廉江佃农卖儿子以还租的，时有所闻"，无论男女孩，十岁左右的每个人卖不到百元，又如"花县每至清明，佃户迫于还欠租的时候，乡间常能听到一片卖儿声"。"赤贫的佃户纳了十余年租，说不定还要出卖儿女；不劳动不经营的地主们收了十余年的租，所有权就可扩张一倍。"（《广东农村生产关系与生产力》页三二——三三。）这决不是广东一省的情形。我们疑问的是：在农民自身利害如此冲突的"整个乡村"中，梁先生如何能教他们"出入相友，守望相助，疾病相扶持"呢？（这几句话即在古代也未曾实现过的，正有如"王道之仅为古人之一种理想一样，不幸却做了梁先生乡农学校的憧憬"。）再则，梁先生是不能不承认他的"整个乡村"内有放高贷者与借债者的,前者大多是地主与豪绅,后者大多为中农与小农,前者富之积累有赖乎后者之负债与破产,梁先生又如何能教他们"相亲相爱",如"家庭父子兄弟"呢?

所以"整个的乡村"是与"全民"同样地是抽象的名词,具体分析起来,他里面便不能不包括有地主、富农、中农、贫农、雇主、雇农、债主、债户、土豪劣绅,赤贫者等等,我们决不是说有这许多阶层便应该使他们互相分化,互相敌对,也不是说他们就没有共通的休戚与祸福,我们的意思只是说:在由这种种经济地位不同的农民所组成的"整个乡村",不能调和的矛盾与冲突是不可避免的,要使他们为着全乡村的利益而合作,这种"利益"名义上是全乡村的,事实上却是一部分人所独享。例如"防匪与防盗",终算是一乡村共同的利害关系了,但其实,地主与富户更沾到光,而义务是全村人所共同负担的。又如戒烟酒,戒赌博,戒游惰,是梁先生所称为"齐心学好"之起码条件的,我们也相信这种种是美德。但在一乡之内,有的人胝手胼足,克勤克俭,反要啼饥号寒,卖儿鬻女;有的人四体不勤,五谷不分,荒嬉终日,却能养尊处优,优哉游哉。乡农学校是决不能保证前者能收善果,后者必得恶报的,梁先生的"齐心学好"又将何以取信于人呢!

更进一层言之,"乡农学校"既是一个集各种农民于一炉的垃圾堆,它的政权,究竟是握在什么人手里,即它将为那一种人谋利益呢?这我们一看乡学及村学的组织,与梁先生手订的"学众须知"便可以明白了。"乡学""村学"成立以前,先有"学董会","学董会"是由乡村中"有信用有资望的领袖所组织的",这我们知道小农和贫农,雇农和债户是决没有资格做学董的了。然后由学董会中推举一"齿德并茂,群情所归"的人,经县政府礼聘为学长,这我们又知道学长更非绅士或地主阶级来充当不可!"村学""乡学"的基本人员是一般农民,即所谓"学众"是,梁先生要求"学众"的是什么呢?在"学众须知"上,梁先生劝他们要"敬长睦邻","要尊敬学长","要接受学长的训饬","要信任理事","要爱惜理事"（在"学众须知"之十四条规约中，这就占了五条），"理事办事若有疏失错误，应原谅他","不可存挑剔反对之意"，一言以蔽之，即学众是要驯良，要服从！这样一个由地主与豪绅所组织的"乡学"与"村学"，是否能为一般小农与贫农谋利益，（如关于佃租及高利贷的问题），又不待我们费辞的了。

我们再问：这种"乡学"与"村学"，它真正的任务到底是什么？在梁先生草拟的"本院（指山东乡建院——笔者）设立旨趣及办法概要"中，我们找到正确的答案了："乡民愚迷而有组织，且为武装组织，其危险实大，第一要化导他向开明进步的方面去；不然，必为乡村改进的绝大障碍。第二要慎防其他势力扩大，为人利用，酿出祸乱，这是一件最不易对付的事，然只许用软工夫，不可用强硬手段摧毁之。"这几句话把乡学与村学的根本精神暴露无遗了。

所以，梁先生的"新治道"，表面上看来好似尽善尽美，仿佛真可以令学众一踏而入"自由平等博爱之王国"但说穿了却也不过是孔老夫子"民可使由之不可使知之"的老把戏；梁先生的乡学与村学，虽然披上了一件美丽的外衣，挂上了"组织农民，教育农民"的新招牌戳破了说，却也不过是现存秩序之巧妙的设计者而已。另方面，梁先生虽然口口声声说要深入农村组织农村，然而农民假如真的组织起来，他却是一个民众武力之惧怕者，所不同的，他是要"用软工夫"去对付，以别于"硬工夫"对付者而已。

乡村建设乎？发展工业乎？

乡村建设之路走得通吗？这问题在这里似乎是一个多余的了！因为乡村建设既不是要改变现存生产关系的，即使他走得通，其前途亦可想而知。说者或曰乡村建设虽不能改变乡村内部之生产关系，但或许能阻止乡村之外部的破坏也未可知。我答之曰，亦不可能，现在我们就借梁先生自己的话来问他们：

"莫言乡村建设，且问乡村之日趋崩溃可能有已止的希望吗？似乎崩溃的趋势，却有把握，而崩溃的已止，转机在那里，倒不可见呢？破坏乡村最有力的，一是国际资本帝国主义、一是国内不良的政治，这是无待烦言的事实，然如一般乡村建设者之所为，于此究何补？他们果算得针对问题而解决吗？"这二问题，是梁先生自己所提出的（《乡村建设几个当前的问题》，民间十一期），但他并没有予以解答。同样地，我曾执此以评定县平教会之实验运动，即以定县人民破产之深刻化来反证他们的运动并不能阻止乡村之日趋崩溃的潮流。在民间第二十期上我看见一小评题曰："非可一蹴而就"，大意说我们对于农村建设之成效，不可求之过急。是的，我们也承认建设乡村非可一蹴而就，但遗憾的是直到今日为止，无论定县或邹平，我们都丝毫找不出乡村建设能成功的趋向或端倪来，反而破产的怒潮，如水银泻地的无孔不入。我在去年的乡村工作讨论会席上，听到某一办理民团与自治著称之乡运团体代表的报告，最后他曾说："现在我们乡里土匪是平了，自卫团也组织成了，但是农村依旧往下破产，大多数农民的生活依然一天天穷下去，这有什么办法补救呢？"这段话是值得每个从事乡村工作者之深刻地反省的。

乡村建设既有此路不通之势，那么以工业救济农村的路走得通吗？换言之，即中国工业化的可能性如何？

在讨论工业化之前，我们首先要问：在目前中国经济政治的现状下，我们凭什么来工业化？为近代重工业之基础的是煤铁与石油，自东北沦亡，占有全国石油储量百分之五十二，铁储量百分之七十九，煤储量百分之二（产量则为百分之三十六）的东北矿产已拱手让人，固无论矣，即以全国而论，有四分之一以上的中国铁路，四分之三以上的中国铁苗，二分之一以上的中国矿产，都在外人的掌握中，要说建设中国的重工业，在帝国主义者的铁腕未拿开以前，简直是梦想！今日比较可以称得起民族工业的还只有轻工业中之棉纺织业，但棉纺织业因年来受外厂之压迫及花贵纱贱之影响，停工时间，倒闭迭见。岌岌危殆，不可终日。如最近申新第七厂被汇丰所拍卖，五二两厂则在停工之中，华北规模最大之天津裕元纱厂亦关门大吉，其他各厂复有被日商收买的消息，中国比较可称许的棉纺织业，衰败如此，以下之火柴，烟草等等工业，更不足论。谁也知道发展工业之一个主要的条件，是要有保护关税，但我国之关税则反有利于洋货之倾销。比较有点保护气息的民二十二年五月颁布之国定税则，到去年还不得不因某国之要求而改订，改订结果是把日本输入最多之印花布及杂类棉布减税了。在毫无保护的世界市场上，以中国初兴资本薄弱，技术幼稚的工业，欲以与帝国主义高度发展之商品相竞争，岂非以卵击石。退一步说，即使我们把保护关税做到了，但外人在华租界有自由设厂权，有领事裁判权，他们有雄厚的资本与政治势力的后盾，利用中国廉价的劳力以制造生产品，我国工业又岂能经得起他们的一击？年来日本在华纱厂之猛晋，及英美烟草公司之飞跃发展，便是在华外厂压迫民族工业之最好的明证。笔者前年在广西梧州调查经济时，遇到帝国主义者摧毁我民族工业典型的好例：梧州昔有土制火油厂二十四家（按所谓土制火油，即把原油 Crude oil 炼成精制火油 Retine dols）这种工业，严格地说，是不配称真正的民族工业的，因为他的原料——原油，非仰给于舶来品不可。不过它较精制火油差胜一等的地方，便是原油到底是半制品，它是经在中国加工后，再成为精制品的。这人工是中国的人工，并且所投下的资本也是中国的资本。自从前几年来金贵银贱，火油价格飞涨后，两广的土制火油业，风起云涌，利市三倍，据说当民国二十一年时，在广州的土制火油厂有二百数十家，梧州也有二十多家，他们的资本，少则数万元，多者达数十万元，这种飞跃的发展，当然不是帝国主义的火油公司所能忍受的，于是美孚、亚细亚、德士古三公司就联合向我倾销了，煤油的价格，当二十一年八九月间，每罐卖七元五毛（毫洋，至二十二年一月跌至六元五毛，二月更跌至五元二毛，五月为三元九毛，另有经济牌一种，则仅售三元二毛，这样一来，土制火油业便只有宣告死刑了，因为他们的成本，每罐就要三元八角。所以广州的火油公司就倒闭了一半，梧州的二十四家，当我们调查时，只剩了二家，而这二家也只开工了四分之一，合计仅有半家开工而已。近据报载广西省政府向三公司之借款已告成立，这两家想必早已停工了吧。

由上一事实，可知在资本帝国主义包围下半殖民地的中国，一切发展工业的前途都是很渺茫的。吴景超先生在有一篇文章上说："这些困难，——指发展工业的困难——决不是帝国主义几个字可以包括的"，但在我们看来，却以为正是帝国主义之不平等条约是压迫中国不能走上工业化之主要原因，其他技术之落后，组织之不善，都是次要的。吴先生提出了"丝业衰退"以为这与"帝国主义压迫"全不相干，然而吴先生要知道仅靠丝业与茶业，决不能令中国走上工业化之路，丝茶不过在中国对外贸易上占些地位罢了，要工业化，是必须机器工业，交通工业，钢铁工业，金属工业等等重工业之发展，而且必须有强固有力的金融资本做它们的后盾，吴先生能否认中国之重工业原料及交通业强半握在外人手中，而中国的金融市场完全被外人所操纵之一事实吗？何况丝业之衰败原因，亦还不如吴先生所说的简单，其中实包含着日人之有组织有计划的倾销（参看何炳贤一年来的中国工商业），而这正可以反证我国在国际市场上被日帝国主义者所排挤，不仅是丝茶品质之关系，且被其他政治经济诸条件所决定的。又如吴先生所认为足以救济乡村的发展交通，以为这可以使农民的生产物往都市中流，因而增加农民的购买力；然而吴先生没有看到发展交通在半殖民地之中国的反作用，是使洋货更容易流入乡村，因而增加中国的入超额，同时农产品与工业品之价格差，又使中国的农民更进一步于贫穷，我们当然不能"因噎废食"，但"橘逾淮而为枳"，这句话是值得我们深思的。

我们认为：在半殖民地的中国，不平等条约之桎梏未解除以前，一切发展工业的计划都不能谈，不配谈。近二十年来一部中国民族工业之发展史，已足为此事之明证。现在一般工业建国论者，亦不过如在沙漠上幻想着建筑一座巨厦，离现实性是很远的。

那么，中国的出路是什么呢？曰只有彻底消灭帝国主义者及封建残余之势力。这工作由何处着手呢？曰自组织民众教育民众入手。不过这种民众组织不是梁漱溟先生的乡农学校，这种教育民众不是定县平教会之平民教育。

（原文载二十四年四月六日《天津益世报·农村周刊》第五十七期）

"乡村建设"运动的评价

李紫翔

一 "乡村建设哲学"

盛极一时的各派乡村运动中，定县的"平民教育"主义和邹平的"乡村建设理论"，是中国今日乡村建设运动的两个中心和两个方面。在这里我们先来对梁漱溟先生的"乡村建设哲学"加以系统的介绍与批评。

梁先生之"乡村建设"的哲学，确是与众不同的玄妙的"一套"。这一套又是依据他的东西文化及其哲学之玄学的理解："人类生活中，所遇到的问题有三不同，人类的生活中，所秉持的态度，有三不同，因而人类文化有三期次第不同。第一问题是人对'物'的问题，为当前之碍者即眼前面之自然界——此其性质上为我可得到满足者。第二问题是人对'人'的问题，为当前之碍者在所谓'他心'——此其性质上为得到满足与否不由我决定者。第三问题是人对于'自己'的问题，为当前之碍者乃还在自己生命本身——此其性质上为绝对不能满足者。第一态度是两眼常向前看，逼直向前要求去，从对方下手改造客观境地以解决问题，而满足于外者；第二态度是两眼常回转来看自家这里，反求诸己，尽其在我，调和融洽我与对方之间，或超越乎彼此之对待，以变换主观自适于这种境地为问题之解决，而得满足于内者；第三态度——此态度绝异于前二者，他是以取消问题为问题之解决，以根本不生要求为最上之满足。问题及态度，各有浅深前后之序，又在什么问题之下，有其最适相当的什么态度。虽人之感触问题，采取态度，初不必依其次第，亦不必适当。而依其次第适当以进者，实为合乎天然顺序，得其常理，人类当第一问题之下，持第一态度走去，即成就得其第一期文化，而自然引入第二问题，转到第二态度，成就其第二期文化，又自然引入第三问题，转到第三态度，成就其第三期文化。"这种所说的第一期文化，即是近代西洋文化；第二期文化，即是中国文化；第三期文化，即是印度文化。此"世界三大系文化"，在梁先生的眼光中，是有逻辑的关系的，即"近世之西洋人重新认取第一态度而固持之，遂开人类文化新纪元。大有成就，迄于最近未来，殆将完成所谓第一期文化。在最近未来第一期文化完成，第二问题自然引入。人类必将重新认取第二态度，而完成所谓第二期文化。如是第三问题又自然引入，第三态度又将重新认取而完成所谓第三期文化。"因此中国文化虽仍落在第三期的印度文化之后，却已走到第一期的西洋文化前面。所以梁先生在另一篇文章中比较中西文化之后，就武断的断定"凡以中国未进于科学者，昧矣谬矣！中国已不进于科学。凡以中国未进于德谟克拉西者，昧矣谬矣！中国已不进于德谟克拉西。同样之理，凡以中国未进于资本主义者，昧矣谬矣！中国已不能进于资本主义。"这是一种如何反进化非客观的言论。然而这一所谓已经走在西洋文化前面，落在印度文化后面的"中国文化"的具体内容，究竟是什么呢？梁先生研究的结果是："人生必有相关系之人，此即天伦，人生将始终在与人相关系中，此即伦理。亲切相关之情，发乎天伦骨肉，乃至一切相关之人，莫不自然有其情，情谊所在，义务生焉，父义当慈，子义当孝，兄之义友，弟之义恭，夫妇朋友乃至一切相关之人莫不自然有其应尽之义。"这种"一个人似不为其自己而存在，乃仿佛互为他人而存在者"的社会，叫做"伦理本位的社会"。在社会上"家乃天然的基本的关系""人必亲其所亲""师徒，东伙，邻右，社会上一切朋友同侪，或比于兄弟之关系"。在经济上，夫妇父子祖孙兄弟均共财，"自家人兄弟以讫亲戚朋友，在经济上皆彼此顾恤，互相负责"，没有"贵族与农奴阶级的对立"，没有"资本家与劳工阶级的对立"，"生产工具无为一部人垄断之形势，殆人人得而有之，以自行其生产，形成职业分立的社会。"在政治上，"但有君臣间官民间相互之伦理的义务，而不认识国家团体关系。又比国君为大宗子，称地方官为父母，举国家政治而亦家庭情谊化之。"其实这一美化了的"伦理本位社会""职业分立社会"，不过是建筑于农工手工业之基础上家长制的宗法社会；即使带上了多少地方性的特点，要亦人类社会进化史上所已经过的一个阶段；并且事实上因为经济基础的变革，中国的家长制的宗法社会，已不得不起着急速变化。因此更使迷恋往古的梁先生大为叹惜和烦闷的说："此社会向下破坏沉沦之所由致，主要在其内部之矛盾冲突，而此矛盾冲突则为外界潮流国际竞争所引发。以内部矛盾而社会组织构造崩溃，以组织构造崩溃而矛盾冲突益烈，如此辗转不已。"客观的事实，惨酷的击溃了无"阶级对立"的"伦理本位社会"，毁灭了"生产工具无为一部人垄断之形势"的"职业分立社会"，唯其如此，梁先生主观的意识，逼得他要求从崩溃着的现存"社会之秩序"的维持上，"重建一新组织构造，开出一新治道。"所谓"新治道"，还是"父义当慈，子义当孝，兄之义友，弟之义恭"的家长制的家族之恢复，以及"比国君为大宗子，称地方官为父母，举国家而亦家庭情谊化之"的宗法社会关系之还魂。这里我们并没有丝毫曲解。我们看梁先生曾经"掏出心肝之言"的说中国乡村之出路，亦即是中国之出路，一则将全靠其古先哲人所发明之"礼"，同时邹平实验总欲用软工夫的教育手段，组织村学乡学，要使全体"学众"（乡民），知道以团体（整个的乡村）为重，"为团体服务""遵规约""守秩序""敬长睦邻""尊敬学长""接受学长的训饬""信任理事""爱惜理事"等，实不过培养"礼"的团体条目，其目的是在"推村学之义于乡学"，而使村学，乡学，县政府，乡村建设研究院等一串的组织，成为"小家庭对大家庭之伦理的关系"。最后由一县一乡的实验，推广到全中国，使全国亦成为一个大家庭，才是"乡村建设哲学"的之理想的实现与完成！

二 "乡村建设理论"的方法论

邹平"乡村建设"的理论，不仅是特殊的"一套"，并且是庞杂和矛盾的"一套"。加以他们之事态的循环的诡辩，每会使人眩迷而不知其真相。但是，我们如要彻底认识批判"乡村建设"的理论和实际，切不可为他们的庞杂和矛盾的言词所模糊，而须正确的把握了他们理论之基本的方法论。梁先生在《乡村建设理论》一书的导言，《研究乡村建设的途径》一文上，告诉我们说："政治问题解决的途径如何去寻求呢？如何去研究呢？我们对于政治问题，千万记住，不要自己先提出一个什么办法，不要先对某种政治制度有成见，以为某种制度最合适，某种政治制度最有效率，这种念头千万不要有！……本来就没有那一个办法是好的，没有那一个办法是坏的，也许那个办法都是好的，那一办法都是坏的（都是比较的，不是绝对的。）再则，不要单从我们此刻的大势所需要的处所去想，你不要肯定中国在政治上非如何如何不可，不要单从'要求'一方面去想，如果从'要求'一方面着想，而单顺从其"要求"来想办法，这也是错误的！以为如何渴切需要，你正不可从此渴切的需要上想办法。有人羡慕某种政治制度好，（如羡慕意国德国或英国俄国）固然是错误；就是你无论怎样的看清楚了中国的政治需要，而从其需要上想办法，想途径，想制度，这个都要不得！这就好像你口渴的时候不要想水喝，即令面前有蜜，你也不要想它是不是甜的。这是第一层。第二层是说你口渴了也不想水喝。这个意思就是：你不可从要求方面去用心，要先看看摆在眼前的事实能够有什么。差不多一件事情至少要从两方面看：一是主观的要求，一是客观的事实。我们宜重在客观的事实能够有什么，不要斤斤于主观的要求什么……我用一句话结束：我们应当把主观的强烈的要求平下来（也不要忘记），而去看看周围，看看摆在面前的事实，看看社会的形势，能够形成什么样子的政治构造，能够有什么样子的政治构造，我们就接受什么样子的政治构造"，这段话虽说是指研究政治问题的方法，实际是整个"乡村建设理论"的方法论。从这里我们可以知道梁先生的方法论之特质是：第一，"主观的要求"和"客观的事实"被处置成截然无关的两个东西。梁先生虽然特别的着重"摆在面前的客观事实""社会的形势"，但他的"主观的要求"之发生，是既不受客观事实之决定，更不了解主观与客观在实践行程上的统一。第二，他所把握的"客观事实"，只是无法则的动的客观事实之表象。各个"客观的事实"，在梁先生看来，虽有表面的相互关系，但没有内在的发生发展和死灭之行程。第三，所谓摆在前面的客观事实能够有什么，就接受什么的理论，即是凡是客观存在的就是合理的主张。所以不管他们在理论有些什么高远玄妙的理想，不管有些什么"主观的强烈的要求"，而在实践上却是彻头彻尾的一切既成事实之顽固的保守者投降者，同时是一切进步的革新运动之顽强的反对者。因此梁先生的极端客观论，本质上却是极端主观论。这里梁先生全部理论的形成就是一个最好的说明。梁先生自认他的一生是"身在问题中"，受着问题的逼迫和"问题的管束"，"不期然而然"地随着"客观的事实"之变化而有许多不及料的"变化"，同时亦受了许多"委实令人苦闷，彷徨，无办法"的痛苦。他的由西洋的实利主义一变而为出世的佛教思想，再变而为入世的儒家思想，都是"问题逼出来"的。辛亥革命前，中国政治问题的争论逼得他赞护梁启超的立宪论，反对孙中山的革命论。因为"当我所以赞成立宪论时，实鉴于美国法国的制度不若英国的制度，当时我对于中国问题之见解，以为最关紧要的是政治改造问题，而不是在满洲人复仇问题。"迨至辛亥革命时，"大势所迫不得不转而革命"，加入国民党，并参加"秘密工作"，民国成立之后，"我以为政治改造之要求已属达到……而事实上……反至一年远似一年……而日后越来越绝望。当此时也，一般人多责难彼时三数强有力者之破坏政治制度。如袁世凯之破坏约法，以及其他军阀之攘夺竞争；而在我则始终认为这决不是某几个人所能破坏的，我们仅责少数人，责已蹈于错误之境地。"于是西洋的实利主义的思想动摇了，经过一个短时期的无政府主义的热狂，而转变到出世的佛教思想中去。民国六年后，一方面因为他父亲的自杀，"谬慕释氏……于祖国风教大原，先民德礼之化，顾不知留意，尤伤公之心，……呜呼！痛矣！儿子之罪，罪弥天地已"；另一方面因在北大教书，其时校内文科教授有陈独秀、胡适之、李大钊、高一涵、陶孟和诸先生，"……兹数先生即彼时所谓新青年派，皆是崇尚西洋思想，反对东洋文化的。我日夕与之相处，无时不感觉压迫之严重"，于是再来一次"深刻的转变"，——由佛教转到儒教，而有东西文化及其哲学一书之发表。民国十二三年至十七年南方新兴的国民革命运动，迅速的发展与变化，震撼了全国各阶层分子的心灵，而梁先生经过长期的怀疑烦闷之后，"一旦扫除了怀疑的云翳，透出了坦达的自信，于一向所怀疑而遽然否认者，现在断然地否认了；于一向之有所见而未敢遽然自信者，现在断然地相信他了！否认了什么？否认了一切西洋把戏，更不沾恋相信了什么？相信了我们有自立国之道，更不虚怯！"于是"我很迅速地从政治制度问题而旁及于经济问题，从政治上之无路可走而看出于经济上之无路可走。原来经济进步，产业开发，不外两途：其一即欧洲人走的而为日本人所模仿的路子。即是近代国家制度能确立，社会有秩序，法律有效力，各个人可本营利之目的，以自由竞争成功资本主义的经济；第二即是俄国的制度，由政府去统制经济，基本工业之收归国有，农业亦徐徐因国家经营农场之故而改变其私有局面等等。这两条路……都须有其政治的条件，或其政治环境……而此两大前提，在中国全不具备。"这因为中国文化已超过了西洋文化，中国"已不能进于科学""已不能进于德谟克拉西""已不能进于资本主义"的缘故；同时，悟出中国要培养"新政治习惯"，"从习惯问题看到团体力之培养，从团体力之培养，看到小范围之做起"，而中国所有的"只有乡村"。于是十七年有乡村自治之主张的萌芽，二十年而有"乡村建设"的主张的完成。从政治以至整个的社会，"总须从头起，另行改造，从那里改造起？何从理头绪！何处培苗芽，还是乡村"，梁先生的所谓从头改造者，就是"中国乡村生息濡染于中国文化以至于今日，流风已歇，流弊亦已深，谋乡村改进者自非有真情实意运乎其间，盖未易识得问题之深曲，而有以见乎其出路之何从，出路何从？则'礼'是也。此掬出心肝之言，毫不杂以书生迂阔之见，文人矜奇之意者。漱前为河南村治学院旨趣书，曾指出中国社会之唯一问题在求其从散漫入于组织（分言之，则为政治的民治化，经济的社会化）。然此组织，所以行之者必有其道。在西洋近代则有其个人本位，权利本位的法律；在中国未来则将靠其古先哲人所发明之'礼'"后来的山东乡村建设研究院，在邹平乡村建设之基础的"乡学""村学"。"却不想以硬性的法令规定其组织间的分际关系，而想养成一种新礼俗，形著其组织关系于柔性的习惯之上"者，亦就是企图恢复崩溃了的宗法社会之"礼"的实施。由此看来：梁先生的半生历史，全部理论，恰好是他的方法论之注解。第一，以上层建筑物的"礼""习惯"或"心理"，为"乡村建设"的出发点和归宿点，正是倒果为因的主观论，所谓处处着重"客观的事实"者，不过是自欺欺人的谎言。第二，所谓培养"新礼俗"者，自然丝毫没有依据的新生活而培养新习惯的意味，反之，是古先哲人所发明的"礼"，从精神至形式的整个的复活。它的"新"的意义，不过是在旧的父慈子孝兄友弟恭之宗法思想的崩溃过程中，保守主义的开倒车运动。所谓"从头改造"，实在不过是彻头彻尾的复旧。最后，梁先生的思想的变迁过程不是证明了他的毫无"成见"，恰好相反，证明了他有一贯的顽强的成见。这个成见，就是一切进步的思想和活动之敌视和反对，一切既成的统治势力之合理存在的承认。这一保守主义的强烈的主观要求，是贯彻了他的全部生活和全部学理的。所谓"客观的事实"逼得他起了许多次"变化"的意义,即是他的保守主义,逼得他不断的改头换面来适合"客观的事实"——一切既成的势力罢了。

三 "乡村建设"的意义与价值

梁先生在另一篇文章中曾将"乡村建设"之理想,描画为:"中国兴亡系于能否工业化问题。但从世界大势看去,中国的工业化,将必走一条不同的路。他是要从乡村生产力购买力辗转递增,农业工业叠为推引,逐渐以合作的路,达于为消费而生产,于生产社会化的进程中,同时完成分配的社会化。这样创造起来的文明,完全为一新文明。既不是过去的乡村文明,亦不是近代西洋的都市文明。"又说"其社会的重心在乡村;经济的中心,政治的中心及文化的中心都可以在都市。"大概就是因为"生产的社会化""分配的社会化"等美丽的术语之滥用,被日本的一部分人称为农村社会主义派。然而如此的"社会主义派",不仅是永不能兑现的乌托邦,庞杂矛盾得不能成一个完整的理论体系,并且本质上完全是一种反时代反进化的企图。这个理想的第三条道路的"新文明",所以行之道,唯有靠其古先哲人所发明之"礼",而此"礼"就是手工农工业经济基础上,宗法社会的上层筑物,它的骨干,全在家长制的家族之维持。梁先生看成中国社会"天然基本关系"的"家"——家族制度的家族,不过是由对偶婚到一夫一妻制的过渡家族形态,是人类社会史上普遍存在过的一个阶段,虽然在中国存在的时期比较长久些,但决不是中国特有的文化基础,亦不是什么"天然基本关系"。况且近数十年来工业化和资本主义的社会关系的发展(自然是畸形曲折的),使这一家长制度的"家"以至"家庭化"的政治制度,都在急速的崩溃,而成为遗老遗少们所迷恋着的博物院的古董。这个崩溃的客观事实,梁先生亦已经看见了,不过他不愿看见所以崩溃的原因,更不愿看见代之而起的新组织新制度。所以梁先生只想在崩溃的家长制度的"家"的废墟上来作心劳日拙的恢复的工作。"中国的兴亡"不是系于"能否工业化",而是中国事实上已在工业化的过程上系于能否解除一切内外的限制势力。中国家长制的伦理本位社会恰是阻碍了中国的工业化的重要原因之一,并且必然的被破坏崩溃的,此其一。小农与家庭工业之基础上的合作道路,只是一种走不通的幻想,同时本质上并不排斥生产手段的集中于少数人之手的事实,况且目前中国的农村合作,更是在中外资本家金融家的提携和支配之下而活动的。所以所谓以合作的道路达到"生产的社会化"和"消费的社会化"之理想,实是一种南辕北辙的幻想。此其二。合作的道路既然不过是使农民紧密的被支配于都市工商业家之手,则无论怎样要把社会的重心放在农村,自然并不丝毫变更经济的政治的文化的中心之都市,对农村之剥削和支配的关系的。其实经济的政治的文化的中心之"都市",在中国亦已不是尚待梁先生创造的理想,即使完全如梁先生所说,中国"在它境内见到的无非是些乡村,即是有些城市,亦多数只算大乡村,说得上都市的很少",可是我们不要忘记伦敦纽约大坂等世界大都市对于我国的农村,正起着深巨的支配作用。此其三。总而言之,梁先生企图创造的第三条道路的"新文明"之理论,只是庞杂矛盾的一套,只是主观的要求,要把见了风的东方木乃伊重新复活起来的幻想,于中国的真正出路,恰是一个障害。但是他的"客观的事实能够有什么?"就接受什么的现世主义,却自有其现实的意义和价值。

邹平乡村建设的理论和活动,自是"非出偶然"的时代之产物,不过它代表的不是进步的一方面,而是保守的一方面,它的真正意义和价值,亦正在此:

第一,"我们回想最近二三十年来的经过,是不是政治改造运动失败史?较远之辛亥革命运动,以及十五年国民党北伐后厉行之党治,乃至其间的各次政治改革,那一次不是失败?有那一次未曾失败到家?"梁先生否认二三十年来一切改革运动的进步意义,在他的眼中无不生效,无不"失败到家",自有非偶然的深长意义。

这是从清末时赞护梁启超的立宪论起一贯的主观的要求，同时亦是一切被改革者时代落伍者之一相情愿的希望和结论。并且还不只此。"此社会向下破坏沉沦之所由致，主要在其内部之矛盾冲突，而此矛盾冲突则为外界潮流国际竞争所引发。以内部矛盾而社会组织构造崩溃，以组织构造崩溃而矛盾冲突益烈，如此辗转无已。"外界潮流引起的社会内部之矛盾冲突，在梁先生看来，只是社会组织构造崩溃与矛盾冲突辗转无已的旧社会的向下破坏沉沦！这自然亦非偶然的。保守主义者的眼中，社会是不演进的，只有家长制的"家"，是"天然的基本关系"。同样的只有宗法社会的"礼俗"，才是天然的社会文化，才是社会向上进步之所由致。所以对一切关于旧组织的"礼俗"的改革，都是社会的"向下沉沦"，所以我们的梁先生每在改革浪潮的当时总是烦闷的，每当改革的失败或遭受了挫折时，总是以社会的旧组织旧礼俗的救世主自任了。我们的救世主，虽说了些什么要把中国政治经济问题整个的解决，和创造了些什么"新习惯""新礼俗""新文明"等等新名词，然而"掬出心肝之言"，还是在中国未来则将靠其古先哲人所发明之"礼"而已。因此社会的"内部矛盾冲突"之客观事实的发展，虽然击破了无阶级对立的"伦理本位社会""职业分立社会"之美丽的理想，以及中国特殊文化之整理的理论体系，然而邹平乡村建设之主要任务，却正在此种"内部矛盾冲突"之软工夫的缓和和弥缝上。梁先生要达到"必须把乡村看成是整个的"主观的强烈要求，所以一方面乡学村学的学长学董和理事，必须有"信任资望""齿德并茂"的乡村领袖，联庄会的会员必须有"身家财产"的分子，乡村建设的动力，必须是"有心人"的知识分子，这样来建立集政治教育和武力于一手的社会基础。另一方面强为譬解的说农村中的地主资产阶级都已逃入都市，而根本地消灭了农村内部了矛盾，这样来形成村学乡学县政府研究院之小家庭大家庭的伦理关系。梁先生在广西国民基础教育与乡村建设运动一文上说："乡村建设运动实为一种农民运动，或造端于农民运动者……所不同于过去之农民运动者,盖在不分化乡村而视乡村为整个的,不斗争破坏而合作建设",由此可知被问题逼出来的乡村建设运动的意义和价值,主要的是什么了。

第二,我们必须指出梁先生的思想之变迁,只是许多不断的变迁之表象;根底上的保守主义是用了各种各式的形态而存续着的。这是一方面。另一方面我们更不可忽略梁先生之凡是存在的都是合理的客观主义;在既成事实的面前,"调和融洽与对方之间,或超越乎彼此之对待,以变换主观自适于这类境地为问题之解决"的供奉哲学的现世主义。具体的说,就是梁先生坚决自持的"我们宜重在客观事实的能够有什么""就接收什么"的客观论。这种客观论,首先表现于对帝国主义和军阀的态度,不错,梁先生曾经指出"外国之经济侵略"为乡村之经济属性的破坏力;"兵祸匪乱苛征等"为乡村之政治属性之破坏力;十九年时梁先生亦曾异议过胡适先生的我们革命的真正对象,"我们的真正敌人是贫穷,是疾病,是愚昧,是贪污,是扰乱","封建势力也不在内,因为封建制度早已在二千年崩坏了。帝国主义也不在内,因为帝国主义不能侵害那五鬼不入之国"的说法,其实梁先生正是胡先生最忠实而聪明的信徒。他虽把帝国主义和军阀,归入中国问题之内;但是一都可见我初非放松他们,而是要觅求更切实而有效的办法,终于放松了他们而成为"非革命对象"。梁先生确切明了的说,"外国侵略虽为患,而所患不在外国侵略,使有秩序则社会生活顺利进行,自身有力量可以御外也。民穷财尽虽可忧,而所忧者不在民穷财尽;使有秩序则社会生活能顺利进行,生息长养,不难日起有功也。"这自然不仅放松了对帝国主义和军阀的当前奋斗,反之,一切反帝反军阀的势力却成为梁先生为"革命对象"了。另一方面,帝国主义者要求中国恢复奴隶的秩序,我们的梁先生就用"软工夫"来化除"愚民"的不知忠顺之危险,而重新建立"社会之秩序";帝国主义者要求"中国增进购买力和推销存货之一种有效办法",我们的梁先生就努力增加乡村购买力以"引发工业"——乡村购买力的增加，民族工业未尝不可以分得一杯羹，但是没有获得政治保护的前提之前，无疑的只是为帝国主义推销存货的努力。同样的，梁先生虽认"中国现在南北东西上下大小的政府，其自身皆为直接破坏乡村的力量"，但是实际上不仅要依附一种他所"鄙弃的"政治力量，来实验他的"乡村建设"，并且更以"新礼俗"的实施，来巩固"其自身皆为直接破坏乡村的力量"。

其次，梁先生虽在理想上否认了中国资本主义之存在，意气上痛恨"其独有些资金则唯在军阀官僚商人买办之手，是皆敲剥于农村而屯之都市租界银行者。"可是当都市租界的银行家工业家高唱扩大农村的商品和原料市场，为都市的过剩资金找出路时，梁先生的"乡村建设"亦正由"萌芽"而"完全成熟"而实际实验。并且昔日之"敲剥于农村而屯之都市租界银行"的"军阀官僚商人买办之手"的资金，"此时大计，唯在因势导之以返回流入农村，集于新式农业之开发一途。穷尝计之，使吾能一面萃力于农业改良试验，以新式农业介绍于农民；一面训练人才，提倡合作；一面设在农民银行，吸收都市资金，而转输于农村。则三者连环为用！新式农业非合作而贷款莫举，合作非新式农业之明效与银行贷款之利莫由促进，而银行之出贷也，非有新式农业之介绍莫能必其用于生产之途，非合作组织莫能必其信用保证。苟所介绍于农民者其效不虚，则新式农业必由是促进，合作组织必由是促进，银行之吸收而转输必畅遂成功；一转移之间，全局皆活，而农业社会化于焉可望。"我们如果剥去了农业社会化的美丽外套，"则农业必弃于工业，而资本主义兴，（其实这里应该说主要的是帝国主义市场的扩大——笔者），由合作以达于社会主义之途，就难了。"

总之以上的分析，是邹平的"乡村建设"运动之真实的社会背景，和其所依附的"客观事实"的要求，同时，亦就是"乡村建设"之真的时代的意义和价值。我们又可归纳起来说，自帝国主义者以至保守主义者都统一意志，集中力量于"中国所有者，则只是乡村，只是农业"的原因，是中国乡村还被目为购买力之可供开发的无尽宝藏；是中国动乱的一支主要力量，同时又是中国旧有的社会组织构造崩溃之最后残存的地方，所谓"礼失而求诸野"的唯一尚堪挣扎的一块土。唯其如此，乡村建设运动的本身，就已决定了它的前途的无望的命运。乡村运动领导者之一的杨开道先生甚至亦不能不说："劳民伤财"。这是梁漱溟先生给山西村治的总评，也可以借用于一切改造旧村的活动，尤其是现代化运动，科学化运动。"无论你谈自卫也好，自治也好，教育也好，经济也好，一切农民没有资格了解，没有法子参加的。十亩地的自耕农，已经是耕作的牛马，而不是社会的中坚，何况耕别人土地的佃农，为工雇佣的工人。资本越少，土地越少，工作器具越旧，工作效能越低，农场收入越少，农家生活越低，一个循环不已的圈子，只有越走越低。旧村改造的工作，等于推车上山，起初比较容易，以后越走越难，他许会从半山倒塌下来的。"（见大公报乡村建设第十七期农村建设之途径）。不过我们还须附加的说，如果中国问题没有正确的解决以前，这种"非出偶然"的"乡村建设"大概总还有某种客观的要求吧？

注：引号中文字，均系引自梁漱溟先生所著之《中国民族自救运动之最后觉悟》《乡村建设论文集》《乡村建设旬刊》及《山东乡村建设研究院概览》等书。

（原文载二十四年七月二十日《天津益世报·农村周刊》第七十二期）

评梁漱溟先生的乡村建设理论之"方法问题"
——客观主义与保守主义

张志敏

首先我们应该承认，梁漱溟先生的乡村建设理论，在现时也是时代的产儿。但问题是在他所代表的是一种什么时代，更明白点说，就是近数年来蓬勃而起的乡村建设运动及其流行的理论，是代表一种什么时势的要求。解答了这个问题，便可断定这种理论所代表的是一种进步的或是保守的倾向。

关于梁先生的理论，国内已有很多的学者提出不满意的批评，特别是——就作者所见到的说——千家驹先生曾经很正确的很扼要的指出这个理论之弱点（请参看千著《中国的歧路》及《从乡村工作讨论会归来》，前者载《中国农村》第七期，后者载《天津益世报》农村周刊第三四、三五两期）。作者个人也曾写了一篇《从整个的民族经济上观察现在的农村建设》一文（载中国农村第七期），对现时农村建设一般所代表的时势的要求，及其在思想上所表现的意义，做了一个大概的说明，并亦特别涉及梁先生的乡村建设理论。但是，我们知道这些批评，在梁先生方面，必以部分的批评而认为不满足。首先我们就看到公竹川先生为替梁先生辩护而提出的反批评的意见。公先生自己申明是以第三者的资格，对批评者"贡献几点意见，使研究这个问题的人们，不枉费气力，彼此不曲解误会。"公先生的意见如下：

"据我所知，正在邹平实验的乡村建设运动，的确有他的理论，并且有他的根本理论。近从中国社会文化转变探究，远从哲学心理学生理学立论，博大精深，系统井然。乡村建设理论的创导者即梁漱溟先生，已在邹平乡村建设研究院讲过两次，约计数十万言。可惜直到现在仍是些零碎的文章和讲稿，尚无专著出版问世……即梁先生已出版的著作——《中国民族自救运动之最后觉悟》及《乡村建设论文集》两书，仍由零碎发表的文章集辑而成，前后次序并非一贯，若非专心细读，实不易全部贯通。且积极方面主张办法，尤其是对于中国政治问题，尚未谈到；因此，常引起外间读者揣测误会……且既是说根本理论，必要包括哲学问题方法问题在内，更非短篇文章所能说明，……梁漱溟先生的乡村建设理论是他七八年来对于中国整个问题（包括政治经济社会文化全部）一个说明解答，自有其社会观，历史观，动物观（因梁先生解析问题全用变动的眼光说明，姑借用动物观三字以表示之），……你在未有推翻他的哲学根据以前，其余的批判，全属无用，对方当然也无从予以首肯。"——（天津《益世报》农村周刊三十二期）。

公先生这一大段议论未免夸张过甚。作者"细读"过梁先生的议论以后，就与公先生得到相反的感想。我觉得邹平的乡村建设理论庞杂则有之，"博大精深"则不足，"系统井然"更缺乏。

公先生的用意本是要替争辩"贡献几点意见，使研究这个问题的人们不枉费气力"，其意甚善。不料结果很使我们失望：经过公先生这一夸张，邹平的乡村建设理论更使我们望洋浩叹，无从问津。我意，以他的说话的态度看，公先生对"乡村建设理论的创导者即梁漱溟先生"之理论应该是"专心细读""全部贯通"的了。那么，他就应该把这个理论从其整个的系统上，做一个提纲挈领的介绍，这那才可使我们"不枉费气力"。这大概在公先生又认为是"非短篇文章所能说明"或"单凭一篇文章还不够"。

作者在这里觉得公先生在思想上不免有些笼统的毛病。他似乎未弄清"全体"与"部分"之系统的关系，即"部分"在"全体"的系统上之部位。因为宇宙间一切现象都有其共同的法则而形成其统一性;因而在我们的研究的方法上,部分的问题与全体是一致的。有此一致,我们便可以从一斑而窥见全豹。但是公先生也与梁先生一样,从部分的问题(如中国农村问题)上造成一个中心系统;迨你从整个的社会观(即全体)来批评他们的"乡村建设"的理论时,他便拿出"部分"的特殊性来抵制,说"近代与西洋沟通后的中国杂乱社会","不合一般社会进化公例"。按照科学的讲法,"不合一般社会进化公例"的"杂乱社会",便无"社会观"或"方法问题"之可言。然而公先生又拿出"哲学心理学生物学立论""哲学问题方法问题""社会观,历史观,动物观","博大精深,系统井然"来压制我们做部分的批评。

作者不揣冒昧,要把"乡村建设理论的创导者即梁漱溟先生"的"乡村建设理论"之"方法问题"做一个批评,也算是应答公先生这个指示:"你在未有推翻他的哲学根据以前,其余的批判全属无用。"但须要加一个确定的界说:此地所讨论的是梁先生的乡村建设的理论,而不是泛论"方法问题"或"哲学问题";因此,我的批评也只能在本题所标示的一定范围内采取材料,至批评之正确与否,我想决不在详尽与否上。以下就论到本题:

在乡村建设旨趣一文中,梁先生开始便这样说:

"说到旨趣,原来是主观的东西,主观便容易与社会事实相远,容易一个人一个样;此则很不好。我们要免于此病,希望得一个合于社会事实的,而且为我们所共同的旨趣。想要作到此地步,必须避免主观演绎的说话,而从客观上考察认取乡村建设运动是怎样来的?它将往那里去?于摆在眼前的社会问题里面寻出多数人不得不倾向的要求——这便发现我们共同的旨趣了。"(天津《大公报》乡村建设第二十三赛)。

骤然看去,这一段话似乎表示完全注重于客观的研究,没有毛病;其实正在这里梁先生犯了根本方法上的错误。他的谬误点就在于他把主观与客观截然分开。因为主观与客观在实际行程中是一致的；所以梁先生是一个纯客观论者，同时也便是一个纯主观论者。试就上引的梁先生的话来分析着看。

"旨趣原来是主观的东西，主观便容易与社会事实相远，容易一个人一个样"——这是完全不正确的说法。主观与客观只存在于相对的关系中。"旨趣"一方面是主观的东西，另一方面也是客观的东西，因为它亦受某种"社会事实"之决定。否则它便一定是"一个人一个样"，无"共同旨趣"之可言。"一个人一个样"的主观，不但要"与社会事实相远"，并且只有在"社会事实"不存在之下才得成立。但是，没有"社会事实"，又焉有对"社会事实"考察认取的主观？这样主观与客观便同时消灭了。

但是，梁先生又希望那"容易与社会事实相远"的及"一个人一个样"的主观，"得一个合于社会事实的，而且为我们所共同的旨趣。想要作到此地步，必须避免主观演绎的说话，而从客观上考察认取……"由什么来"避免"及"考察认取"呢？当然还是由主观。这样由主观"避免主观演绎的说话，而从客观上考察认取"的方法，欲取得真理，便只有两途，或者在主观上有自由裁判（libre arbitre），或者在客观上有绝对真实的标准。否则梁先生所要"避免"与"考察认取"的，仍然不过是以他自己的主观所"考察认取"的为"共同旨趣"，而斥别的主观所"考察认取"的为非"共同旨趣"。

主观是不可避免的。主观既受决定于客观，那末，欲"从客观上考察认取"而获得真理，就有关于客观的"社会事实"之真实性。如果这个真实性有一定的法则可寻，那就只要把主观服从这些法则并时时放在客观上加以检查，便可把握得客观的真实。如此主观与客观便在同一客观上取得一致，而我们所用的方法也便是正确的客观的方法。

梁先生亦体验到主观受决定于客观，所以他在他的"自述"中又有以下的话：

"本院（按指山东乡村建设研究院）的意旨是因为吾们皆身在

问题中,又生于问题最严重之中国,吾们聚合一处,商讨吾们的问题,找出路子,解决烦闷。

我省思再四,我自己认识我,我实在不是'学问中人',我可算是'问题中人'。如果有人问我,我现在何以有点关于……各方面的知识,何以在社会中有此地位,我的答复,乃是由于问题逼出来的……当初我亦无意于社会中如何做那种事业,成就一种地位,而结果能做点事业,有点地位,其故无他,亦问题逼之使然也。

这是由于中国社会问题的管束,使之不得不然也。

我们与其说乡村建设运动是人为的,真不如说是自然而然的;我们与其说乡村建设运动倡导于我,不如说这是历史的决定。我亦是被历史决定的,所以我亦料不到我自己呵。"

这完全是一种机械的唯物论,即极端的客观论。我以为梁先生所自述的"我亦料不到我自己"指的是过去的"我",今后的"我"当不如此,否则梁先生便不能立院讲学,"倡导乡村建设运动","负担着创造新文明的使命"。

"身在问题中"和"问题逼之使然"——这两个命题在正确的了解之下是对的。但还要弄明白的就是这"问题"本身之前因与后果,即它是怎样来的?它将往那里去?"身在问题中",受问题的逼迫,只要正确地认清了问题之来源与去路,便可以驾驭问题而不受"问题的管束"。但梁先生受"问题的管束,使之不得不然",又相信问题的去路是"自然而然的""天安排下来的""天造地设的,一毫出入不得(就因为他关系太多微妙,所从者太远)。"这样的客观主义便"自然而然的"使得梁先生"不期然而然的"随波逐流,依附现存的"社会事实"而使之理想化,而他自己也便成为极端的保守主义者。

梁先生志在表明他毫无主观的成见,一凭客观的真理;故处处表白他非常注重实际,力求进步。他说:

在上文中我屡屡说及,我个人是呆笨认真的一个人,你便让我空空洞洞不着实，我都不会。我非把握得实际问题争点，我便不会用思，不会注意，我是步步踏实在的人。我非守旧之人，我因呆笨认真之故，常常陷于苦想之中，而思想上亦就幸免传统的影响，因袭的势力。

在这里，梁先生又似乎相信他是能独立自主的人，否则他便不应该忘记因为他受"中国社会问题的管束，使之不得不然"，他的"苦想"就不得不为现存的环境所拘限，而难"免于传统的影响，因袭的势力"，因此，他仍是"守旧之人"。

"把握实际""步步踏实"，似乎是稳妥而靠得住的，但问题还在如何把捉到真正的实际。实际不是很简单的，这一层，梁先生似乎也体验到了。当他在"请大家研究社会问题"一文中批评独立评论，再生杂志及国闻周报诸作者"对社会问题欠研究"外，他曾作这样的指摘：

"如何得谓有研究呢？就是他认得问题不是简单的，不是偶然的，而是复杂相关的，有所从来的。

全不见他们如何觉察事实，了解社会的变迁，从客观得到解决问题的线索。

没有一个能根追问题所从来而把握到问题将从何去的，没有一个能深察中国社会所由沉沦，而确见其转机在那里。

我请还是研究研究问题，待认识得问题之所从来，认识得问题之如何复杂相关系（不是简单的、偶然的、孤立的），再来说话。"

要"认得问题是复杂相关的，有所从来的"，要"观察事实，了解社会的变迁，从客观得到解决问题的线索"，这是对的。但仅仅说到此地为止，还是"欠研究"。梁先生只以"问题之如何复杂相关系"阻止别人说话，并未说明"问题之如何复杂相关系"及从什么地方"能根追问题所从来而把握到问题将从何处去"。要"观察事实，了解社会的变迁"，就不仅仅以看见"变迁"的现象为止，必须还要找到这个"变迁"的根本动力，而后才能从复杂相关中"根追问题所从来而把握到问题将从何处去",并"从客观得到解决问题的线索"。

一切事实都有其前因与后果,并有其多方面的相互关系,但要根据事实寻找"解决问题的线索",还须从其相互关系中辨别这些事实,谁是在"社会变迁"中代表进步的方向,否则就难免要把保守的事实当作进步的而强使之理想化。说到这里,我们很有趣味的联想到"东西文化及其哲学"之一致。"西方文化"中德国的哲学家黑格尔也承认社会是发展的,一切现象都在运动中,并有其因果关系,由此他提出一个很有名的命题:"一切存在都有其理由"。但因黑格尔是唯心论者,他只看到一切现象有其存在的理由,而看不到它们亦有其未来的没落的理由,并有新的想象取而代之之理由。因此他认定当时德国的专制政体,因其存在的理由,便有保存之必要。

我们"东方文化"中的梁先生,也与黑格尔以同样的方式"观察事实"。他专门附和现实。凡是已成为现实的,他都因其有存在的理由而袒护之;那末成为现实的一切革新运动,都以失败或挫折而被梁先生剥夺其存在的权利。他说:"我们回想近二三十年的经过,是不是政治改造运动失败史?较远之辛亥革命运动,以及十五年国民党北伐后厉行党治,乃至于其间各次的政治改革,那一次不是失败?有那一次未曾失败得到家?"因而他"到民国十六年之际"便"明确断定,在政治上,当前实在没有办法。""中国在最近的未来,实际上将不能不是些分裂的小局面……将无法统一……将成为一个军阀割据的局面;所以不能避免此种局面的症结之所在,仍是由于中国无现成之政治制度可由轨循任何政治制度决不能在此短时期内建立起来。"

"在此际——梁先生继续说——我的用思,有一开展,我很迅速地从政治制度问题而旁及于经济问题,从政治上之无路可走而看出于经济上之无路可走。原来经济进步,产业开发不外两途:其一即是欧洲人走的而为日本人所模仿的路子,即是近代国家制度能确立，社会有秩序，法律有效力，各个人可以本营利之目的，以自由竞争成功资本主义的经济；其二即是俄国的制度，由政府去统制经济，若工业之收归国有，农业亦徐徐因国家经营农场之故而改变其私有局面等等。这两条路……都须有其政治条件，或其政治环境。……而此两大前提，在中国则全不具备，夫然，又何能走向欧洲或俄国的路子上去？但在另一方面看，舍此而外，又别无第三条路子可走，委实令人苦闷，彷徨，没办法。"

梁先生也承认"所谓中国问题，是以中国政治问题为中心"；并谓"非经济问题有办法，中国无办法；但非政治有办法，则经济无办法。"可恨"中国经济建设非要求这样的政治条件不可，而中国的社会恰好不允许有这样的政治，此即所谓解决中国经济问题之特殊困难。"

再在论到制宪问题时，梁先生"认为中国此刻尚不到有宪法成功的时候"。何以故？因为"一切较理想的较永固的法律制度，均去眼前事实太远，安敷不上。所谓宪法，大抵为一新政治构造之表现。政治构造依于社会构造为其一层一面。果其有宪法之成功也，则是中国新社会之构造，已大体形成。现在如何配说这个？"

在我们看来，若依照正确的客观方法之研究，既然断定"中国经济建设非要求这样的政治条件不可"，那就证明"这样的政治条件"在客观上已经存在，我们可以促其实现。但梁先生又说"中国的社会恰好不允许有这样的政治"。何以见其"不允许"呢？因为还没有"完全具备"，因为"中国之新社会构造"还没有"大体形成"，还"去眼前事实太远，安敷不上"。请看这样极端的客观论，其保守性竟有如是之甚者！

既然如此，那就只有一切听其自然了。然而梁先生又于"苦闷，彷徨，无办法"之余，鼓其勇气，撇开"舍此而外，别无可走的路子"，并抛弃整个社会不要，"从去眼前事实更远"处，一切一切从头做起，"从根芽处新生新长"，如此建造成一全套的新社会组织构造来"安敷"上去。所以他说："我又看透了中国社会本来所具备的那全套组织构造,在近数十年内一定全崩溃,一切一切只有完全从头上起,另行改造。我先前则以为政治制度是如此,现在却明白整个的社会,社会的一切,皆是如此,总须从头上起,另行改造。从那里改造起?何从理头绪?何处培苗芽?还是在乡村。"这就走到乡村建设。

  黑格尔认世界建树于头脑中。社会的发展都是"绝对观念"在客观行程上之化演。因而他要创立一全套的哲学体系。梁漱溟认一切社会的转变都是文化问题与习惯问题,因而他要重新建造文化,培养新习惯,从而完成其全套的新社会组织构造之建设。——从什么地方我们看见东西"文化及其哲学"之根本的不同呵!

  这确实是很有趣味的。为什么今日的中国的梁漱溟会与十九世纪德国的黑格尔表现了相同的思想呢?这个问题在我们的客观方法中,便是很容易得到答复的。这就是因为梁漱溟所依附的客观事实与黑格尔当时所依附的,有其共通之点。

  试再从梁先生的"自述"中看一看梁先生的行径,我们更可明白看出梁先生时时站在保守的方面敌视进步。他现在的乡村建设运动,也不过是附和"现成"的力量,用"去眼前事实太远"的理想的建设,来抵制革新运动,以掩护旧的势力。

  依照我们的观察事实法,对于社会问题,首先是要正确地分别保守的势力与进步的势力。如果旧社会真正发生问题以至不能维持,那代表进步势力的革新运动,虽经过数次失败,终于是要再起的,并且要从更高的阶段上再起的。但梁先生因从本能上敌视革新运动,幸灾乐祸,失败就是"失败到家",并罪有应得。他看见辛亥革命失败了,就说"民国成立之后,一年不如一年,开始时还似有希望,而日后则越来越失望"。"袁世凯之破坏约法及其他军阀之攘夺竞争",皆有其"成因与由来"。"约法之破坏——梁先生说——在一般人视为出乎意料之外,而在我则视为并非意外之事,应该认那最初草订临时约法者自己错误了。"

  在"五四"新文化运动高涨时,梁先生"入北大教书,其时校内文科教授有陈独秀，胡适之，李大钊，高一涵，陶孟和诸先生，……皆是崇尚西洋思想，反对东方文化的。我日夕与之相处，无时不感觉压迫之严重。"迨这个运动的高潮过去以后，在民国十年，梁先生便发表其东西文化及其哲学这一名著。

在民国十四至十六年的期间，梁先生对当时的革命运动抱着迟疑观望的态度；"以为这或许是一个转机，或许是一个办法"。直到民国十六年之际，他"始明确断定，在政治上，当前实在没有办法"。但就在是年五月间，梁先生便"因南方诸友好之殷殷邀约，乃偕友人南行抵广州，会晤参谋长代总司令留守后方李任潮先生"，后即替他帮忙，担任政治会议广州分会建设委员会代理主席。

近年来梁先生又提倡乡村建设，并为这个建设大放厥词。他说，"我提出'乡治'的主张，是民国十七年的事，而主张之前后贯通，完全成熟，则近三年间事也"（梁先生的话是在民国二十三年一月写的）。

梁先生在其自述中追述他的思想先由西洋思想转到儒家思想，后又由儒家转到佛家，最后则又由佛家回到儒家，表示他的理论完全从比较的研究中得来，全无预存的成见。至他的乡村建设的主张，更是从"眼前的实际问题"中逐步探求而来。然而说也奇怪，也就在梁先生的理论"完全成熟"的那个"近三年间"，农村建设的呼声甚嚣尘上，银行家，"政府机关乃至外国人"不仅提倡，并纷纷以实力从事这个建设。梁先生所极力羡赏认作他的理想中新组织构造之模型的农村合作，就于十余年前开创于华洋义赈会，近三四年来，国内银行家及政府机关更普遍地推广之。——这到底是谁附和谁呢？明眼人自能见之！

在这里，梁先生有什么与众不同的地方呢？梁先生看清这种时势，他便随声附和，把这个农村建设夸张得比别人说得更大一些，说"这是中国民族自救运动之最后一着"，"负担着创造新文明的使命"，"创造新社会组织构造"。这就是梁先生所演的特别角色。

法国的学者黎朋（Le bon）认社会的一切都是心理作用。他举出种种的事实——历史上的革命运动及一切群众运动，议会中的立法，信仰，舆论，商家广告，游戏场中的魔术等等——来证实他的观点，其"博大精深"颇不亚于我们"东方文化"的梁先生（黎氏著有很多的关于心理的著作，中国翻译的有群众心理学，革命心理学等）。他所举的是否是事实呢？完全是事实，但只是外表的事实。各种社会运动都有其心理的表演，但这些表演只有临时的附带的作用，而最后归结于实际利益。科学家应该从这后者理解心理的作用，不应把这个作用当作主体。

梁先生看重于习惯，他说"一种法律制度虽出于意识之制作，要莫不有与之相应的习惯为之先"，也就是说，必先养成一种心理；这恰是倒果为因的说法。习惯是相应于制度的，而制度又相应于物质生活的条件。因而"一种法律制度"不能由它本身来说明，亦不能由所谓人类文化的发展来说明。生产关系的总和构成社会之经济的构造（此为实在的基础），从这上面树起"一种法律制度"的上层构造，各种确定的社会意识形态（包括习惯）都相应于这个上层构造。从经济基础中所产生的变动，或慢或快地变动全部的上层构造。当我们观察这些变动时，时时要分别经济生产条件之物质的变动，和法律，政治，宗教，文艺或哲学的变动。我们不能从其意识的本身上判断某一变乱的时代；相反，应该从物质生活的条件上，即从社会生产力和生产关系之间的冲突上来解释这个意识。

梁先生"观察事实"的方法恰与上述的科学的观察的方法相违背。他观察近代中国因资本主义经济的侵入而产生的变乱，不从经济生产条件（国际的和国内的）之物质的变动上来认识，而从文化上或习惯上来认识这种变乱。文化或习惯，其本身都是依从的（依从于某种经济基础上的制度），因而没有它们的独立发展的前途。只有物质生活条件才是真实的基础，又是发展的根源。梁先生不重前者而重后者，故他在问题的"复杂相关系"中找不出进步的方向，而只从文化或习惯之变动上"看透了中国社会本来所具备的那全套组织构造一定完全崩溃，一切一切只有完全从头上起，另行改造。"既然"一切一切完全从头上起，另行改造"，对于现存的一切自当听其自然；并且因其合乎旧习惯，尚有保存的理由。就是这样，梁先生以极端的精神的客观论，用新的理想的描写，来掩护现状之维持。

附注：篇中括弧的引语，均采自梁著乡村建设论文集自述，请大家研究社会问题，解决中国经济问题之特殊困难，中国此刻尚不到有宪法成功的时候，人类社会建设应有的原则，乡村建设理论提纲，乡农学校的办法及其意义诸篇。为省篇幅计，未加细注。其中有无断章取义之处，读者一看原著便明。作者愿负完全忠实的责任。

一九三五年五月十二日脱稿

（原文载《中国农村》第一卷，第九期）

关于合作社的

中国合作运动之批判

李紫翔

一 绪言

要了解我国蓬勃一时的合作运动，不能单在合作运动之数量或"合作主义"之一般的理论的研究，而应从合作运动之发生及发展的过程中作一个深入的具体的分析与探讨。

合作运动是随着欧洲资本主义发展至一定阶段的一个产物。它的常态的发达，一方面是由大资本和小商品生产者间的斗争尖锐化，和大规模的集体的生产技术优良于小规模的个人生产所引起的；另一方面，合作社追求利润，和它的商品生产，交换及信用上的依赖和从属于大资本家，所以本质地不仅不消灭反而加强了资本主义的性质。其次，合作运动不但存在于资本主义高度发展了的欧美各国，同时即在半封建的殖民地经济的印度亦已广大地存在和发展；另一方面，在社会主义经济的苏联，合作社却又与计划生产相适应，而尽了特殊的任务。由此可知合作社的本身，并不代表或排斥一定的生产方式，它在半封建的殖民地经济，资本主义经济，以至社会主义经济，都可获得其生长的可能，虽然它所尽的任务，是以其所从属的经济性质而不同。所以以为只要农民的合作社化，就可以消灭社会内部的斗争，完全不过是拾取了合作社的社会主义者之幻想的唾余；而企图造成一个合作主义的第三种经济制度，尤为一种无社会科学知识者的幻梦而已。

二　中国合作运动的发生及发展

我国国民经济，尤其是农村经济中小商品生产者的优势，在理论上供给了合作运动者的客观基础。然而这并没有证明了中国的合作运动就有什么有望的前途，同时亦不能说明合作运动为什么一时蓬勃起来的原因和其性质。

中国的合作运动，完全生长于畸形的经济和政治的条件下。第一，所谓占优势的小商品生产者，一方面既仍忍受封建性的榨取，另一方面却又直接间接的从属于帝国主义受到资本主义的剥削，以致一般农民使用了体力以上的劳动，担负了资产以上的债务，挣扎在非人生活的死亡线上，而转辗深陷于封建性的和资本主义性的恐慌深渊里面。第二，帝国主义和都市工商业者之恐慌的负担，必然最后要转嫁到农村和农业上来。他们要求恢复或提高农村对于工业品的购买力。同时要求某种农产原料之大量的廉价的供给和运输。第三，由长期榨取农村而累积的都市资金的膨胀，由于中国之半殖民地与恐慌的深化，不但民族工业的投资，已到了山穷水尽的地步，买办商业的融通资金，已到了范围和信用一天天缩小的时候，即外汇标金地产和公债等的投机，亦渐到了无利可图的末路，所以银行资本，企图在救济农村之美名下，开辟一新的投资道路。这一切固然供给了合作运动的可能条件，而其主要的决定的因素，还是在于政府以及"中外人士"之共同的政治要求。这是合作社运动发展史上所明白告诉了的。

一般人都以为中国的合作运动，起始于五四运动或"中国合作之父"薛仙舟氏的提倡。不错，五四时代随着社会主义思想的输入，亦片段的介绍了许多合作的思想。这种浪漫的空想的合作思想之介绍，对于现阶段的合作运动，虽然不无多少的关系，但是现阶段的合作运动，并不是承继五四时代的，而性质与意义亦是截然不同的。五四时代的合作运动之特征，不单完全限于消费合作，而且是工人运动的一种附属事业。那时各种工人团体，均以举办工人消费合作社为改良工人生活的方策之一，如安源路矿工人消费合作社，尤为著名，它的社员达两万余人，股本达四万余元。不过此种合作运动，随着工人运动受了政治的压迫，随着工人运动采取了直接的斗争手段而放弃了这一改良意义的工具以后，已经统统失败和消灭。至于薛仙舟氏的"合作主义"，终其生不过停滞在理论的宣传，知识分子的"合作同志"之培养，虽其同志有不少的已成为今日合作运动之理论的倡导者，但其合作主义的理论，对于现阶段的合作运动之实际，颇少影响的。比如"合作主义"的一个最重要的原则，"自动的结合"，在今日就完全没有实现。其次，华洋义赈会主导下的合作运动，确是中国农村合作社的创始者，同时它的组织，方法和人的关系，对于今日的合作运动尤多密切的关联，但是这不过遭遇时会使然的，换句话说，今日合作运动的兴起，并不是由于华洋义赈会的促进，而是在华洋义赈会以及一切合作主义的倡导者以外的一种政策的力量。同时，自民国七年到十二年全国所有的合作社数，不过自一社增加至十九社，自十二年到十六年，亦不过增加至五八四社，这不仅数量上过于渺小，分布上偏于一二省区的某几县；而且质量上亦没有多少政治意义。比如就华洋义赈会说，合作社不过是"防灾比救灾更重要"的救灾工作之一，不过是使华洋义赈会变为经常的机关之一方策罢了。

由此我们可以说，具有经济政策的目的，特别是政治政策的目的的合作运动，对于上述之初期的合作运动，虽有不少的人的关系，但完全是民国十六年以后的事。十六年的国民革命军的北伐运动，不单是中国历史上的一件大事，且是整个经济政治的一个转变点。国民革命的打倒军阀和帝国主义的运动中同时发生了。"二五减租"和"土地革命"的激烈的阶级斗争，与缓和和消灭阶级斗争的改良运动。这种改良运动从对抗"二五减租"，对抗"土地革命"，对抗"反帝国主义"运动中的发展史，亦就是和平而又适应于现存各种关系的合作运动的发展史。合作运动既然成了政府的七项运动之一,同时亦就成了"国际技术合作"基本方式,接着亦就为国内的学者和慈善团体认为软性的组织民众之最良方法,亦就为都市资金膨胀病的银行家认为一个新的投资道路;此外,更因利用水旱兵灾的救济:如水旱灾后的长江黄河流域,兵灾后的江西和冀东等地,应用赈粮和赈款,成立合作社的预备社,更加促进了合作社的迅速发展起来了。

我们试看十七年后的合作社的统计数字:

年别	社数	指数	社员	指数
17	933	100	27,000	100
18	1,612	173	……	……
19	2,463	265	……	……
20	3,487	374	65,433	242
21	3,978	427	151,252	560
22	6,632	732	137,638	510
23	14,649	1850	557,521	2065
24	26,224	2811	1,004,402	3720

就上面的统计中,可以看出从十七年到二十四年的七年中,合作社数由933社增加为26、224社,社员由27、000人增加至1、004、402人,换言之,合作社数增加28倍;社员数增加了37倍,似乎是一个惊人的事实。但是,今日的合作运动,并不是自下而上的人民之自动的结合,而是自上而下的引诱和命令。所以我国合作运动的生长,并不是由于农民素富"合作的习惯",自动的生长起来的,而是外来的移殖,特别是由政策的要求,如大公报的一个通信中所说:"合作事业现在有很大的需要,应该竭力推行,可是近年有不少的地方,对于竭力推行四个字,不免有些误解,所以不问是否具备推行合作事业的条件,就由上而下,层层命令,很机械地进行着。甚至一味督责,限期完成,把合作社成立的多寡来课地方官吏的□□。"所以我们必须把握了现阶段的合作运动之政治的意

义远超过了经济的意义这一点，我们才能认识合作社的性质，任务以及它的前途。

三 中国合作运动的状况之分析

我国合作运动之特殊的政治经济的意义和任务，在实际的具体分析上，更能充分的显示出来。

第一，我国合作运动的兴起，既然是由于政令的迫促，或是由于借款的引诱，换句话说，都是利用人民，特别是农民的困难和欲求，自上而下的制造出来的。据农业实验所的调查，合作社的指导机关共有500余个之多，县政府占59.7%，合作事业指导委员会占16.8%，华洋义赈会及银行等占23.5%。具体的说，各省的主要指导机关，浙江省有县建设局，省政府合作事业室，民众教育馆，县政府，建设厅，农村合作实验区合作事业指导委员会等；陕西省有县政府，省党部及合作促进会，四省农民银行，县党部，县农会，棉产改进社，民众教育馆，合作事业局，信用合作社推广委员会等；江苏省有县政府，建设局，农业推广所，农民银行，合作指导所，合作实验区，嘉定示范区办事处，民众教育馆，县党部，上海银行等；安徽省有华洋义赈会，省农村合作委员会，县政府，金陵大学，区公所，农村金融流通处，农业推广所，省民众教育馆，上海银行，中国银行等；河北省有县政府，建设局，农业推广所，县党部，民众教育馆，县农会，华洋义赈会，华北农业研究改进社，河北省棉产改进所，平民教育促进会，华北农业合作事业委员会，中棉贸易公司，合作指导员办事处，区公所等。我们不嫌烦琐的列举各省的指导机关者，一方面以示各种政府，团体以至私人的多方努力，是合作运动所以发展的原因。除县政府以成立合作社的多寡，视为考绩的殿最外，由华洋义赈会以办赈而成立的合作社，计二十年长江流域水灾，从互助社而改组的，至二十三年九月底止，安徽省2402社，江西省626社，湖北省415社，湖南省366

社；二十二年黄河水灾，冀鲁豫之东明，长垣，濮阳，考城，兰封，滑县及菏泽等县，前后被承认的互助社400社；华北战区救济委员会，自二十二年七月至二十三年七月一年中共组织互助社3804社，此即后来改组河北合作事业委员会的基础；其次，银行及贸易机关的直接到农村中的活动亦是合作社发展一有力原因，例如河北大名合作社，二十三年原不过40社，自中国银行直接对合作社放款后，不一年即陡增至300社，又如义赈会第五区十四县，二十三年共有联络社259，二十四年则增至967社。另一方面此种各有立场，目的和系统的指导机关群集于农村后，不仅组织上不统一，办法上不一致而且是互相对立和竞争，或则划分势力范围，或则你争我夺的互争雄长。此种复杂和重复的抢地盘似的合作运动，自然不会因为成立合作司以司行政，和经济委员会以司推广，而就会统一起来的，所以不管合作运动家是贩卖雷发巽式的合作理论，或是根据中国人民富于合作的习惯，而事实上我们所有的和发展中的合作社，不过最大多数是由于政府的督责，银行家的引诱，土豪培养势力，知识分子找出路和农民的好奇心理而来的，其由农民自觉到合作社的意义而组织的，真是百无一二。因此我们也可以说，由上而下的合作社之空前发展，同时，深殖下一个失败的主观因素。

第二，我们再看合作社之地域的分布上，告诉了我们一些什么特点：

省别	二十年	二十一年	二十二年	二十三年	二十四年
绥远	0.04	0.10	0.07	0.14	0.20
甘肃	0.10	0.08	——	0.03	0.12
陕西	0.18	0.15	0.10	2.18	2.55
山西	0.50	0.47	0.16	1.30	1.70
河北	25.43	25.14	16.78	13.21	23.79

续表

省别	二十年	二十一年	二十二年	二十三年	二十四年
山东	2.90	5.07	13.41	16.87	13.86
江苏	45.24	45.20	41.59	20.05	15.54
安徽	0.25	0.65	1.81	9.99	8.70
河南	0.21	0.65	0.6	6.81	6.71
湖北	0.04	0.08	0.42	3.86	4.73
湖南	0.10	0.43	0.29	3.81	3.67
江西	0.43	0.38	6.29	7.36	7.77
浙江	22.25	19.66	17.59	12.24	7.51
福建	0.07	0.10	0.03	0.09	1.18
广东	0.10	0.15	0.19	1.32	1.15
广西	0.04	0.05	0.16	0.05	0.05
南京	0.47	0.20	——	0.11	0.19
上海	0.25	0.05	0.32	0.58	0.46
北平	0.21	0.15	0.10	——	0.02
其他	1.23	1.43	0.33	0.03	——

从上表可以看出合作社的分布是不均衡的，少数的交通便利和较富庶的省区，如江浙冀鲁皖赣豫七省，就占去社数76%以上。这种不均衡的分布的原因，是因这些省区或是作过"二五减租"的斗争，或是做过"土地革命"的斗争，或是生产棉花烟叶的区域，或是受过水旱的灾区。并且占合作社数量最多的省区，其分布状况，仍是不均衡的，如河北省集中于产棉花的西河一带，河南集中于产棉和烟草的区域，陕西省则集中于泾惠渠的沿岸，江苏则集中于稻麦及棉花产地，浙江则偏集于浙西的一隅。

合作社分布的不均衡，和其社员在人口中之地位的微小，从下表之社数及社员数量的比较上更容易看得出来：

省别	二十四年之社数	每市县摊得之社数	二十四年之社员数	社员占人口之百分比
绥远	54	2.8	1,115	0.05
甘肃	35	0.5	2,906	0.05
陕西	671	7.3	6,380	0.66
山西	453	4.3	6,692	0.06
河北	6,240	47.3	135,723	0.48
山东	3,637	33.4	106,143	0.28
江苏	4,077	66.8	138,396	0.43
安徽	2,284	37.4	73,673	0.33
河南	1,761	15.9	100,324	0.31
湖北	1,228	17.3	60,122	0.18
湖南	963	12.5	56,486	0.19
江西	2,038	24.8	131,447	0.71
浙江	1,972	25.9	70,660	0.35
福建	312	4.7	11,678	0.13
广东	307	3.1	23,315	0.07
广西	14	0.1	592	0.01
南京	50	50.0	3,236	0.44
上海	123	123.0	17,193	0.49
北平	7	7.0	1,028	0.06
总计	26,224	119.8	1,004,402	0.41

就合作社之县市的分配上看，上海占有 123 社，江苏平均各县有 67 社，而广西每十县才有一个合作社，有合作社之省区平均每

县不到20社；就社员与人口的比较上看，陕西省的比例最高，亦不过6‰，广西最少，不及1‰，有合作社之省区的总平均亦不过4‰，如以全国总人口计算，更只有2‰。如以社员与全国总户口数比，则不过14‰，与有合作之省区户数比，亦不过2%而已。

第三，再考察合作社社员成分的问题。依过去两年之社员数量之统计，每社平均的社员数为37.8与38.3，换言之，多数合作社社员均在30人以下，尤以年份较久之合作员较新立者为少，例如二十三年之社员平均数为37.8，二十四年成立者则为38.8，足证社员之数量的进步，与社数之突飞猛进颇不一致。我们现在依据二十三年统计处之调查，看一看社员之组成的情形，计农占63.88%，工占7.78%，交通占12.69%，商占5.03%，教育占4.32%，党政军警及其他占6.30%，这种农民占大多数的社员成分，固然相当地表示今日的合作运动，主要的是农村改良运动的一部分之一事实，然而偏于都市及交通界的消费合作社，从不占重要地位，其在合作社总数中的比率，每年均不过5%左右，而信用，运销，生产，利用，购买和兼营合作社，最大多数均在农村中，那末农民在社员中的比率只占64%左右，和商学党政的地位相对的重要，这是社员的分布的广泛，出乎一般人的常识之外，还是合作社操纵在所谓"办合作社"者之手的表现，这是值得我们详细研究的。却看合作社理监事的职业分配的比率：

	农	工商交通	党政军学及其他	职业不明者
理事	72.65	5.10	11.38	10.87
监事	74.84	4.69	7.96	12.51

从这个与社员职业的分配同样来源的理监事之职业分配的观察，似乎农民的比率是增加了，但这不能说明大多数的合作社是在农民的经营之下；因为统计处的调查数字是否可靠，颇成疑问，例如消费合作社的理监事之农民的比率，占到

22.42%与23.49%，而社员的成分中，农民却只占有5.91%，这种比率的差殊太甚，我们只有以材料来源的不尽可靠来解释。其次，党政军学所占理事之比率，较其社员之比率为高，而农民之理事的比率，却较监事的比率为低，这是说明合作社是在党政军学和商人的把持之下的一事实。这种情形，从合作社的会议次数上，更能明显的表现出来；如二十二年中未举行社员大会的占1.38%，举行一次的占43.81%，举行两次的占31.57%；未举行理事会的占1.17%，一次的28.35%，二次的23.96%；未举行监事会的占3.19%，一次的40.80%，二次的21.1%。况且这里所谓业农者，实包含各种不同和对立之成分在内。据华洋义赈会调查河北八县合作社社员经济地位之结果，社员每家耕地亩数，11亩至30亩者约占30—50%，31亩至50亩者约占20—30%，其10亩以下及50亩以上者，虽为数皆较少，而平均则为30亩至40亩。我们知道中国农家的耕地亩数，最大多数均在20亩以下，即以农场面积较大的华北而言，如卜克先生在盐山之调查，平均数为24.5%，10亩以下者占22%，11亩至30亩者占54.7%，30亩以上者不过占23.3%。现华洋义赈会所属社员的平均亩数在30至40亩，则不仅10亩以下之贫农层，排除于合作社之外，即10亩至20亩的佃农，自亦有不得其门而入之叹。又如中国银行在河北所指导的运销合作社，限定有20亩棉田者得入一股，40亩者入二股。此种情形，当不只河北一处如此，如江苏农民银行在盐垦区，对于合作社的放款，毫不重视合作社的信用和其社员之耕地内植物的抵押，而必须以得其地主的保证，为放款及多少之标准。同时，每一合作社的发起，无论是由于政府的命令，银行家的策动或是农民自动的模仿，均必须找着有地位，有信用和有知识的人物来作领袖，而合乎此种领袖资格者，无疑的只限于新旧豪绅而已。

第四，我国合作社之性质的区别和演变可以从下面百分比上看出来：

	二十年	二十一年	二十二年	二十三年	二十四年
信用	87.5	80.1	82.3	59.5	58.8
运销	0.9	1.3	0.9	8.8	8.7
购买	2.0	2.0	1.9	3.5	2.8
利用	0.6	4.8	0.5	3.6	4.1
生产	5.5	7.4	4.4	10.8	8.9
兼营	——	——	——	13.8	16.7
其他	3.5	4.4	10.0	——	——

上面的分类百分比，告诉了我们几点事实：一、从现阶段的合作运动开始，信用合作社终占最大多数的地位，虽其相对地位一年年的降低，但在绝对数上仍是最占优势的。二、为一般农村改良运动者和合作理论家之理想的生产合作社，始终不能占据一个地位；其原因，是很易明白的，即假如生产过程的合作社，没有政治经济的前提和保护条件，甚至没有与大企业自由竞争的权利，虽是小商品生产者占优势，那也不会和不能发展到集团的生产合作的。上表中指出由二十年至二十四年的生产合作社的比率，虽是由5.5%增至8.9%，但是忽增忽减的现象，是指明生产合作社之忽起忽灭的事实的，去年第一次合作会议中，已有的生产合作社均已失败的报告，那自然不是一个偶然的或技术的原因。在现存关系之下，不仅生产合作社是如此，即与生产有关系的利用合作社和购买合作社，亦没有发展甚至没有稳定的存在的必要条件。三、与生产利用和购买合作社相反的，就是运销和兼营合作社的发展。运销合作社在二十年不过占0.9%，二十四年增在至8.7%；而二十二年以前兼营合作社尚毫无地位，二十四年即发展至16.7%，尤足惊人。本来兼营合作社虽可具备各种方

式，但我国今日的主要方式，不过"生产运销"或信用兼运销的两种，换言之，以特种农产原料之交换过程的发展为中心，而支配了运销和兼营合作社，并且使所谓信用合作社也不能不成为买办性的商业政策之工具了。

四　中国合作运动之不能解消的矛盾

中国合作运动是在政治的与经济的，买办的与国民经济的，资本主义性的与封建主义性的，改良的与革命的种种矛盾与对立的基础之上发生和发展的。合作运动的发展，不单没有缓和或解消这种种对立和矛盾，并且合作运动的自身，就是各种对立和矛盾的集合体；合作运动的自身，不但没能力来解决这些矛盾，并且被放在最后清算的地位了。

合作运动中的对立和矛盾情形，主要的是下列各点：

第一，在政府的政策，农村运动者的理想和银行家找寻投资道路的结合之下，际遇时会而制造出来的合作运动，是犯了"先天不足，后天不良"的病症的。以二十二年合作社的分析看，30人以下的合作社要占67.44%，平均53元股金的要占49.24%，合作社的行政费用，有时要占到放款额的15%；据浙江官方的调查，合作社没有账簿的占2.85%，记账不清楚的占42.1%，为多数或少数特殊阶级所利用的合作社占47%，自私自利而无合作精神的占社数68%，所以浙江全省考绩的结果，在丁等以下的合作社有663社，占总社数60.05%，这种所谓合作社质的不良，是一个最普遍的现象。二十四年内，解散的合作社即达1084社之多，就是一个有力的说明。并且不单利用机会粗制滥造的各省合作社是如此，即是华洋义赈会在河北花了十多年工夫，所谓自下而上的组织起来的合作社，亦不能免。今引该会一个考绩的统计表以为证明：

成立年数	等级					未调查者	总社数
	甲	乙	丙	丁	戊		
10	—	—	—	—	1	—	1
9							
8	5	8	6	10	6	—	35
7	6	11	18	13	13	—	61
6	7	8	1	10	5	—	31
5	8	4	13	16	7	—	38
4	20	20	16	11	10	—	77
3	6	12	5	—	2	—	25
2	23	47	27	22	5	—	124
1	—	3	8	4	—	67	84

这个表告诉了一个很严正的事实，即是合作社成立时间愈长久者其成绩愈坏，成立愈近者其考到优等的比率愈高，这是不是指明时期长久愈易暴露其缺点的这一事实？一般人把这种组织不健全归罪于社员的不明白合作的理论，实非症结之言；其实除了政治的和商业各要素外，合作社内部的原因，主要的是少数有地位，有信用，有权力的特殊分子之把持操纵所致。然而少数特殊分子不单是合作社的领袖，并且是合作社之发展的中心人物，而事实上又是不愿和不能把他们排除于合作社之外的。

第二，现阶段合作社的政治意义，远超过经济的意义，自然是一个真确的事实。然而为达到缓和农村斗争的政治目的，却又要籍"放款"来号召。可是当我们考察到政府和金融界的"资金归农"的实际，却觉放款额的又非常渺小而不足道的。二十二年各银行对农村放款为 6、123、711 元，二十三年为 18、786、220 元，这在各银行二十几万万元的放款总额中占不到 1‰，而这还是放款的累积数，尚不是实际数，去年对农村放款据说是更增加了，但据中央农业实验所调查二十四年全国合作社放款额不过 9、956、674 元，平均每个社员不过摊得9.9元罢了。以如此渺小的款项，要把合作社从农村高利贷的束缚下解脱出来，或者在3个月6个月限期归还的条件下，要把借款运用到生产上去，岂不完全成了一个梦想？即以成绩最良的华洋义赈会所属下的合作社说，二十年对社员放款的平均数为25元，而63个合作社之社员1、582人对外负债额为36、106.88元，平均每人负债24、72元，新旧借款适相抵，何有余钱来从事生产？并且银行的放款利率，自八厘至一分二厘，借到农民手里的是自一分二厘至二分，这虽较农村通行的高利贷的利率低——此处且不论农业有无如此高的利润问题，但是层层保证的困难手续，实更限制了最大多数的贫苦农民，决无借到款项的可能。银行家对于社员建立于三四十亩耕地之上的信用，是不信任的；江苏农民银行在盐垦区的放款，要地主出面作偿还保证，上海银行在江宁熟镇的放款，须有八层人和物的保证：一，耕牛；二，入会股金；三，房地契；四，会员保证；五，全体会员连环保证；六，耕牛的保险；七，理监事的保证；八，殷实商铺之承还的保证。无怪农情报告调查借款困难情形有，手续麻烦者占14%，不能尽量放款者占13%，保证困难者占11%，无抵押品者占11%，交通不便的占10%，利息太高者占7%，费时失效和无放款之机关者各占3%。早先以银行借款号召于农民的农村运动家现在已不得不匍匐于银行家之门而仍不能不失信于农民了。所以有人说，信用合作社已成了银行的农村出帐所，实系一语破的的说法。银行的此种层层之人的物的抵押放款，不特抵消了它的资本性的放款之进步的意义，并且迫使农民更紧密的束缚于地主商人和高利贷者之势力下。银行家地主和商人的新结合，一方面阻止资本主义性的合作社之发展，另一方面埋伏下了地主商人有一天不愿作证人和没收一切抵押品的危险。

第三，在银行家殖利的目的之下，自然只图放款的竞争和保证，不愿合作社之健全的发展和所谓合作金融的建立，事实告诉我们，不仅信用合作社已变成了"出张所"，即运销合作社亦已等于旧式商人的介绍机关。本来我国运销合作社所谓将农产品自己运到终点市场的工作，常常是作了外国在华之进出口洋行的直接工具，而自前年棉花受国际市价的影响，运至终点市场的棉花反而低于农村价格的结果，农民对于合作社已完全失去信仰。所以中央棉产改进所运销办事处在陕西的工作，完全没有受运销合作社委托运销的业务，只有改用抄庄办法，即由运销处委托合作社用现金向社员收买棉花，合作取每担一元之佣金；或实行定买办法，即运销机关向社员或非社员预期定购棉花，先付一部之花价，限期花价两清。如此看来，此种由西欧贩卖来的合作办法，已经退步到旧式商人之经营的窠臼了。

第四，以上所说到的合作运动中的矛盾，不仅无法和无力来解决，并在高速度的发展中。因此，合作主义者高唱的第三条经济制度的道路，事实上已经证实为完全的梦想，同时改良主义的政治意义，在其微弱的影响上，又已开掘了毁灭道路。合作运动的任务，本企图抹杀和冲淡农村经济中的生产工具分配问题，生产物分配问题以及帝国主义的侵略和封建的超经济剥削等问题，而在农村金融的流通上，商品的交换上，以合作的方式，把社会内部的矛盾，民族战争的矛盾，变为国内和国际的和平协作者。然而合作运动的本质上，既并不消灭社会内部的矛盾，反而要增强了它。而事实上夸大枝节的金融问题和运销问题，是抑制不了根本问题的提出和发展；并且因为离开了根本问题，枝节问题亦无力和无法实施的结果，反而使农民以至合作运动的实际干部，深深的触到农村与整个民族问题的关联与焦点。其次，因为合作制度对于现存封建势力，特别是对于帝国主义经济的和政治的侵略，毫无抗卫的能力，只有适应的特性；即使谈谈农业技术的改良，亦不能不从恢复和发展封建的精神和道德中求庇护，更不能不从帝国主义侵略势力下求残存，故结果，不论意识的或非意识的，客观上都不能不作了封建意识的续命汤，帝国主义的保卫队了。

五　结语

在我国经济的落后和政治的畸形之状况下，这样发生和发展起来的合作运动，虽其充满了对立和矛盾的关系，亦不是说其再没有暂时持续和更发展的可能，如果我们国家继续向着殖民地化的道路走去的话。但是经济的危机，特别是民族危亡的危机，逼使我们不能不对改良主义的合作运动作一彻底的清算。这种清算，已经不单是理论的批判问题，亦已是事实的批判问题。不扭曲，不夸大，客观地分析并把握了此时此地的中国以及此时此地的经济改革运动的性质和任务，一切部分的技术的改革，要放在争取整个民族和社会的自由平等的前提下；并且将一切部分的技术的改革之本身，视为民族斗争社会斗争的一个步骤，一份力量，一个壁垒，那么我们才能有热情和力量来争取一个光明前途的可能呢！

关于土地村公有的

按劳分配的土地村公有之批判

李紫翔

一

太原绥靖主任阎锡山先生提倡的"土地村公有"主张，是近来农村改革运动的论坛上热烈讨论的一个中心。本来中国现阶段的农村改革运动，已形成两个主要的相互对立的主张和潮流：一个是由民国十五年国民革命军北伐运动所发展出来的"土地革命"运动，主张由平均分配土地而达土地国有之目的；这已成了中国共产党的主要政策之一，并已为它在"苏区"中试验地实行着。另一个是技术改良运动，主张在不变更现社会的生产关系下，从事于农业之生产，流通及金融的改良，并打算尽量的取缔旧式土豪劣绅对于农民超经济的剥削，以谋地方经济或国家经济的复兴。从国联的技术合作到"乡村建设"运动，都是属于这一范畴的。这种农村改良运动的历史，虽然可以远溯至清末的"村治"，"五四"后的"新村"，和"平民教育"，然而它的客观根据和意义，却是以对抗"土地革命"的簇新姿态而出现而发展的。"乡村建设"的理论家梁漱溟先生说得好，"乡村建设运动实为一种农民运动，或造端于农民运动者，要在启发农民自觉，促成农民组织，培起其自身力量，解决其自身问题，——所不同于过去之农民运动者，尽在不分化乡村而视乡村为整个的，不斗争破坏而合作建设。"至于阎先生的"土地村公有"论，则无疑的是受"土地革命"运动之威胁，与"乡村建设"运动之失败的形势中，所产生的第三条道路的试探。

阎先生在给中央政府的呈文中，曾说到必须实行土地公有的理由："年来山西农村经济，整个破产，自耕农沦为半自耕农，半自耕农沦为佃农雇农，以致十村九困，十家九穷，土地集中之趋势，渐次形成，……"就这一部分的意义说，阎先生的论据，似乎并未跳出一般"乡村建设"论者的范围。然而阎先生一方面指出"农村经济，整个破产，自耕农沦为半自耕农，半自耕农沦为佃农雇农，以致十村九困，十家九穷，土地集中之趋势，渐次形成"，他又指出中央主计处统计局发表，山西佃农占农民14％，半自耕占农民20％，自耕农占农民66％的统计之实际的错误，"唯自耕农中则未将雇农分析出来，山西人民向多在外经商，家中所有土地，多系雇人耕种，即自耕农之土地稍多者，亦多雇人帮工，约略计之，当占自耕农数中三分之一左右，若连佃农半自耕农统计，当占农民半数以上，加之以自耕农中，亦非土地全为自己所有者，与人半耕者占多数，此项半耕农，即系贫农，若将贫农与佃雇农合计，约在十分之七以上"，因而从"农民只知要求土地"的事实的认识，承认解决土地问题为中国今日农村问题的主要课题，并且是山西现存政治制度的存亡关键。另一方面，阎先生很巧妙的默认了十余年来努力完成的"村治"制度之破产，指摘了一般流行的抹杀土地问题的农业技术改良运动，对于挽救农村经济破产和政治制度之崩溃之无效，由此意义言，阎先生的"土地公有"本质上虽还是一种改良主义，但较之流行的"农村建设"运动，不能不说是百尺竿头进了一步罢。

二

阎先生的土地村公有政策，被认"为釜底抽薪之根本办法"的，然而另一方面又说："土地村公有，即是按劳分配之一部分的实施，与中国古代井田制度之意义相同。"所以我们为要彻底了解土地村公有的意义，应该对于他的按劳分配的根本理论有一个明了的认识。

阎先生以"经济性的社会革命"之姿态而强调地主张"按劳分配"的理由是："现社会经济制度，有两种主要病象：一曰经济病，亦可称生活病，表现于劳动不以产物为目的之现象。二曰社会病，亦可称制度病，转化为分配不以劳动为标准之事实。前者为拜金主义之关键，致使人群经济生活，颠倒困苦；若劳动者失业，若经济恐慌，若经济战争与经济侵略，类皆由此而发生而扩大；语其病源，系由交易单独发展而来者，故病根在金代值二层物产制，亦可谓之交易病。后者为剥削关系之动因，致使人群社会制度，紊乱不堪；若资产生息，若贫富悬殊，若劳资对立与阶级斗争，类皆由此而生成而发展；语其病源，系由资产不分，劳动与享受分离所致，故病根在私资有按劳资分配制，亦可谓之分配病。"因此主张"废除金代值是医治经济病的经济革命，而物产证券，正为此经济革命之对证良药，……废除资私有是医治社会病的社会革命，而实行按劳分配，正为此社会革命之唯一方策。"在此我们须注意的，阎先生多元的社会哲学的观点和他孤立地视察和解决社会机体的各个问题之方法论，不仅"金代值与私有二者之于现社会，正为两种病症之集于一身，两种病症之病源不同，病之征象亦异，当然疗病之法，亦不能彼此混误"；虽"亦有其一贯联系之连环性与一般性"，但"其间固无按劳分配为物产证券之先决条件，亦无物产证券随按劳分配之实现而实现的必然关系。"（物产证券虽系阎锡山主义之一重要部分，但在理论上与实施上既可以划分为无关的两件事，本文中自可置而不论。）并且将私有制度下的资产作为两个独立的范畴去考察，两个相反的态度去处理了。却看阎先生说："资私有按劳资分配制之最不合理处，在于未分清资产，更强使劳动与享有分离，盖资私有按劳资分配制下，生产用具之资，为资本者所占有。生产须劳动与资本，劳动者遂不得不依靠他人之资，从事劳动，以求生活，资本者却可藉此伙分劳动者劳动结果之产以度资息之奢侈生活。于是分配不公道，劳动不合人情之剥削分配制，于焉成立。殊不知资供生产，含造化性，当公有，以便分配工作；产供生活，含人心性，当私有，以便奖励劳动。资与产之效用不同，宜公有私有，显然亦异，明是两件性质不同之事，强合而为一，是应二处强为一，焉能不发生人群之罪恶。加之，生产需要劳动，用产属于享有，是劳动与享有本为一件事之两面观，不应分之为二，合资本者藉资生息，不依劳动定享有，施行剥削，强使劳动与享有分离，是应一处强为二，人群罪恶焉得不更扩大。资私有按劳资分配制之所以为造成强盗杀人扰乱损产等罪恶之根因者在此，资私有按劳资分配制之亟应改良者亦在此。"按阎先生的"资"与"产"之定义，是决定"物产"之使用性质，凡是供生产手段之用者皆为"资"，供生活与贮藏之用者甚皆为"产"。所以在供生产的场合，资本，土地，工厂，机器等固为"资"，即米麦布帛等亦为"资"反之，在供生活消费的场合，米麦布帛等固为"产"，即在物物交换，各供生活需用之场合，亦仍是"产"，而机器，货币金银等，如采取贮藏之方式，以备将来转换生活之需用品，亦仍是"产"，而非"资"也。又说："废除资私有实行按劳分配，则资应公有归公，补造化之不逮，以便分配工作，适于生产；产应私有归私，补人心之不逮，以便奖励劳动，适于生活，且劳动与享受合一，分配合乎公道；以享有励劳动，劳动合乎人情。岂惟资产生息贫富悬殊；劳资对立，阶级斗争之人群缺憾可以补救；实合乎分配以劳动为标准之至意，强盗、杀人、扰乱、损产等罪恶，可以永不发生，不公道之剥削分配制可以永久革除。如此则分配上之病根，与大社会制度之病象，统可彻底扫灭，而所谓人群社会之永久合理制度，亦自稳固建立。此之谓实施按劳分配之社会革命。"此种所谓社会革命性的按劳分配之实施，"应由政府决定先后缓急，将耕地工厂，或先行统制而后收买，或先行节制而期渐进，或竟断然而收之；或以公债收买，或以盈利收买；或先工厂而后土地，或先土地而后工厂，总期以政治之方式，和平之策略，而达到此目的。使国人咸知实行斯制，以保社会之安全，为救危亡而复公道，非强取人民已有之财物。"照这样看起来，阎先生是已有了"资公有按劳分配"的整个理论和目的，但其"按劳分配制"为什么仅限于土地之村公有，而对于工厂和房租利息等等，仍然保障其私有呢？这固然可以说中国还是一个农业社会，"在今日之中国，顶大是土地问题，顶难的也是土地问题"；最主要的原因，一方面是孤立地解决问题的方法论，阻碍了进一步的了解和实行，另一方面是因客观的环境逼迫出来的。

在这里，我们必须简单的指出阎先生"按劳分配"理想的几个主要特点：第一，他的理论的出发点和最高标准，完全建立于伦理的主观意识上。根本否认物质的生产力是社会关系的生产力这一回事。譬如他说："吾人主张之根据，全自认识，认识错误，则主张之根据，完全动摇，吾人考诸今日之事实，限制生产能力发展，非资公有资私有之生产问题，乃交易媒介之金代值问题。今日只可谓金银货币有崩溃之必然性，而不能谓资私有制度有崩溃之必然也。……吾以为资公有早就该产生，今人若不努力今日仍不能产生；资私有非今日要崩溃，根本就不该产生，吾人若不努力，今日仍不崩溃。"阎先生由"该不该"的伦理的评价出发，而且并悬为社会哲学的最高原则之结果，使他根本地否认人类社会的进化，并否定社会经济之每一阶段的进步意义。虽然他亦注意到客观条件的"能不能"，甚至于他并承认"一切大事之能否实行，皆有主体客体与时空上之条件，若主体客体时空有所不许，虽该不能。"然而这不是最基本的法则，最基本的法则，乃是人事界及人事界内，各个范围，普遍适当的抽象的超时空的当然准则的"母理"，此种"母理"，是"弥沦宇宙放之四海而皆准"的。具体的说，"母理"者，是人类在不可知的"无因之因"的"生"之"最高母理"下应用到"人事界"各种人与人的关系，换句话说，即是伦理的准则。这里再引他自己的话来证明："我不知道商鞅废井田何以能使秦强，是不是将公田卖成几个钱？如果是卖成几个钱，是不是等于精神之兴奋剂？至谓王莽复井田而速其亡，其间实有他政治关系，不能谓为仅系复井田而使然；即令谓因此而亡，亦可谓其系因只依该不该而行，未就是不是看能不能之故，不可因其亡即断定其不该。果如此即等于弱翅高飞。兴奋剂有损在将来，弱翅高飞，受害在目下。资应公有无时代性，不应私有亦无时代性。即使井田被暴君污吏所坏，亦应整理而恢复之，不当就那弊而废除之"。因此，阎先生根据了"资应公有无时代性，不应私有亦无时代性"的不变原则，一方面否认了资产私有制度之历史的因果性，必然性和进步性，同时他所主张的"按劳分配"的"土地村公有"制度，亦是无因果性无进步性的"井田制度"之复活，换言之，他的整个理论，完全是一种复古的空想社会主义罢了。

第一，阎先生"资公有"的"按劳分配"无疑的对于"按劳资分配"的私有制度的某些罪恶，加以无情的指摘，特别是对于私有制度的神圣观念，给了某些破坏作用。亦就是在目前的土地问题的论坛上所以遭受了反对的原因。然而所谓合乎生产合于人情合乎公道的"按劳分配"，与社会主义主张资产皆公有的"尽能取需"是有本质的现实的差异的。成为现社会经济制度之病根的私有制，"私资"与"私产"决不可分成两个孤立的范畴来考察和解决的。"私资"的发展，固然促进了"私产"之扩大，但是探本寻源的说，所谓犯了强盗杀人扰乱损产四大罪恶的"私资"，完全建立于"私产"的基础以上的，没有"私产"，那会有"私资"，既承认有"私产"，自然会产生各种形式的"私资"，此在理论上使阎锡山主义陷于莫可调和的矛盾。但是进一步的研究，此种矛盾，却正是阎锡山主义的精粹和效用。因为"产该私有"，就可以使现有大财产者合理而又合法地得到永久的保障；资既公有，就可以使蠢蠢欲动的被剥削者获得若干利益，即使是不能兑现的支票，亦可以松缓被剥削者的心灵与意识。并且，资虽公有，而公有之支配，一方面"知能大的做多，多享有，知能小的做少，少享有，巧的巧做，照巧享有，笨的笨做，照笨享有"，此种知能巧拙的划分的意义，自然是不利于一般劳动者的生活享有，反而有利于某些特殊地位之多享有享受的；另一方面，此种"经济性的社会革命"，不仅是固执地拒绝一个相当的政治改革，而且只在藉以稳固并扩大半封建性的政权之势力；所以不仅易经济剥削之手段，而为政治剥削之手段，即政治剥削之最后结果，亦必仍归于某种分子之私有。由此以观，"按劳分配"的本质和实际意义，与其说是含有某种空想的社会主义的色彩，倒不如说是一种社会改良政策罢了。

第二，阎先生说："我是负政治责任的人，所知道的是政治上实际之需要，并未专门研究社会主义，所以我主张土地村公有，当然不是自社会主义家得来，而是由今日政治实际需要的感觉得来。"阎先生的主张，相当的受了世界社会主义之潮流的影响，特别是受了隔河相望共产党所行之"土地革命"的严重影响，自无疑义的。然而此主张的立场，是应付目前实际政治的需要，却是十分确实的。唯其是在应付目前实际政治之需要，所以不仅消极的解脱了山西封建性的政治剥削对于经济恐慌之主要原因之一的责任，并且积极的伸张封建性的政治统制与剥削到生产流通金融和财政的一切部门。很显然的他的主要目的，是在企图将山西的经济改造到更适合于村治制度的地方政权之统治。不仅如此，同样的因为实际政治之需要，阎先生十分著重"求得友邦之谅解"，他不仅证明"物产证券"与"按劳分配"毫无经济侵略之意味；反之，恰可增加被经济侵略的能力。今引问答第六十一的一段："所谓不平等条约，系指何项不平等条约？若不专指某项条约，而统指在华之租借地，商埠租界，片面之最恶关税，领事裁判权，内河航行权等，假使推行物产证券，违反此等条约，当然受条约之束缚，或虽不违反此等条约而不能超脱此等条约之束缚，亦当受其束缚。推行物产证券，既不违反此等条约，且超出此等条约束缚之外，当然不受其束缚也。此就条约之意义而言，……再就其心理言之，在我国推行物产证券，原为打破此限物产金代值之二层物产制，以扩开造产途径，尽吾人之人力与物力，以发达产物，供吾人自用及与友邦互通有无之用。此为吾人自利利人，人类应有之自然心理，友邦应无不同情之处。即使列强认我为奴隶，奴隶为谋自身之强壮，正所以培养其体，以增加奴隶之服务效力耳。"上面一段话，虽系指"物产证券"言，但亦同样的可以说明"按劳分配"的"土地村公有"之与国际的关系及其意义了。

三

阎先生拟定的土地村公有办法大纲之要义，可归纳成下列几点：

一、除宅地坟地外，举凡私人及祠庙之田地山林池沼牧地等，均由村公所发行无利公债，估价收买全村土地为村公有。

二、由村公所就田地之水旱肥瘠，以一人能耕之量为一份，划为若干份地，分给十八岁至五十八岁之村籍农民（妇女在原则上不分地）耕作，并在适当期间将份地重行划分。

兵役期内之耕农，其份地由本村耕农平均代耕。

死亡，改业，放弃耕作，迁移及犯罪之判决者，收回其耕地。

未分得份地之农民，由村公所另筹工作，或移往田地有余之村，其无耕作能力者，则由村公所另筹抚养办法。

三、农地经营，如得村民大会议决为合伙耕作者，即定为合伙农场。

耕农得使用雇农，但雇农应以其他耕农之有暇力及余力者，十八岁以上五十八岁以下之男丁，及劳动年龄内之女子。

四、村公债还本之担保，为1%之产业保护税，不劳动税（比照耕农劳动所得税），30%为基之累进利息所得税及耕地收入十分之一之劳动所得税（耕农以外的劳动者征收百分之一为基之累进所得税）

五、推行之初，耕农对省县地方负担仍照旧征收田赋。

阎氏的这种土地村公有纲领，成为目前论坛上批评的中心，是非偶然的。第一，由于客观事实的发展，土地问题的如何解决，已被一般人认为国民经济的兴败和农村动乱的主要关键，特别是"精神复兴"与技术改良的乡村建设运动，已被证明为失败和无前途以后。第二，国民革命运动中产生的土地政策，一开始即有私有公有之争，不过关于土地公有的一方面，一向由中国共产党以"土地革命"的口号实行着，因为国民政府的反共政策，致使数年来在论坛上亦是形格势禁的不能对土地公有或私有的问题，作科学的研究与批判。现在阎氏以国民党中央委员和实际政治责任者的地位，竟能大胆地超出土地法和"耕者有其田"的范围，痛斥私有制的罪恶，主张土地公有为合乎生产和公道，这自然对于一般人所欲维持的私有制度和观念，给了一个有力的打击，虽然阎氏还是坚决的拥护产私有，而"资公有"亦只仅限于土地一方面；可是无论土地村公有政策的本身有多少该受批评和反对的地方，就这一方面言，它却显示了一个进步的意义。自然这一个进步的意义，仅是属于阎氏之非意识的客观方面，他的主观上以及土地村公有政策的实际上，恰是与进步相反的复古和保守。

第一，中国土地问题的解决，当然首先在大多数贫困农民之生产要件的土地之取得，但是此种土地的合理的重新分配，必须在促进农工业的机械化生产之目标下进行的。换言之，中国国民经济之主要部门的农业经济的改进，不是小农经营的遍地复举，而是农业工业化的赶上并超过先进的资本主义国家；同时，要在帝国主义与封建势力的双重束缚之下解放出来，唯一的道路，只有实行土地国有政策，一切改革或过渡的办法，都要向着土地国有的方向走。反之，阎先生的土地村公有的主要精神，恰是开倒车的"井田""均田"或俄之"米尔"德之"马克"等已被历史淘汰了的村共同团体之复活。虽然阎先生说，村属于县，县属于省，而省属于国，所以村有，实际上即等于国有，其实这不过是文字的诡辩罢了，实际上会是完全相反的。因为土地村公有政策的目的，是在造成一个农民固着于土地的"群生组织之基础"的村,换言之,一个独立性的经济单位。阎先生的真正目的,不仅在弥补共产党活动的一个大空隙,更在将一百二十万耕农变成钉在土地上稳固的钉子,一万二千个编村变成散布在四境的,现存政权之堡垒。虽然村经济自治的企图,和他政治的绝对主义间,埋伏了一个大矛盾,不过这个,在事实上,将只是更使其走向顽固的复古而已,如果这个新的乌托邦之企图能够实现的话,那不是古代的落后经济政治之复现么?阎先生或者要强自辩解的说,他主张"合伙农场"的经营,其实这是一句空话,并且此种"合伙农场",亦不过是古代的共同耕作,而不是近代集体经营。总之,土地村有的实行,是会阻碍农业的工业化,并且亦是工业及商业之发展的一个绝大阻力。

第二,反进步的精神,亦表现在土地的分配上。他将占人口半数的妇女完全排除于生产成员之外,仍使她们作一个永久的家庭的奴隶。至于以一人能耕之量为分地的标准,而不以人口及工作能力作标准者,据说是不减少耕农生产力的。然而把人民的半数以上处于无业和失业的状态中,正是私有社会的罪恶之一,而所谓"按劳分配"的永久社会制度,仍然不能解决失业问题,岂不完全失了"经济性的社会革命"之意义?况且村公所决无力为无份地之人民谋取各种生产事业,藉曰能够,其结果非走村自足自给经济不可。而此种村自足自给经济之恢复,除了使各村相互对立和争斗以外,就只会使山西经济退后几世纪的。

第三,实施土地村公有的动力,不要民众的自己力量,唯一凭藉的是政权。无疑的此种政权不外是地主豪绅的世袭产业,自村公所以至省县政府,都是建立于十分之三有资产的人口"富民"身上的。所谓雇农佃农及地主合组的评价委员会,佃雇农实是处于非常不利的地位的。本村人虽然熟悉于本村事,然而无知无钱的佃雇农,是不能为其自己的利益而反对地主的。比如利息不得过百分之二十的法令颁行以后,实际上有几个借债的农民,不仍以各种各式的方式借用法定利率以上的高利贷呢。反之,农民的得到份地,虽不容易，而其失地，却是容易的。大纲中规定五种收地的条件，特别是所谓犯罪之判决者几乎是贫苦农民最严重的一种威胁。

第四，农民要以很大的代价转买"罪恶"之累积的土地四十年使用权。关于收回村公债之担保，其中所谓产业保护税，不劳动税及利息所得税三项，全是在山西所不能实行的。此种税收，大都集中在城市，而村公所是无能为力的。况且就利息所得税说，高利贷者并无公开的会计，而债务者又不能并不敢提出证明的，所以结果十分之一的劳动所得税，恐将成为唯一的担保，其次，农民的代价，虽出得很大，农民的利益，却远不如其宣传之甚的。据阎先生计算，现在佃农只能得收获物三分之一，三分之二交与地主，但地主要以三分之一，作为种子肥料及农具之费用，另外尚有田赋之负担。假如佃农获得一份地，则其收获物的三分之一，作为种子肥料费，十分之一劳动所得税，田赋包括正税，省附税县附税及摊派等等，恐亦须占去产物的十分之一二。如此看来，每个佃农仍须将其收获物的十分之六被剥削而支出了。况且佃雇农尚须以现金或公债来购买农具种子等等呢。所以土地村公有对于佃雇农除了心理上的安慰外，是不能幻想的改善他们的生活的。

第五，阎先生说他的土地政策，不专为穷人设想，同时更为富民谋永久的安全。其实富民以土地所有权，换取了十足地价的公债；据计算公债每年三十分之一还本的收入，决不少于地租之纯收入，况且阎先生又已研究怎样使公债可以流通和生息的办法。这样一来，富民不但没有丝毫损失，而且增加了高利贷的收入了。假如把这样的情形设想一下，不难推想到一百二十万耕农，变成怎样固着于土地的奴隶，而富民则成吃利息的高利贷的资本家。

最后，我们还要指出的，由于土地村公有政策之内在的矛盾，由于违反时代进步的复古性，并且由于不变更整个经济和政治组织系统之下，单独进行土地的村公有，即是阎先生"公道主义"的部分改良的温情政策，是没有科学价值的，而且被决定了不能在全国实行和其必然失败的命运。

四

阎先生亲自带去南京的土地村公有政策,已经无限期地搁在立法院的档案里了,然而我们不可说土地村公有办法,不能在山西作一部分的试验。自然这不是说我们应该相信阎先生的"有志者得到改造之大权"的奇迹,……未尝没有暂时的说服农民和富民的可能,而来试验一下乌托邦的理想。因此,我们就可以了解阎先生像煞有介事的在五台等村,实行真调查,假分配,并规定自二十五年一月至六月为调查时期,七月至十二月为分配时期等,实际上最努力的无疑的还在保卫团之设立。不过无论如何,由于土地村公有所招致的"富民"与"穷民"之警觉与矛盾,终必使其很快地走上失败或改变的一途的。

总之,阎先生的土地村公有政策,虽然有其进步的一面,然而本质上终是一种开倒车的温情的幻想。采取他的进步的一方面,废弃他的反动一方面,实行国有土地的彻底改革,才是我国土地问题的一条大路。

(原文载二十五年一月十一日天津益世报农村周刊第九十七期)

土地村公有方案的实际意义

叶民

一 两种势力夹攻中的山西

一九三五年七月二十二日太原绥靖主任阎锡山在绥靖公署和省政府纪念周上报告道："全陕北二十三县，几无一县不赤化，……现在共产党力量，已有不用武力即能扩大区域的威势……全陕北赤化人民七十余万，编为赤卫军者二十万赤军者二万……"（大公报一九三五年七月二十三日）。如今整个陕北二十三县除榆林，米脂两县以外，几乎完全在红军势力之下，并且关中的一部，陇东的一部，绥西的一部也常有红军出没。陕北的赤区中心地带如延长，延川，清涧，安定，安塞，肤施，保安，靖边等等县份同山西中部仅仅一河之隔，在任何时期都有渡河向山西进攻的可能。如今山西各县共产党莫不等待机会，以图发动。……山西虽有七万五千人的军队，但是都过惯了太平日子，战斗力并不强，不能做红军的敌手。对于这一点晋阎颇有自知之明，所以他在"土地村公有办法大纲"的说明中曾说道："江西之共，竭国家之全力，费时数载，仅仅灭之。西北农村破产，十户九贫，地广兵单，封锁不易，赤祸蔓延，似非此少数兵力所可封锁"（行政院农村复兴委员会社会《经济月报》二卷十期专载）。……

在另一方面，如今在山西的太原，绥远的归绥，和包头等地，日本军队都设立有特务机关，经常有武官驻在，监视着我们的长官们的行动。日人在包头且建筑有无线电台,以便日本军队彼此互通消息。绥东的集宁已经在代表日本势力的满洲军队的掌握中;整个绥东各县已经间接直接地在日本势力的支配下。山西全省也早已在日本参谋部的开发计划中了。

　　日本军人对于山西政治的影响如何,我们更可以从下面的事实中看出来:以前日本人的势力还没有到察绥,因此同蒲路造到平原以后,他们就不准山西当局再向北建筑。现在因为他们的势力已经深入察绥因此又迫着山西当局迅速完成平原至大同的铁道,并且要把同蒲路和正太路迅速改成宽轨。

　　目下山西就夹在红军和日本军两种势力之间。据说,红军方面曾向山西当局建议,联合政府军队共同抗日,而日本军部方面也要求山西当局建立共同防共战线。山西当局处在此两条歧途之间,到底何去何从呢?根据攘外必先安内的原则,自然先决定"九分政治,一分军事"以全力来解决防共问题。……

二　土地问题在山西

　　许多名流学者们都认为土地问题在黄河流域并不严重。……至于在山西,土地问题更不成其为问题了,但我们相信身为绥靖主任的晋阎对于这问题总不至有什么夸大的嫌疑。在他的"呈国民政府请由山西试办土地村公有制"的原文中曾说道:"年来山西农村经济整个破产,自耕农沦为半自耕农,半自耕农沦为佃农雇农,以致十村九困,十家九穷,土地集中之势渐次形成,……根据绥晋农村建设协进会《农村建设》杂志第三第四两期中所发表的崞县六村,榆社七村,屯留长治五村的材料,已经可以表示山西土地集中的一般情形:

		崞县六村	榆社七村	屯留长治五村
30亩以下	户数	363	299	536
	%	48	51	86
	亩数	3617	3515	3735

续表

		崞县六村	榆社七村	屯留长治五村
31至50亩	%	15	16	39
	户数	218	168	46
	%	29	18	7
	亩数	7526	6478	1660
51亩以上	%	32	30	17
	户数	175	125	44
	%	23	21	7
	亩数	12720	11438	4154
	%	53	54	44

晋北崞县六村有地51亩以上的村户占村户总数23%，而占所有地总数53%；反之，有地在30亩以下的村户占总数48%，而所有地只占所有农田总数15%。前者每户平均有地73%，后者每户平均有地10亩。后者每户平均所有地仅有前者的14%。在晋南之榆社七村的土地分化更加尖锐化。有地五十一亩以上者占村户数21%，而占所有农田数54%。有地30亩以下者，占村户数51%，而占所有农田数16%。前者每户平均有地99亩；后者每户平均11亩。后者每户平均所有地仅有前者之12%。但更南之屯留长治五村，其集中程度更比榆社厉害。这五个村共627户，有田9549亩。这里面有田51亩以上的，共44户，仅占村户总数7%，但是有田4154亩，就是占农田总数44%。有田30亩以下的，共536户，占到村户总数86%。而仅有农田3735亩，占农田总面积百分之39。有田51亩以上的平均每户有田94亩，而有田30亩以下的平均每户只有7亩。后者每户所有地只有前者之7%。

因为限于材料的缘故，这是仅就村户中的土地分配而论，但土地分化之尖锐就已经如此。实际上很多的地主尤其是地主中的最大的，都不在村里居住。仅仅调查村内住户的田权分配，实在是有意粉饰土地集中之实在情形。例如根据一九三四年国民政府行政院农村复兴委员会陕西农村经济调查团的绥德四个代表村的调查材料，村内地主所有田地仅310.7垧，然而在这四个村里面。实际上地主所有田地的总数却有1539.5垧。即是说，村内地主所有田地只占地主所有地总数的五分之一。故此实际上，山西土地分配的两极化程度必定远过于前表所说的情形。

即就另一个关于屯留全县土地分配的约略估计（见高苗屯留农村经济实况，《农村经济月刊》，二卷三期一〇一页——一〇九页）所告诉我们的土地集中程度也较前表为强。我们把这估计数字加以统计之后，可以列成下面的表：

户口%	土地%	每户平均所有亩数	指数
地主富农	1.9	33.3	583	100
中农	68.3	61.4	30	5
贫农	29.8	5.3	6	1

根据这估计，屯留贫农每户平均所有的田地只占富农的百分之一。

但是上党（屯留长治等山西东南各县的总称）并不是地主多的区域。在山西地主最多的区域在太谷，平遥，祁县，介休，榆次，徐沟，忻县，定襄，五台，代县等县份。这几县有很多出外经商的富户，家家有百亩以上的田地招人耕种。这里的居民成为不是有地不耕的地主，便是种田而绝无田地的佃户。例如在忻县南湖等八个村里面，一方面有占村户43%的地主，另方面有占村户40%的纯佃农和5%的半佃农，自耕农只占村户12%。在这几个县份，所有土地几乎全在地主手里，与绥西临河相仿。所不同的就是在临河多大地主，但这里多中小地主。

在山西最北部的天镇，阳高，大同等县份是代表长城外的非垦殖区的一般情形。有田地的占全人口57%，无田地的雇农佃农占31%，其它人民占12%。10亩以下的贫农占户口41%，自耕农占

30%，其余29%是地主富农。占户口41%的贫农只占8.5%的田地，30%的自耕农占田地15.5%。其余总面积70%的田地全在29%的地主富农手里。这里土地集中的程度比了绥远西部的安北五原临河是不及，但和绥远东部察哈尔西部相仿，比较已经是很集中的了。在长城以南的山西西北各县，地权较不集中，东南较集中，但最集中的便是太原南北的商人地主区域。全山西的政权都在这许多人的手里，而这次所提出的土地村公有方案也就是代表这一部分人的利益的。

三 山西的租佃和雇佣制度

在这里，我们顺便讲一讲山西的地主，富农怎样得到劳动力来耕种他们底土地的办法。山西的地主富农，当然和其他各省的地主富农一样，他们的土地全靠别人家的劳力来耕种。但山西北部的地主和富农，大多数并不采用普通的雇工制和普通的租佃制。他们所采用的却是一种当地所说的"伙种制"。这种"伙种制"在一九三一年以后更为流行。因为地主们觉得在现今洋米输入激增，粮食不值钱的时候，雇工耕种是不很值得的。照"伙种制"的办法，地主们供给种籽，牲口，肥料，和一部分农具，招农民来耕种自己的田。这种农民在当地被称为"受苦人"。这种"受苦人"随身带有自己的锄头和镰刀。他们全家住在地主家里（如果地主是在本村，那么亦有住在自己家里的）。他们吃的粮食也大多是向地主借来的。平日他们除了为地主种田以外，还要帮地主家里做各种杂事，如当跑腿送接亲戚等。至于天天担水喂牲口等当然更是他们的分内事情了。如果他们有事出外，那么这些事情就要他们的女人代做。"受苦人"这样受苦了一年之后，可以分到四分之一至三分之一的收获，其余四分之三至三分之二的收获和全部柴草都归地主所得。一个当"受苦人"的壮丁种了五六十亩田地，才勉强可以维持一家二三口的生活。如果是年老病弱的人只能耕种二三十亩，那就决不够维持生活了。有时候，"受苦人"可以养些猪羊鸡等作为副业，但是先要得到他们主人的允许。每年八九月间是地主与"受苦人""讲地"（即是双方订立条件）的时期。讲地时，并不写书面契约，只是口头约定。每年十月间，新的"受苦人"搬来，旧的"受苦人"搬去。所订耕种期间并无一定，双方同意时可以延长，不同意时，便一年了事。

在山西南部的河东一带，在一九三一年以前，是用长工耕种，以后出租的渐渐增加。租种办法普通采取佃三主七或佃四主六的分租制。种籽由佃主定各半出，牲口，工具，肥料由地主独出。

在上党一带地主富农很多雇佣长工来耕种。一部分田地主，以定额租的办法出租给农民耕种。普通租额是每亩五斗，大约占到田地产额的十分之五。在这里，一切农本都是由佃户独出的。

在山西中部，地主田地出租的很多。种籽，肥料，农具由佃户和地主各半拿出，牲口是佃户的。这里，在以前是用定租制，自一九三一年以后，逐渐改为分租制，地主拿收获的十分之六至七，佃户拿十分之三至四。

在河东地方，长工工钱二十六七元一年，地主供给长工饭，烟，住宿和被枕（但不能够带走的）。在上党一带，长工工资每年为二十四五元，饭食，住宿，烟草由主人供给。在山西中路，长工工资每年为40元，主人所供给的东西，同上面一样；不过，在冬天，还供给喝酒。

一般说来在山西南部的地主大半是雇工耕种；在中部，采取地主供给农本（一部或全部）的分租制；在北部，大半采用伙种制。山西的地主，很少采用不供给一切农本的佃租制度。但在现今一切都不景气的时候，投资在中国农业是很危险的。土地村公有后，他们就可完全避免这危险。

四　山西的村政和土地村有

许多人都惊奇阎锡山为什么主张土地村有而不主张土地国有。不知道这真是山西政治的特色。

山西的村政是闻名全国的。山西因为村政而得到了模范省的荣誉。就是研究村政的权威梁漱溟先生也一口称赞山西村政之得力。他说："山西近几年参加几次战争，一切征发人夫，马车，粮草，筹饷，募债，得力于村政府者非常之大。一个命令立时可办，这几乎是山西政府中人交口赞叹的。"（转引自王寅生等著：《中国北部的兵差与农民》，页二一，脚注一）

然而这里梁先生所讲的还是以前的情形，现在的山西村政更办得"得力"了。不但"一切征收人夫，车马，粮草，筹饷，募债得力于村政府者非常之大"，并且经常田赋的征收也全靠村政府。"在满清时代以及民国二十一年以前，所有田赋都是由各花户将自己应纳的田赋迳交当地县政府。里老，单头不过负一种催交的责任罢了，权限并不很大。现在变更旧制，农民自己应交的田赋，不得迳交官厅。各花户应当把自己应交的田赋款项交给单头。单头再交给里老。然后再由里老交给官厅。……县政府限令各里老每月交款若干，不足额者即通令借债。里老的债务利息又分派到各花户的田赋上。有的里老不到别处张罗，就在县政府写一借字据，书明借债若干，月利五分。于是一转手间，大洋累累即飞至官史手中"。（见前引农村经济月刊页一〇四）

村政府（即土地村公有案中所称的村公所）而能这样的"得力"，真是其它各省所赶不上的事实。但是这个村政府的实权完全握在绅士地主富农手里，山西也和其他各省一样。不过，在山西，多中小地主。他们住在村内，可以直接操纵政权。所以地主富农所把住的村政府的力量在山西也特别强大。山西的农民没有一个人敢不服从村政府的指挥，凡是反对山西现当局的人（不问何种色彩）

都很难在这里立脚,这是到过山西的人都知道的事情。

许多名流学者读了土地村公有方案以后,都觉得向来以小心谨慎出名的阎主任怎么会提出这样的过激的土地方案。他们都为地主富农们抱不平。他们或是说这个方案是侵犯了神圣的私有财产制,或是说村公所发行的无利公债是太没有保证了,地主以自己的田产去换得一纸没有确实保证的无利公债是太吃亏了。……其实,说这些话的人都是太不信任自己的军政长官了。我们的绥靖主任可以告诉他们说:他决不会出卖地主富农的利益的,他的村公所便是无利公债的最好担保,这担保品比任何有利公债都靠得住。

地主富农就是村公所,村公所就是地主富农。他们是办惯了村里的征税摊款等公事的。他们十分知道怎样可以把自己份内应出的税捐转嫁到别人身上,并且十分知道怎样可以从税捐征派中间得到好处。例如"解县第二区曲庄头……去年县府按地起收军事粮秣,每地十亩起收白面二斤,谷草三斤。曲村副竟按白面二斤半谷草六斤起收"(见上引《中国北部的兵差与农民》,页二一,脚注一)现在他们利用了这经验来办理土地村公有,那么一定也可以使他们不但不受到损失,而且可以获得新的利益。所以土地政策无论怎样改变都没有问题,只要这政策是由村公所来执行,那么地主富农就十分放心了。我们的绥靖主任发表土地村公有方案的目的也就是要帮助地主富农安渡此"两面夹攻"的难关,名流学者们还要为地主富农们叫不平,那真是太不谅解我们的绥靖主任,太不了解他的土地村有的妙处了。

五　地主经济的衰落和土地村有

在全国和全世界的经济危机的影响下,山西的地主经济也受到严重的打击。首先就是粮食卖不出钱。一九三三年屯留地方的粮食市价——不论是高粱,小麦,小米,玉蜀黍,豆子等——都比一九三一年跌去 60% 左右。在河东地方,在一九三〇年值 12 元一担的粮食，到一九三三年只值四块钱了。粮价的跌落，甚至使定额的钱租也被迫着减低了。下面一张表显示前三年间隰县的钱租跌落程度。

	水田租金	旱地租金	山地租金
1932 年	8.0 元	4.0 元	1.0 元
1933 年	5.0 元	2.0 元	0.7 元
1934 年	2.0 元	0.8 元	0.3 元

粮价是跌落了，田租也减低了，但税捐是反而增加了。我们且不说临时的摊派，而仅将正税一项来说。山西省政府在一九三一年度，田赋收入共 6、272、403 元，1932 年为 6、523、803 元，1934 年共 7、418、594 元。在这短短的三年间竟增加了 1、146、191 元。例如屯留在一九三二年以前每一两粮银为二元九角八分，至一九三四年竟增加到三元以上。所以田产的收入是减少了；而负担是增加了。如今地主们都很愿意把这死的田产变成活的现款。在以前，一般的风气都重视田产，因为这是贼偷不动，火烧不掉能够传之子孙万世的产业。但如今这风气已经变过了。田产的"身价"所以跌落的原因，除了上述的经济原因（收入减，负担增）以外，社会的不安，也是一个重要原因。近年来山西的土地价格大大的跌落。在以前，在忻县县城附近地方，（在我们的绥靖主任的老家的近邻）每亩地可卖到 150 元至 200 元左右，而且在那时还是只有买主，而没有卖主。但是到了一九三五年春间，每亩地价竟跌到 30 元至 40 元左右，而且还找不到买的人。在这种情形下，地主们当然不会反对村公所来收买田地，而让农民们以劳动所得税的形式按年来偿付田价的。

按照土地村公有案所规定的办法，地主田地由村公所收买之后，与田地所有权连在一起的田赋等负担也移到农民肩膀上去了。地主们如今少去了这重负担，而且可以逐年收还田价，把它变成高利贷商业资本。"这个年头儿，作什么也不如放账"，这是山西目前流行的格言。其次，我们在前面已经说过，三四年前值一二百元一亩的田，现在已经跌成三四十元了，在实施土地村有的时候，田价是由村公所估定的。然而谁也可以相信，在地主富农掌握中的村公所决不会照现在的三四十元一亩的行市估价。恐怕估作一二百元的原价是有八分可靠的事情。根据村公有方案所规定，现在地主们所有的农具，也由村公所作价卖给农民，并由村公所担保，分期付款。这条办法实施的时候，恐怕谁亦不敢担保村公所不把旧农具当作新货估价，强迫农民购买。

最后，土地村有之后，村公所发行的无利公债要全村农民共同来担负偿付之责。换句话说，如果村内多一个农民，便是多一个担负者，而每个农民所担负的债款也就减轻了一部分；反之，某一个村如果少了一个农民，也就是少了一个负担者，而每个农民所担负的债款也就增加一部分。因此，农民们势必互相监视着，谁也不准离开原有的村落。地主富农们更可以把这个作为借口，而监视中农贫农雇农的一切行动。土地村有方案所造成的这种监视的办法，恐怕比了现在政府所推行的保甲制更为可靠。这当然是地主们所最高兴不过的事情。

六　结论

从上面的分析看来，土地村公有办法之实施对于地主们真是有百利而无一弊的最好出路了。然而这并不是说，地主们就要把这办法马上实现。天底下的如意算盘不是一定打得通的。土地村有方案要实现到上面所说的"理想化"（地主们的理想化），地主们总还免不了要担些风险。地主们是很保守的，说得好听些是很安分守己的。如果地主们能够照原来的秩序，恢复他们的旧有的锦绣山河，那么他们也何苦再来新翻花样，自寻烦恼（算盘打得过分如意，将碰到猛烈的反抗也是意料中事）。但万一连现今的局面都保不住。那么他们也不妨冒三分险，把这土地村有方案推行起来，作为以退为进。

如今这土地村公有方案已经预备在绥靖主任的家乡，河边村和它的附近村落开始试办。这次试办的前途将为两种事实之演进所决定，换言之，将为威胁着今日山西的两种势力之消长所决走。第一，如果前述共产党的势力继续发展，而日本军人袖手旁观不加援助，那么地主们或者竟会被迫着来推行土地村有方案，推行得成功，固然甚好，万一这方案不能救急，那也可以借此把自己的田产变成现金，以便带着逃难。第二，如果日本军队能够积极来维持他们的控制，地主们能够依照原有的秩序来维持自己的统治，那这么方案就将无形地被取消了。

（原文载《中国农村》第二卷，第二期）

私有？村有？国有？
——"土地村有制"批评底批评

孙冶方

俄帝亚历山大二世，在一八六一年解放农奴的时候，曾对地主们说："与其等到农民们自下而上来推翻农奴制度，倒不如让我们自上而下来废除这制度吧。"

现在，太原绥靖主任阎锡山为"防共"起见，也是为避免农民们"自下而上"来解决土地问题起见，提出了"土地村公有"的办法。他认为"土地问题解决能将共产党的空隙弥补，将摧毁现社会的爆炸弹消除"。他底这个提案发表以后，引起了社会各方面的注意。国内各地的新闻杂志，都登载着讨论这问题的文字（就作者随手所搜集到的便有四十四篇），社会学术团体的会议上，把这问题提出来作为研究底对象。不管批评者对于"土地村有制"的态度如何（赞成或反对），不管他们底社会地位如何（党国要人或学者名流），他们几乎异口同声地承认，土地问题是今日"中国社会问题之症结"。而我们从"举国上下"对于这问题之热烈注意这一点看来，亦足以证明土地问题确是今日中国的重要问题之一。这是我们从此次土地问题讨论中所可得到的第一个结论。

因此我们又回想到今年三月间到《天津益世报·农村周刊》上宣称"土地问题在一九二七年便已过去了"的王宜昌先生未免过于慷慨，竟把这样一个"小问题"疏忽了过去。

在上述四十四篇批评文字中，无条件地赞成"土地村公有制"

办法的固然很少，但公然反对土地公有原则的文字也是很少。有许多批评者对于土地公有的原则是赞成的，但认为"土地村公有"办法是不够的，认为中国土地问题之解决，应该采取更彻底一些的办法。这是"土地村公有制"底更进一步的批评。另外有许多批评者，对于"土地村公有制"在原则上不加以批评，甚至加以某种限度的赞助（所谓"立意固属甚善"），但对于原提案的具体办法加以种种指摘。这种人把土地公有看作是人世间永远不能实现的一种乌托邦理想，他们的意见便是想在不反对之中否决了土地公有的原则。这事实似乎告诉我们：土地公有的主张在社会上已有相当根基，它不仅已获得相当群众，甚至就是明明反对它的人也觉得从正面来攻击土地公有主张，已经是不很聪明的办法。这是我们从此次土地问题讨论中所可得到的第二个结论。

从正面来反对土地村有制的少数批评者中间，能够对于土地公有的原则，在理论上提出正式理由的，只有唐启宇，唐庆增，萧铮，新桥，袁贤能，梦蕉，陈鸿根等几位。他们的理由可以归结为下列数点：

第一，"人类虽为万物之灵，然究属动物之一，动物之自私性，人类迄今未曾消失"，所以"私有与占有为人类之天性"。"保守私产为人类牢不可破之心理"（萧铮，唐庆增，陈鸿根等）。这理由对不对呢？我们且不说动物倒不曾学着人类一样，自己吃饱了不算，还要霸占着生活底来源，不准其它同类来享用；动物亦没有像人类一样，剥削同类以供自己享乐（而且生物学者告诉我们，有许多动物是很能组织集体生活共同谋生的）。但即以人类而言，他们底最初的社会形态也不是私有制的，而是公有制的。关于这一点就是萧铮陈鸿根诸先生亦并不否认。但既然承认了这一点，那么我们就不能以人类底天性来为私有制辩护。我们不说人类底天性倒也罢了；若是要说起这一层来，那么我们只有恢复公有制才是道理。只有在私有制度下占了便宜的人们，才会把社会发展到某一个阶段才发的私生有制度，当做"人生牢不可破的天性"（其实是忘记了人类底本性)。

或者如陈鸿根先生所说，公有制仅是人类在原始时代的现象，但是"由于人类社会演进的结果，已普遍地造成私有现象，这种趋向之造成亦非偶然的，必有其背景之推动"。所以人类不应该再实行公有制，恢复原始的社会形态。其实陈鸿根先生底理由正是证明了相反的结论。因为陈先生既然承认人类的原始社会中没有私有制度存在，这制度是后来因某种背景之推动而产生的，那么他先该承认：私有制度将因另一种背景之推动而趋于消灭。人类社会从公有制而变为私有制固是一大进步，但从私有制进而为更高一级的公有制，又是一大进步。这恰是与"正""反""合"的辩证法规律相适应的正常发展。

反对土地公有的第二种意见是说："土地公有使农民对土地失去爱力"(萧铮，唐启宇)。其实，这完全是私有制度下所养成的错误的成见，而且是极少数人底成见。因为在私有制度之下，大多数人民早就失去了土地和其它一切生产资料(就是组成现社会的财富的主要因素)，对于他们，私有权的观念倒是最薄弱的。事实告诉我们：在现社会中侵占或破坏公产(如庙产、族产、森林、池沼等)的倒不是大多数农民，而是乡村中的豪绅地棍同样拼命榨取土地，破坏土地生产力的事情，也是在私有制之下，才发生的现象。在私有制度下面，农民的耕种的土地，大半不是自有的，而是从地主那里租来的。租约满期以后原来的佃户是否还能继续耕种这块田，是不得而知的。尤其是在没有固定的租佃契约的地方，地主们在任何时期内都有把土地收还的可能。那时候，农民投在土地上的资本，非但没有办法可以收还，而且反成了地主们涨租的借口(因为土地生产力增加了)。就是以私有制度下面的自耕农来说，他们对于自己的私有权能够保持到那一天，也是毫无把握的。反之，今日中国农村中的自耕农的田产有一大部分是早已抵押给高利贷者了。所以在私有制度下面，农民们不愿在土地上作长期投资，不愿多施肥料(除了不可缺少的以外)；他们只想多多地从土地中榨取农产品,而不愿意额外地供给它一些滋养料,(同时,我们知道,处在帝国主义者,高利贷者,商人,地主和苛捐杂税等重重剥削下的农民,也没有余力可以来培养土地。)于是土地之瘠瘦化便成了今日资本主义各国的普遍现象,所以就在这许多资本主义国度里,对于森林水利等事业亦不得不违背着私有财产的原则而收归国营。私有制度养成了人类的自私自利的恶习。这真是否定这制度的很有力的论据了。

关于人民对土地的"爱力"问题,唐启宇先生曾发表了一段妙不可言的议论。他说:土地公有之后,"耕者不能自有其田,人与地之关系日趋薄弱,孰为保守乡里?孰为捍御外侮,遇有危难,去之若浼,是真国家民族前途之极大危机也。"若是照唐先生底这种说法推测,那么实行土地公有已经十余年的苏联,早就应该被强邻所瓜分并吞掉了。但事实上,真真处在这种"国家民族前途之极大危机"中的倒不是苏联,而是保持着十二分的土地"爱力"的大中华民族。不知道唐先生对此作何解释?

反对土地公有的第三种理由是说,土地公有"将塞农民勤勉节俭之心"(新桥等)。地主们总觉得世界上只有他们才是勤俭人,而那些以地租利息供养他们的农民都是贪吃懒做的寄生虫。大概在地主底想像中,农民底有在他们底鞭打下才会劳动,若是没有了他们,农民们将不能从事耕作了。这真是不攻自破的论据。因为决没有为地主做工的佃户,倒肯勤奋地从事耕种,而为自己劳动的农民倒偷懒的。苏联的实例,正好证明这种论据之荒谬。在那里,不仅土地已归公有,而且连私的经营形式都已经被取消。但苏联农业生产之发展,以及农民对于劳动的热忱,已为全世界所公认了。

反对公有制的第四种理由,是萧铮先生所提出的土地"经济性"问题。萧先生认为土地公有将使土地失去"经济性"。他在这里所说的"经济性",是指土地价格和土地买卖而言。但这理由亦是很不充分的。因为土地不是劳动生产品;它的本身本来没有价值的。土地的价格仅是资本化的地租而已。土地购买者所付的田价不是土地本身低价格，而是地租的价格。换言之，土地价格和土地买卖的本身，就是土地私有制之下所造成的不合理现象。土地价格和土地买卖从生产的立场上说，非但不是必要的，而且是有害的。因为它徒然分去了很大一部分的资本，使生产方面反而感觉到资本不足的恐慌。同时为地主们造成了垄断土地以剥削农民的机会。如果我们可以用土地私有制所造成的这种不合理现象来为土地私有制辩护；那么奴隶主也可以用奴隶底"经济性"来为奴隶制度辩护了。因为在奴隶主人看来，奴隶也是商品，也有价格，也是用钱购买来的。同样妓院中的老鸨也可以说，他养的妓女是用大洋钱买来的，——说得漂亮些，妓女也是有"经济性"的，——法官不能侵犯他的私有权，甚至给他徒刑的处分。

反对公有制的第五种理由是袁贤能先生所提出的，他说，那些没有田的农民（佃农和雇农们）"原来就是不能够生产的人"，政府不应该"剥夺良民（地主，富农）去帮助不良的社会分子"，何况"中国的大地主并没有多少（？），拿他们的地产来分赠给无量数的无赖之徒（？）实在是不够的"。我们觉得袁贤能先生底理由真是"贤能"极了！这样的土地私有制底拥护者真是"最老实"没有了。我们对于这样的高论真可以不必再加以任何反驳或解释！我们只是有一点不明白的地方要请教袁先生：那些无量数的没有田地的"不良分子"既是"无赖之徒"，是"不能生产的人"，那么那些肥头胖耳的良民们（地主和富农）底田是谁个帮他们耕种的呢？他们收的租是那里来的呢？

总之，从理论上说，我们不仅找不到半点理由，可以为土地私有制申辩，而且我们更可以找到许多反对它的理由。土地私有制足以阻碍农业生产力之发展，足以因土地购买而消耗去一笔生产资本，而且可以妨碍自由投资，使工业中的资本不能自由流入农业中去。至于土地私有制之存在，使地主可以利用土地私有权去剥削农民，以至于造成今日的严重的社会问题，这一层更不用说了。所以甚至一般较先进的资产阶级学者，也都主张，土地公有。站在这一点上说，阎锡山底土地公有制提案确是一种进步的主张但是他底"土地村公有办法大纲"是很不彻底的，关于这一层，许多批评者也早已指出过。

第一，根据阎锡山的"土地村公有制办法大纲"第一条说："由村公所发行无利公债，收买全村土地为村公有"。这就是说，土地村公有制在原则上并没有否定地主底土地所有权（如祝百英先生所说的，村公有制"在原则上是承认土地私有权的合理"）。在土地村公有制下面，地主底财产并没有被损害，但只是从土地的形式变为金钱的形式而已，（虽说是公债，但总要清还的）。

我们知道，高利贷者，商人和地主，本是今日中国农村中的三位一体的统治者。如今土地村公有制只要求这统治者取消一个地主的名义，而把他的财产统统变成金钱形式；换句话说，就是要求他把自己的财产，统统集中为高利贷商业资本的形式去继续剥削农民。

近年来，由于田赋和其它种苛捐杂税底增加，以及农民底抗租运动之扩大，地主们便是觉得自己的"江山"有些不大太平。所以唐庆增先生便为地主们诉苦说："所谓大地主者，以种种关系，收入未必丰裕，多以拥有土地为累事。"虽则丁文江先生已在安慰这些"可怜的"地主们和（唐先生）说："这是极少数的例外，而且这种状况是不能久持的，"但如果现在村公有制底实行者能够为地主担保，把他们的田产换成一种更安全而更便利的形式，那么地主也很乐意接受这提议的。（在田赋增加和农民抗租的条件下，田产的确没有现金安全；而且我们可以相信，土地村公有制如果真的实行，那么地主把持下的村公所，一定能够担保地主们的公债兑现。）

第二，关于土地村有后的农民负担问题。在四十四篇批评文字中，除了三四篇对于这问题根本没有提起之外，其余的没有不认为农民底负担非但没有减轻，而且增加了。因为根据"土地村公有办法大纲"底规定，收买土地的公债是以四种税为担保的。这四种税中间，主要的便是农民底劳动所得税（10%），和产业保护税。此外，根据大纲规定，"在土地公有制推行之初，耕农对省县地方负担仍照旧征收田赋"。这诚如钱俊瑞先生所说的，土地村公有制实际上不是"公有"，而是"收买"，归根结蒂"羊毛还是出在羊身上"。农民对于这种土地公有办法，当然是不会欢迎的。

第三，土地问题之解决，如果多少是有一些实际意义的话，那么毫无疑义就要侵犯到地主阶级低利益。所以如果有要依靠地主的力量来解决问题，那么即使是最起码的改良政策，也没有实行的可能。地主们既可以把"二五减租"实行成"二五加租"，也未始不可以把"土地村有"实行成"土地自有"（地主自有）。

思平先生在第四期教育与农村上发表的《中国土地问题之史的觉察并论阎百川氏之土地村有方案》一文中，分析了中国历史上的几种土地改良政策以后，得到下列结论：

"一切反对地主特权的企图，都是与封建制度处于对立地位的。王莽虽然起初以帝王的权威强迫实施他的土地公有政策，但他还是利用封建的政治机关去执行。但是整个封建政治机关的力量，都是与地主有不可分离的关系这就是说土地公有是要地主阶级自己来解除自己的武装。所以王莽之遭受地主强烈的反抗而归于失败，与魏孝文帝不侵犯地主的土地而得到成功，这正是十分证明了土地公有与地主阶级的利益，是完全势不两立的一种斗争"。所以"执行一种新的政策；而没有一种新的力量，仍旧假手于旧势力，是必然失败的"。

在这篇文章开首的时候就说过，绥靖主任阎锡山是为"防共"起见。为避免农民们"自下而上"来解决土地问题起见，才提出了"土地村公有"的提案。所以他底"自上而下"的土地村公有政策，是交给村公所去执行的。但谁也知道，乡村公所是地主阶级底御用机关。所以阎锡山的土地村公有政策，也就是"利用封建的政治机关来执行的土地改革政策。它底前途只有两个：第一，在出版物和会议上热闹宣传了一番，尽了些广告作用之后，就烟散云消地永远消逝了；第二，这政策如果真的施之实际的时候，（这是很少可能的），那么这结果便决不是章乃器先生所说的'豪绅和农民之间，不是东风压倒西风，便是西风压倒东风'的问题，而是毫无疑义地被地主压倒了农民"。一八六一年，俄国的农奴解放便是最好的实例。那时候，俄国底农奴主们为要避免自下而上的农奴解放起见，曾自上而下地实行了农奴解放。其结果农奴们在表面上是无代价地获得了法律上的自由权，但实际上他们应以份地收买金的名义，支付很贵的一笔赎身费。于是农民们在"被解放"以后，便从农奴而变成了负债劳役者。而俄国的土地问题，也直到一九一七年才得到了彻底的解决。

　　第四，是土地问题与整个社会制度的联系问题。虽则土地问题是目前中国的最严重的社会问题之一，但不是唯一的问题。土地问题决不能脱离了其它社会问题而单独解决的。阎锡山对于改革整个社会制度的意见，除了土地村公有制的提案以外，另有推行"一层物产制之物产证券"的意见。据他的意见，现社会底一切弊端，都是起源于金钱本位的货币制度。所以货币制度改革以后，或采取了所谓"一层物产制之物产证券"制以后，社会上一切问题便得解决了。每个稍为读过社会思想发展史的人，都知道这种观点是许多乌托邦社会主义者所共有的意见。这种意见早被科学的社会主义学说批评得体无完肤了。不料如今居然被一位负有防共之责的绥靖主任，当作活宝贝来欣赏。

　　在十七世纪十八世纪时代，这种乌托邦的社会主义思想，曾起有不少革命的进步的作用，因为他曾无情地暴露了资本主义社会底一切黑暗。但是如今被我们的绥靖主任所复活了的乌托邦主义底糟粕，仅是一剂大众的迷魂汤而已。资本主义制度底不合理已经是大家所熟知的事情，现在的任务，主要的倒不是怎样了解这黑暗的问题而是怎样解除这黑暗的问题。

　　然则，为什么金银本位的货币制度之废除，不能解决整个社会问题呢？因为金银本位的货币制度的本身，就是以少数私人占有生产资料为基础的资本主义商品经济底必然产物。所以如果不铲除资本主义商品经济之本身，而想废除货币制度，那就是斩草不除根的，舍本逐末的办法。但是资本主义商品经济如果不被铲除，那么土地村公有制的办法即使在一时间能够依照起草者底理想而实现了，但结果仍旧要重演资本主义经济中大经济并吞小经济的惨剧。商品经济之发展，曾促成了原始共产社会之崩溃，曾冲破了封建自足经济底堡垒，那么它一定会打碎土地村有制之下的份地之划分，并冲破了土地村有制对于雇佣和租佃之限制。同时，商品经济如果未被取消，那么价格的剪刀形问题，市场问题等亦不能得到解决的。

除此以外，民族独立问题，也是摆在今日中国社会面前的另一个问题如果不能获得民族的独立，没有完全的关税自主权，不能完全废除不平等条约，那么在各帝国主义国家经济侵略政策下，中国的土地问题也不能单独解决的（大公报十月十二日社论也曾说到这一层）。但我们并未听到土地村公有办法大纲的起草者在口头上，或在行动上，对于民族问题之解决有所具体建议。

第五，诚如钱俊瑞先生所说的，"晋阎不主张土地国有，而主张土地村有，是值得我们体味的。"这完全是反映自足经济时代的封建割据的思想。同时村有制也可以使当地的地主们更容易获得操纵垄断的方便。谁也知道，在下级的地方机关中，封建势力是最为浓厚不过的。此外在实施土地村公有的时候，也不是村公所所能负担的任务。农民们需要土地，然而也需要农具，肥料和种子等。赤手空拳的贫农们，先有了土地，还是不能耕种的。要彻底解放农民，并改善他们的生活，只有先提高他们的生产能力。然而要提高农民底生产力，那只有打破了农民底零细的私人经营底范围，甚至打破了村底界限而组织大规模的集体生产。但这工作显然不是村公所的能力所可解决的。每一种新的生产方式没有国家底积极援助是不会成功的。资产阶级国家对于新兴的资本主义企业不给以直接援助（如大革命后的法国，明治维新后的日本），就不会有今日的资本主义社会产生；苏联政府如果不以机器和资本帮助农民，苏联的集体农场亦不会有今日的惊人的成绩。所以如果要实行土地公有，那么就不应该把土地交给村公所管理，而应该把它交给国家管理。（在批评土地村公有制的文字中，居然还有主张小经营胜过大经营的理论！它的理由，便是说小经营较适宜于集约性的作物。但主张这理论的人，似乎还不知道在先进的资本主义国度中，如果树，蔬菜等集约性的作物，也早已采用大规模经营了。稻作是公认的集约性的作物，然而在美国南部早已实行大规模的机器生产，而且最复杂的农业机器——割打双用机——也已经改进到可以适应于稻作经济了。）

此外大多数批评者对于实施土地村公有制的种种技术困难加以指摘（如人口调查，地价估计，清丈田亩，宽乡狭乡之调剂，授田还田之规定等）。关于这一层笔者很同意思平先生的意见。他认为这些都是"次要的问题，在主要的条件具备时，是能顺次求得解决途径的"。只要有真真的农民大众为后盾，有强有力的中央集权政府存在，那么就是更彻底的土地纲领，更困难的任务，亦能很顺利地完成（苏联便是最好的实例）。否则就是最起码的改良主义政策，亦没有办法可以实行的（二五改租便是实例）。

答乡村建设批判

梁漱溟　著

目 录

弁言 …………………………………………………（189）
一 维持现状乎？打破现状乎？…………………（192）
二 两条路线——批判者和我们…………………（196）
三 我们眼中之中国政治问题……………………（200）
四 你们解决不了中国政治问题…………………（205）
五 中国政治问题的解决在哪里？………………（213）
六 然则不问阶级立场乎？………………………（222）
七 此大社会如何得统一？………………………（225）
八 批判者的错误究在哪里？……………………（234）
九 中国问题决定中国出路………………………（241）
十 乡村内部问题如何解决？……………………（249）
结语 …………………………………………………（257）

弁 言

我爱留心问题，又常爱有我自己的主见。有所见不免要说出来，乃至去实行，这样不免有人批评指责或反对。但我于此，偏是一个懒于答辩的人。记得民国10年《东西文化及其哲学》出版时，各方面的批评很多，我始终一概未答，其中只有一篇胡适之先生的批评是作答的；然那亦是在事隔一年以后，经北京大学多数同学要求，而以公开讲演出之的。这次的答"乡村建设批判"恰又是距《中国乡村建设批判》那本书出版四年之久，经几位朋友要求，以讨论会方式分作几次谈说的。既经说了一遍，便将它写出来，遂成此文。

《中国乡村建设批判》一书为千家驹、李紫翔两位所编印；其内容即系千、李以及其他三五位在各杂志报张所发表批评乡村建设的文章之总收集。他们几位的意见，颇可以代表某一些朋友的意见，原是值得辩论的。可惜我太缺乏作笔战的兴趣（当面辩论较为乐意），久之又久，总不置答。然而现在想起来，到今天来作答，或者正是时机，觉得格外有意义呢！——读者试看下文便知。

在辩论之先，应将批判者之意见扼要点明。原作既非一整篇系统文章，且不出一人之手，欲扼举其要，似不容易。然却幸编者于叙文之中，已列举五个问题，实即为批判者质疑之所在。所以我们正好据以作答。兹节取原叙，将五个问题列次于下：

第一，中国的国民经济，无论从其与各国的关系上，或其自身的结构上，无疑的已是世界经济之一环节。特别是在整个民族陷入沦亡危机的时候，中国经济的解放更与政治的解放形成不可分开的一个事实的两面。那么，乡村建设运动是否能由我们把它与中国民族解放运动切开，而由我们意识地或非意识地不顾一切的前提下，关起门来完成？换句话说，中国的乡村建设——或者可以说是中国的国民经济建设——问题，是否能离开民族解放运动而单独地解决？

第二，现在中国的问题和恐慌是一整个的国民经济问题。如果我们由工业的竞争逃避到农业，由都市的失败逃避到农村，并将农村经济从整个的国民经济中分离开来，想由"农业以引发工业"，或由农村复兴以救济都市，这是不是能够得到中国问题之真正解决？

第三，在我们正在为"乡村建设"而建设的无原则的情形下，帝国主义者的势力，却同时已获得了长足的进展。举一个明显的例来说：某帝国主义者不仅强迫在某种政治条件之下，实施所谓"经济提携"，而事实上，河北、山东的种植美棉，已成为他们所提的"经济提携"中主要的工作；河北华洋义赈会所属的合作社以及定县和邹平的实验成绩，亦将成为某国开发华北所企图利用的对象。像这样无原则的"建设"乡村，是建立民族经济的壁垒呢？还是会做殖民地的清道夫呢？

第四，农业或农村经济问题之主要的内容，实包含有生产手段的分配、生产物的分配、农业经营和农村经济诸问题。我们现在如意识地抹杀了，或忽视生产手段和生产物分配的问题，特别是土地分配的问题，仅从农业技术、农产运输和流通金融等枝节问题去兜圈子，是否能够解除中国农民的痛苦？

第五，乡村建设的理想，虽在所谓促进农业经济的"现代化"，但是实际上有许多地方却着重在恢复落伍的并且崩溃的手工业经济，以至宗法社会的礼教，这究竟是前进呢？还是在开倒车？

虽说五个问题，而核实不外两大根本问题：一是帝国主义；二是封建势力（并包土地问题）。质言之，就是问我们为何不反帝反封建？五个问题中之前三即属于第一根本问题者，其后二则可归摄于第二根本问题。恐怕诸位先生怀疑之处排列起来尚不止五个问题，却问题尽再列举许多，乃为此两大根本问题所统摄——我想是如此。

我现在答辩，先说大端，后谈细目。又为报纸文章不宜太长，特标许多题目，而实际贯串起来是一篇文章。大端自是指两大根本问题或五个问题，细目便是原批判者各不同作者的各篇文章中之所指摘。这些多半于五个问题中作答；其有未尽，则分别为文。五个问题多半可于两大根本点中说了，其有未尽，则分别为文。如是，从总到分，由巨入细，大概应可以解答完的。

还有要声明的一句话：我今天答辩是代表我个人而止。近年来乡村建设运动遍于全国，却非自一个中心扩大起来，而是先后由各地发动的；彼此见解主张互相接近，而不无出入。原书于为一般性的批判之外，亦曾分别作批评。我于一般性的批判，只以我个人意见作答，其余问题，亦只解答那些我应负解答之责的。

一　维持现状乎？打破现状乎？

一

在乡村建设批判者看我们，唯一的错误便是想在现状下求办法。那么多的文章，千言万语，归总无非是这一句话而已。现状是什么？第一便是中国已被卷到世界漩涡而置于帝国主义侵略压迫之下；第二便是中国自身数千年历史的封建宗法之残余势力（军阀问题以至土地问题）。这是形成中国问题之真因。亦即是乡村崩溃之由来，都全不见你们一点的反抗，或且事实上倒见出一种妥协。像这般逃避问题而觅求办法，不是骗人亦是糊涂！——批判者的意思就是如此，实在很简单的。

本来这问题好像只有两条路线：一条是维持现状的路；一条是打破现状的路。而批判者则将我们认作维持现状一边。尽管你有些超过现状的理想，否认现状的说话，但你们的行动事实明明在那里维持现状。既然维持现状，其努力结果又何能出乎现状之外？不过给帝国主义者造饭而已！纵然乡村一时稍好，农民痛苦亦必依然。整个中国问题的解决更说不上，或者转而耽误了中国问题的解决。——这又是批判者势必所致的推论。

所有以上的话，除了我对于中国历史的解释不同，素不愿轻用封建宗法等名词之外，大体上并没有不同意的地方。现在有待辩明的，就是我们真是只在现状下求办法吗？抑或有在批判者意想之外的呢？

二

当然是我们对于中国问题之认识，和批判者之所见有些不同处，而后行动起来两样。但这些不同，却非由于批判者所看到的，而是我们没有看到。倒转来，正是为我们所看到的，而他们没有看到。

于此，将先证明他们所看到的，我们都已看到。那就是证明我们认得中国问题的整个性，我们要求总解决，而绝不在现状下求办法；他们反帝、反封建，我们正同样地进行帝国主义问题、军阀问题、土地问题之解决。

我们之认识中国问题的整个性并要求总解决，以十几年来的言论，无在不可证明。读者试去翻看《村治论文集》（十八年北平村治月刊上论文之集印本，一名《中国民族自救运动之最后觉悟》，中华书局出版）、《乡村建设论文集》（《乡村建设》半月刊上论文之集印本）、《乡村建设理论》（一名《中国民族之前途》，以上两种均乡村书店出版）。以乡村标题的刊物而所谈却尽是整个中国问题。《村治》上主要的论文便是：《我们政治上的第一个不通的路——欧洲近代民主政治的路》《我们政治上第二个不通的路——俄国共产党发明的路》《中国问题之解决》等篇。《乡建论文集》前半部大都类此。乡建理论一书则上半部即为认识中国问题之部；下部为解决中国问题之部。其中最明白的话，如说：

> 中国问题是整个社会的崩溃，而其苦闷之焦点，则著见于政治问题之没法解决。假定于政治问题的如何解决没有成竹在胸，而谈其他的，都是白费。（《乡村建设理论》，308页）
>
> 乡村建设运动其使命实在于形成一个社会意志，以立国权（政治问题相当解决）。在此以后，一切建设才得如飞地前进。……乡村运动最大意义正在此。（同前书，366页）。

试问这哪里好判作一种国民经济运动而止呢？——在批判者第一个问题中，便将我们判作国民经济运动，而质疑其能否离开民族解放问题单独完成。须知我们的工作纵然在教育，其意义却非止于一种什么教育运动；我们的工作纵然在经济，其意义却非止于一种什么经济运动；我们纵然埋首乡村，却非不问政治；我们纵然身在内地，而眼光正无妨在国际问题民族解放。我们首先声明否认以乡村建设运动当作国民经济建设运动的看法。——这是明明白白错误的。

三

批判者根本错误就在当我们忽视（有意或无意）两大根本问题。这在我们十几年来的言论，原可覆按，欲征引来作证明，实不胜其烦。今只引一篇最明白不过的说话，即十九年发表《敬以请教胡适之先生》一文，因胡先生不赞成当时革命潮流以帝国主义封建势力为敌人，而别唱五大仇敌之说，我反对他说：

> 三数年来的革命，就它本身说，可算无结果（帝国主义及军阀依然如故），然其影响所及，亦自有不可磨灭的功绩。举其一点，便是大大增进了国人对所谓世界列强和自己所处地位关系的认识与注意；大大增进了国人对于经济这一问题的认识与注意。这两层相连，亦可说是二而一的。近年出版界中最流行的谈革命的书报刊物，无非在提撕比点，而其最先（或较早）能为系统地具体地详细地指证说明者，则殆无逾漆树芬先生《经济侵略之下中国》一书。此书一出，而中国问题的意义何在？——在国际资本帝国主义的侵略压迫；中国问题的解决何在？——在解除国际不平等的桎梏束缚；遂若日月之昭明而不可易。

却不料适之先生在这大潮流鼓荡中，竟自没感受影响，于对方立论的根据由来，依然没有什么认识与注意。先生所说五大仇敌谁不知得，宁待先生耳提面命？所以不像先生这样平列举出五现象的，盖由认识得其症结皆在一个地方。……帝国主义实为症结所在。

先生凭什么推翻许多聪明有识见人共持的"大革命论"？先生凭什么建立"一步一步自觉地改革论"？……帝国主义和军阀何以不是我们的敌人？正待要好好聆教，乃不意先生只轻描淡写说得两句。……像这样轻率大胆，真堪惊诧！……我方以革命家为轻率浅薄，乃不期先生非难革命家者，还出革命家之下！

试问批判者今日所恐怕我们看不到的那点意思，还能超出当年的革命潮流之外吗？胡先生于此是轻忽了的，我们则未尝尔。我本同意于胡先生之反对暴力革命，但我却反对他之忽视问题，拿不出办法。我于引录漆氏原书很长一段结论，郭沫若先生一段序文，指给胡先生看人家所要走的路线（亦几乎是唯一的一条路线）之后，而请问他的路线办法是什么？我又切实地说：

在没有彻底了解对方之前，是不能批评对方的；在没有批评倒对方之前，是不能建立异样主张的（连上所引俱见中华书局出版：《中国民族自救运动之最后觉悟》）。请看我的见解态度还不鲜明紧切吗？而批判者还笑我们有意无意忽视问题，说什么"不敢正视问题"，那我只有付之一笑——懒得作答，多由于此。

归结说：批判者所看到的，我们都已看到，我们岂是维持现状，在现状下求办法者？公等浮粗，不能理会我们的用心，则我们这条路就只有在公等意想之外了。

二　两条路线——批判者和我们

一

批判者所看到的问题，我们同样地看到，没有忽视，但彼此走的路线不同耳。路线指达于问题解决的途径，其中一定要通过政治才行。所以简捷说，就是彼此的政治路线不同。

在要说明我们的这条路线之前，必须先将批判者所采的路线指出，以便对照比较。

批判者所采取的路线是怎样的一条路线呢？我们查取他们各位的文章，觉得最好以千家驹先生一篇文章为代表。那里说得很明白：

> 自从我在《中国农村》及天津《益世报》上同时发表了《中国的歧路》一文后，曾收到六七位读者的来信，他们向我说：他们的办法既然不行，请你拿出你的来吧。最令我感动的是一位山东乡村建设研究院的同学来信说："先生假如有具体的办法时，我立刻抛弃此间的工作而愿意跟着先生干。"吴景超先生读过我的文章后，他也问我的具体办法是什么？我在这里将作一个总的答复。对于这个问题，环境是不容许我作明显的表示，但我不妨提出几项原则来，读者看了这种原则，就不难明了。

> 第一，这种组织必须是能代表最大多数农民之利益的。如

果我们承认中国农民是有阶级的分化的话，那这最大多数农民当决不是地主与富农，而是贫农、雇农及一部分中农。

第二，这种组织必须是自下而上的。如果我们承认中国的政权，尤其是地方政权，还掌握在代表豪绅地主利益的人们的手里的话，那这种组织是决不能希望他们来领导与发动的。它必须是一种自发的组织，而不是由上而下的，由政府机构所通令成立的。

第三，这种组织必须是适应世界潮流的。现在的世界，已经不是孤立的闭关自守的世界，我们应该走哪条路已摆得非常明显。倒行逆施的开倒车运动固然行不通；自作聪明的独创一格也为时势所不许。我们不是向左，便是向右，中间是没有第三条路的。

第四，这种组织必须以反帝国主义与反封建残余为其主要任务。因为假如我们承认我们农村破坏的主要因素是由于帝国主义者与封建残余剥削，则肃清这两者自为农村建设的下一步工作。（《中国乡村建设批判》93页）

这是哪一条路线，原作者既不肯明说出来，我们自亦不便替他道破。好在"读者看了这些原则亦就不难明了"。

二

我们则是怎样一条路呢？诚有如千先生文内所讥讽的"自作聪明独创一格"。然而这是为适应中国问题，有其必要，非有意标奇立异也。其内容要点：

第一，推动社会，组织乡村。"我们现在必须看到乡村是一整个的；至少对于多数乡村是必须如此看法"（《乡村建设理论》，280页）。"乡村内部非无问题，然宜留待后一步解决"（同前书，334页）。我们反对有意分化乡村，而斗争于乡村内的运动。我们不称农民运动而称乡村运动，意盖在此。

第二，知识分子为乡村运动者，实行推动，隐然领导。"我们看见历来对于中国问题之发展，有两种不同形式：一种是通习外面世界情势之知识分子所发动者；……一种是不通外面情势之内地无知农民所发动者。……""其间有一大苦楚，即两种动力乖离，上下不相通"。今后"中国问题之解决，其发动主动以至于完成，全在其社会中知识分子与乡村居民打拼一起所构成之一力量"（同前书，326—334页）。若"农民自发的运动"之说法，是不切合中国问题之实际的。

第三，知识分子下乡，推动社会，使散漫的农民，日进于经济的合作组织，政治的自治组织，即是乡村建设运动。表面上是没有直接反帝反封建之行动的，然而正非不"反帝反封建"。力量培养起来，随时可用以反帝反封建；且在培养中即含有反帝反封建在内了。

第四，乡建运动之主要任务，首在求得中国政治问题之一相当解决。所谓相当解决指大局之稳定统一。我们认定中国国家的统一，当于其社会统一求之；而乡村建设运动则将逐步调整社会关系，形著一明朗有力之社会意志共同要求，奠定统一基础（同前书，336—342页）。

三

上面特为对照千先生的话，列举四点，亟望读者细加体会。体会时，单作平列的比看是不够的，要设想其如何向前进行。像千先生那种农民组织向前进行时，本不求与现状妥协，亦是难欲妥协而不得的。他们必要建立自己的政权。不独为完成反帝反封建的任务要如此，而且非如此便不能存在；——他们是不见容于现政权的。

我们如何呢？我们自进行之初以迄最后，原都可作（就国内说）妥协的路子，但我们却依然亦必建立我们所需要的政权才行。

不过问整个问题则已，不求总解决则已，若然；即必得如此。既然要对外求得民族的解放，对内完成社会的改造，那就必得建立能尽此任务的政权，是没有疑问的。

彼此同样要建立新政权，然则其不同果何在？这就在：

一、我们殆以百分之九十以上的注意，注意到此一政权的统一稳定；至于其阶级的立场如何，则不注意争求，或只加以少分的注意。

二、他们殆以百分之九十以上的注意，注意到此政权的阶级立场；至于其能否统一稳定却轻忽了。

基于上述彼此注意争求之点各异，于是各走一路：

一、他们分化中国社会，要在其内形成某一方面立场的力量，作军事的及政治的斗争，压倒其余，取得政权。——他们走分化斗争之路。

二、我们一意增进社会关系（由散漫入组织），调整社会关系（从矛盾到协调），俾隔阂得以沟通，痛痒得以苏醒，使此广漠散漫的社会，有其一明朗的意志要求可见。这样反映到政治上，自然建立统一稳定的政权。——我们走调整协和之路。

我们为什么固执地要走调和之路，并不由于性好和平，而正为所注意争求者在统一稳定。为什么偏偏注意统一稳定？又为什么统一稳定的政权，只能从调整协和得之？这就是对于中国政治问题的认识与批判者不同了。而此对政治问题之特殊认识，实基于对中国社会认识之不同。换言之，此中有很深理论上问题在。

今为便于读者明了起见，并力避文章太长，不愿十分从理论上立言，拟分三个小题目来说：

一、我们眼中之中国政治问题。

二、你们解决不了中国政治问题。

三、中国政治问题的解决在哪里？

这是两条路——批判者与我们——真正的争点所在，讨论达于问题核心了，请读者留心向下看！

三　我们眼中之中国政治问题

一

我们眼中之中国政治问题，就是国权建立不起，而只有分裂单弱不稳定的东西南北各政权。——这是过去二三十年的老实话。常常说的"不统一""不上轨道""军阀割据"等，皆是说的这个局面，其给予我们的痛苦，可约为四点：

一、武力横行，法律无效，社会的秩序性已降至最低度。

二、政府的腐化贪污。

三、下情隔膜，凡百措施，仅有好的名声或好的动机，而卒归于病民；民间痛苦万状，无由上达。

四、内战连绵，三年两年一大战，一年半载一小战，其不战之时，只是战争的休息，再战的预备。二三十年间举全国人力、物力而萃于自己毁灭之途。

这在批判者，大约总括之曰"封建残余势力之为患"，所以要反封建。我们的所见有所不同。我们根本不同意以封建社会、资本主义社会这类公式范畴，加于中国社会史上。此非名词之争，而是历史之解释不同，暂且不谈。现在特需指证流俗之错误的：

第一点，"残余势力"这一观念最不正确。军阀产生于清廷之崩溃，而随民国之创建以俱来。革命之成，实成于他们，是新兴势力，而非传统势力。民国以前，既无其名，亦无其实；民国以后，先有其实，后有其名。我们不能遽以割据为封建，又以封建已倒，而命曰残余。从"封建残余"四字，最容易使人误会它是旧有的，而其实它是新有的东西。

第二点，这局面不但是新的，而且是一时的变态。我曾说：

> 这实在是不成政治，或"政治的没有"。在此分裂局面下，不但无法应付国际环境，无法防救天灾，更且造成特有的人祸——乡村成了绝对牺牲品。乡村虽在任何一社会总是居于不利地位，但绝不会落于牺牲地位。任何一社会都要在一种社会秩序下进行它的社会生活；而是一个国家，必须有其秩序——国家与秩序是二而一，一而二的。是秩序就有保全（尽它是一个不平等的秩序），所以无论如何不利（尽它怎样严重榨取剥削或妨碍），都不致作牺牲。其故即在一个统治力下，统治的一方面，被统治的一方面，总不过是两面。此两面有时对立，有时相依，成为一个结构。此一面亦少不得那一面，如何能不留余地毁灭它呢？但中国此刻不然，它不是两面，而仿佛分成三面了。此一政府与彼一政府为对立形势，乡村社会落于第三者地位。从国际的、国内的许多关系上，都表现有统一的要求，而在政府间亦有不容第二者存在的相互排斥性。但又到底不能浑一全宇，建立唯一的统治力。于是内战连绵不断，假令索性分裂成几个国家，倒亦没有许多战争。苦在分又分不开，合亦合不拢，就纠缠不清了。在杌陧不安的对立中，彼此各以应付对方为急，便顾不得第三者，而乡村乃落于纯被牺牲的地位。对于乡村常是说："今天可讲不起（挖战壕、炮火烧杀或征伕派款），明天必不如是"；但到了明天，依然是一今天。（《乡村建设理论》，9—11页）

原文系就乡村说话，其实工商业亦同毁灭于此。中国日本同受西影响，日本走上工业资本的路，而中国不能的，正为这"政治的没有"（注意：非政治不良）；日本原亦受不平等条约的束缚，但它能修改，能废除，因为它具有一个国家通常有的机能。中国人一样地要吃饭，要发财，难道不想营工营商？无奈它没有日本那样的社会秩序、法律保障；却有日本所无的交通不时断绝、炮火不时发作。外受压迫、内受摧残，其余有几？整个社会日趋崩溃，向下沉沦，此岂一社会的常态呢？

二

说到此，我们必须为更进一层的指点。我们与流俗之不同，就在我们看全局，看全盘关系；而流俗则以其为军阀所苦，集其视线于军阀本身，痛心疾首，认为问题在此，而不知问题之不在此也。问题之不在此，就从全国诅咒军阀，乃至军阀亦自己诅咒，若干年来，千方百计，取消之，打倒之，而军阀卒乃如故，可以看出了。须知非因军阀而国权不得建立；乃以国权建立不起，而有军阀。国权之建立，须凭藉一政治制度（或更深刻地说：一种政治构造）；而任何一政治制度，乃在此刻的中国均无法安立。——这是问题所在。

为什么任何一政治制度均无法安立？任何一政治构造都不能形成呢？这就因为数千年很少变的中国文化动摇了，数千年很少变的社会构造方在崩溃解体中。请看我旧日的一段话：

中国社会为什么竟至崩溃解体呢？这是近百年世界大交通，西洋人过来，这老文化的中国社会为新环境所包围压迫，且不断地予以新刺激，所发生的变化而落到的地步。于此，不要忘记的是中国文化的自古相传，社会构造历久不变的那件事。它不变则已，变起来格外剧烈、深刻、严重！

此其问题的演进，先是这老社会受新环境包围，感觉得有点应付不了，稍稍变化它自己以求适应。所谓变化它自己，质言之，就是学一点西洋。不料这变化竟是变化不得的。因其文化自身既达于极高度的妥当调和，改变一点，则其所以为妥当调和即不如初；好比配置稳洽、扣搭密合的一件东西，稍一变动，即见仄斜罅漏。所以这变化的结果，除了让自身失其原有调和之外，不能有何正面的积极成功。环境仍未能适应，更觉着急，势必有再一度变化。再变的结果，更是对内失调，对外不能适应。抑且从其对内失调，而对外更无力。数十年来变化不能自已，每一度变化辄引入更深一度的崩溃；要想成功的，却一件得不到（民治不成，党治不成，学校制度的失败，工业制度的失败等）。在这过程中，始所面对的原是外围环境，国际问题感触亲切；乃其后来，转成对内问题。因内部失调严重，矛盾冲突日烈，其刺激自比较更直接。即从内部矛盾冲突，而促其社会构造崩溃，以崩溃而矛盾冲突益烈，如是辗转无已。平常说的"政治不上轨道"便是其唯一症候。试想政治构造原是整个社会构造的一层、一面；整个社会构造趋向崩溃，它如何单得维持？抑且首先不能维持的是政治秩序，首先崩溃的是政治构造；即从这里而转促其社会崩溃。到社会已经崩溃解体，则更难有何新政治构造形成于其上。（《乡村建设理论》，21—22页）

中国政治上无办法，是社会崩溃之果，亦是社会崩溃之因。政治与社会，互为因果，往复环循，愈演愈深。然而政治自是浅，自是末，而社会较深，社会是本。所以我们说："中国问题是整个社会的崩溃，是极严重的文化失调，而其苦闷之焦点，则著见于政治问题之设法解决"。《乡村建设理论》上半部——认识中国问题之部——末后三大段：

（三）旧社会构造在今日崩溃的由来。

（四）崩溃中的中国社会——极严重的文化失调。

（五）中国政治无办法——国家权力建立不起。

正是为此而有较详论述。我们今不能具引，只能在此继续指明两点：

一点指明：中国此刻问题，在秩序的缺乏或秩序的没有，而不在有一不平等的秩序，如流俗所误认者。

再一点指明：中国此刻问题，不在剥削，而是超过剥削，近于劫掠争夺了。剥削是要在一定的秩序下行之的，中国正苦于秩序之不立，那里配谈剥削？

因此，那"日趋崩溃，向下沉沦"的大势，最须加意体会而认识之。我曾指说：

> 今日中国所患如果只在"贫"，那事情早简单好办了。要知道今日中国不是贫的问题，而是不能富的问题，是贫而益贫的问题。（《乡村建设理论》，18页）
>
> 所成不抵所毁，其进不逮其退。（同前书，19页）。

归根来说，这是特有的文化失调（任何民族所罕见）之严重结果。早已不止于一个政治的问题，更非"封建残余"那种模糊不清，浅薄已极的一句话，所能解释的了。因对于问题认识不够，当然就解决不了问题，于次段说之。

四 你们解决不了中国政治问题

一

我可以直对于批判者说：你们解决不了中国政治问题。

且先问：如何方为这个问题的解决？从来我是这样说：

一、能得统一稳定，国权树立，便为初步解决；

二、彻底完成一民主主义之新政治制度于中国，乃为完全解决。（《乡村建设理论》，第312—314页）

今不论批判者承认不承认这两步解决的话，统一即不为民主先决问题，要为其同时必备条件，恐怕是任何人都承认的。又假若统一了半年一年，又不统一，那么，这个统一就不算数。因此统一之下缀"稳定"二字，不为多余。

我们今以能否达到统一稳定，为解决问题的徵验，想来批判者是可以同意的罢！下面即指出批判者之路线，达不到统一稳定。

二

批判者所走分化斗争之路，就是一般的革命的路子。他们意在将被统治阶级（尤其那在政治上经济上处于不利地位的人），有一种组织，共起而反抗推翻那统治阶级。而在他们看军阀（南北各政权）便是中国的统治阶级，正为革命对象，所以必得推翻之，而后新政权乃得建立。这流俗的谬见，我们从来反对。我们曾指证出：中国缺乏统治阶级，军阀不算革命对象，你也无法推翻他，而建立你的新政权。

中国之缺乏统治阶级，是从来缺乏。虽然国家都是阶级统治，但过去中国适为"一人在上，万人在下"的局面。而非阶级统治，《乡村建设理论》（34—38 页），有论述，今不具引。人民国后之缺乏统治阶级，则以旧秩序推翻，陷于秩序的饥荒，未得形成阶级。抑且难言统治。《乡村建设理论》70—75 页，又 77—95 页，于此有论述，今为节省篇幅，只摘取几句以见意。

> （近几十年）教育，政治，经济三种机会，都渐渐走往垄断里去；而三者又是连环性的，得其一亦得其余，一项不得则全没有份。中国若照这种情形下去，可使一部分人常在上，一部分人常在下。成为世袭垄断，阶级对立。（中略）但垄断需要一个条件，即社会有秩序。有秩序，才可让垄断者的机会确定，慢慢地往垄断里走。而现在中国却无秩序可言，无秩序便无保障，无保障则说不定那时机会便被打破，所以垄断终不成功，阶级便不能养成。也正因为中国没有阶级，统治力无所寄放，故政治上无办法，政治上无办法，社会更无秩序，更不能有垄断，更不能有阶级。此与日本国情不同。日本政治上有办法，社会有秩序，便保证了垄断，培养成阶级。

军阀之不够革命对象，即因缺乏秩序，难言统治而来。《乡村建设理论》第 95—103 页，于此有论述，摘录如下：

> 军阀果为正确的革命对象否？照我的回答，军阀不能成为革命对象。欲说明此意，须先说明如何方为革命对象；而更先要说明何谓革命。革命是一种社会根本秩序的推翻与改建。然在人类历史上，秩序与国家二者几乎是不可分离的。先乎国家，则秩序之义殆尚未见，后乎国家而存在的秩序（无国家

的秩序），则犹期待于理想之未来。自今以前，人类社会所有秩序，没有不是靠国家权力维持的；而所有国家，没有不是武力的统治。秩序一词，包含法律制度，礼俗习惯，乃至其他类乎此的东西。当然其所由维持不全恃武力。而武力每为后盾。革命就是否认秩序，否认这秩序背后根本的最高权力，所以革命就必须是暴力行之，亦就是为此了。我们虽然可以分别反抗异族统治为民族革命，争求政治自由的为政治革命，要求经济改造的为经济革命。但一切革命，实际总是一个政治问题。因为实际都是要推翻那种秩序统治，而从新安排过。因此，革命对象主要在对那秩序，其次乃对人。类如朝鲜人要推翻日本所加于他们的那种秩序统治，如其日本放弃那种秩序，就没有问题。不过日本人总是要拥护维持那种统治的。朝鲜人乃不得不以日本人为革命对象。经济革命并非要杀尽资本家，政治革命并非要杀尽皇帝贵族。不过一种秩序不利于这一部分人的，恰好即为那一部分人所凭藉而存在；他要推翻，他要拥护，就发生了对人问题。绝没有单单对人的革命。

如果我们在上面所说的不错，则我们将问：军阀是人的问题还是秩序的问题？我敢决定说：不是秩序问题，我们遍查中国国家法律制度，没有军阀这一条文。从民元的临时约法一直到今天的法律，谁亦不能指得出军阀是根据何种法制而产生，是凭藉哪部律条而存在。反过来看，很明白地正因为军阀而国家法律失效，而社会秩序破坏。它恰好是与法律秩序势不两立的东西。

中国今日正是由秩序破坏了，新秩序未能安立，过渡期间一混乱状态，军阀即此混乱中之一物，其与土匪只有大小之差，并无性质之殊（土匪扩大即升为军阀，军阀零落即为土匪），他并不依靠任何秩序而存在，而任何秩序乃均因他之存在而失效，而不得安立；——约法因他而破坏失效；党章因他而破坏失效。他的存在实超于任何法律制度之前。

这里要注意的：他固然于法律制度无所凭藉，更且无藉于道德观念或宗教信仰。社会上的道德观念和宗教信仰，向来有与国家法律制度协调一致的必要。因为法律制度除了有武力作后盾以外，更须理论拥护，使他成为合理的。这在喜用阶级一词的人，就谓之阶级理论。例如日本天皇的神圣尊严，不但宪法上有标订，道德上、宗教上的维系力更大。乃今日中国的军阀偏不如此。社会人人诅咒军阀，他也毫不为意。甚至他自己亦应和着诅咒军阀，从来不见有这样的反阶级理论，这就见他毫无所凭藉于道德宗教的维护。这就证明他并不立于一种秩序之上。

此即前说的中国此刻问题，不在有一不平等的秩序，而在秩序的缺乏。有一不平等秩序，好革命，秩序缺乏，无法革命。

三

所谓"你无法推翻他（军阀）"，非谓那些军阀推不倒，系谓推倒他，仍无救于秩序的饥荒，军阀依然再出。我会说军阀合于不倒翁的原理：

军阀存在于何处？军阀是一面托足于旧秩序之无形有力部分为基础，一面更头戴着新秩序之有形无力部分为帽子，何为旧秩序之无形有力部分？法律制度一切著见形式者，为旧秩序之有形部分；此在今日多已被破坏无存。传统观念，风俗习惯，乃至思想见解，为旧秩序之无形部分，此在今日以社会上物质的进步之缺欠，教育之所及又偏枯微弱，故尚为有力的存在。按现在流行的语调去说，数十年来政治改革运动，文化改革运动，多使中国旧日社会上层建筑破坏；但下层构造则无甚进展。任何新秩序之不能为有效的安立，正在于此。新秩序只能为各色的安设,有形而无力,军阀即戴此为帽子,混迹于新秩序中,上轻下重,正合了"不倒翁"的原理。摇晃来摇晃去,总是不倒的。(《中国民族自救运动之最后觉悟》第401页)

社会上要求一新秩序,而新秩序卒不易建立之故,在这一段话已透露出来,但尚未说得明白。今试说明之:

我们晓得,社会秩序(一切法律礼俗)原是跟着社会事实(经济生活居首要)来的,社会秩序无非是让社会事实上走得通的一个法子,所以二者是要相符合的。秩序和事实二者都是已存在,还有从我们主观时时发生的意识要求,为第三者,亦是会要一致相符,因为社会秩序,即是一个是非标准,有价值判断在内,它训练我们意识随着它走。而我们的意识要求又离不开社会事实作背景也。三者协调一致为常例;其次,事实已有进步或改变,而秩序仍为惰性存在,则意识便来调整变通之,使得于事实相顺。此亦为常见之例。再其次,事实已有很大变化进步,而秩序惰性甚强,成了一种强硬的桎梏,两不相容,突然暴发革命。革命的暴发,大抵由于此时各自阶级意识甚强,而社会意识缺乏,不能从中作调整工夫。此虽非家常事,然其例却也所习见。独中国现在的情形,乃在此三例之外。

何以言之?这就是我常说的,中国革命不是社会内部自发的,而是由外面世界潮流国际压迫所引发的。社会内部自发之革命,大抵因新事实而产生新意识,二者一致同趋,其著成新秩序也不难(新秩序此时盖即伏于新事实而萌露于意识之上)。现在中国不然。论其社会事实,则以演自中国数千年特殊历史者为本,而社会意识(是社会的,非阶级的)则以感发于西洋近代潮流者为强,二者因不大俫。旧秩序既以不容于新意识被排而去,而新秩序顾又缺乏新事实为根据而建立不起,于是"前不着村,后不归店",两头落空。成了秩序的饥荒。这不在三个常例之外吗?

在此两夹间中，意识拗不过事实，就归落到军阀之局。——他是较合于事实，而不合于意识要求的。"故不得明著于法律，故不得显扬于理论，故不得曰秩序"。"他唯以无新秩序起来替代。故暂时消极存在耳。他不劳再否认，——因他并没有被承认。他不劳再推翻——因他并没有建立"（《乡村建设理论》，第102页）。

新秩序至今不易建立之故，一半误于安于现状的人，又一半则误于不满现状而行动操切的人。他们一味以暴力破坏为事，徒使社会沉沦淹滞不得进步，新秩序无所资藉不得形成，而众所厌憎的现局面，转更拖延下去。我们所以反对北伐完成后的暴力革命，而主张乡村建设，其意义即在有计划地推动社会进步，于培养新事实之中，建造新秩序。

四

所谓"无法建立你的新政权"之意，从上面说明"你无法推翻他"之中，已可看出。但我们还想另外从两方面有所指点。以下先说一方面。

现在要说的一方面，就是批判者这条路怕是走不出来的。这条路本是刚强好汉的路，以反帝反封建号召于人，人亦以此同情他，而追从他，颇能为一时有力的发展。然而他怕不能刚强到底，不能走直线。"打倒帝国主义"，只可作一口号来倡说，临到事实上，我们并不能用武力向帝国主义者进攻；乃至从经济上不合作来反抗他，有时亦行不通。我曾就过去北伐时的事实，于此有较详确的指说，见《中国民族自救运动之最后觉悟》第181—186页，此不具引。尤其是反帝反封建同时并进，一齐以武力反抗，为绝不可能之事。像今天的对日抗战所以可能，因为是在两大前提下行之：

一、不为广泛的反帝运动；

二、不作对内斗争，而且力求团结。

由此可以证明，反帝反封建只是说说而已，实行上要走曲线。

走直线刚强到底必然被消灭。像千家驹先生所说那种农民组织，无论如何是不见容于政权的。其前途发展之最大可能，亦不过如过去之中国共产党，终究遭遇广泛强烈的反对，……是碰巧借着一致对外，而自动放弃其对内战争来的。那只是"幸而免"；其得免，还由于善于转变，则走直线之走不通可知矣。

然则于号召反帝反封建得到发展之后，转走曲线，如何呢？譬如说，一旦自己势力形成，便专力肃清封建，而暂时对外妥协；或先妥协于内，而并力于反帝运动。这乍看未尝不是一时求全之道，然此中大有难处。一则是：你先不刚强，还可不用多示妥协，先既刚强，则此时妥协不够分数，便不见信于敌人。再则是：你先不以刚强振导士气，今虽对外稍作妥协，亦还无碍，先既刚强，今忽示弱，只对外妥协一分，而影响于士气人心者则倍之矣。平素以反帝反封建相号召，鼓着气往前干的，一旦与敌人妥协（或者还是尽量妥协），气更鼓不起，则阵线动摇，以致内溃，诚不得免。

以言语胜人，何益于事？事实所在，不可以口舌争。我所说走直线则被消灭，走曲线则内溃的话，是否实情，请读者从事实上左右思量一番，胸中自不难有个判断。论者尽有反驳的话好讲，我却不同他多争。

读者亦许有疑问：然则估量革命不成，便不要革命吗？非也。革命焉得计成败？辟如朝鲜人对于日本之统治，只有革命，还问革命革得成革不成吗？但中国人于今日之中国问题原不适用革命，而你要走革命的路，便有成败问题了。所谓今日之中国问题原不适用革命，即为中国还不到被帝国主义者统治的殖民地地步，而另一面国内的军阀，亦非是革命对象，因此正确地讲，我们都不能对他们革命。此时革命手段，如果能解决这两大问题，是不禁用的，但既非唯一的一条路，所以就要考虑其成败利钝。实则此革命的路所以为钝而非利，必败而不能成，亦正为其原不适用于此之故耳。

这样，这条路之不能建立他的新政权，即不待言了。

还有其次要说的一面，就是"中国政治问题的解决在哪里"的反面，见于下文。

五　中国政治问题的解决在哪里？

一

中国政治问题的解决在哪里？要回答这个问题，除了以统一稳定为问题解决之征验一层在前已说外，应照下面三层去说：

第一层，一般国家，其得以统一稳定者在哪里？

第二层，中国二三十年来迄不得统一稳定者，究为何故？

第三层，根据前两层而论定中国达于统一稳定之道。我们现在就依次进行。

二

我们先来试着说明，一般国家，其得以统一稳定者在哪里？说"一般国家"，当然特殊的不算在内，非国家的更不在内。说"统一稳定"，正是指着一个国家所以成为国家那一点而说，——若分裂扰攘不宁，便不成国家。所以这便等于问，一个国家如何构成。这可以回答，国家实成于阶级统治。亦即是说，一个国家之得以统一稳定，实靠于其某一阶级的统治力。

这里需要一点解释。人类为什么要"国家"这个东西？就是为要从国家那里得到秩序。人是不能离开社会而生活的，而社会生活若没有秩序，便没法进行。人类历史上所有的社会秩序，自今以前，没有不是靠国家权力维持的，而所有国家，没有不是靠武力的统治。秩序包含法律制度，礼俗习惯，乃至其它类乎此的东西。此其所由维持，当然不全持武力，而若远若近，武力每为后盾。

武力强制为什么不可少呢？要知秩序的产生，不外两种力量：一是理性相喻，一是武力强制。这两种力量似都可以产生秩序，然事实上，多不是单靠一种力量，而大概是两下合成的。只有在文化较高，理性开发，而人数又很少的条件下，从彼此了解，彼此说服，纯理性的力量，也许能建立一种秩序。假使一万人在此地，怕就难了！而一个国家，何止万人？百万、千万、万万也有。人数既多，群众心理易于冲动，便难以理喻；若加以教育程度不够，头脑简单，性情粗暴，则秩序的维持，自非借武力强制不可。说"统治"，就涵有武力强制之意在内。不过文化越高的国度，其武力越隐，理性越显，反之，文化越低，其靠武力强制便越形显露而已。

说"统治"，必包含两面：统治的一面，被统治的一面。统治和自治之不同，就在统治具有两面，而自治则是治人与被治合而为一。在自治中，自然分不出阶级，而在统治中，天然免不了阶级——一面为统治阶级，一面为被统治阶级。然阶级之不能没有，其理还在经济方面。

在经济上，生产技术的进步，原由慢慢积累而来，不能一步登天。生产技术进步的意义，在于节省人力，尤其在于节省人的体力，作到只要以脑力运用物理的动力的地步。这样前进，才使生活需要都得到满足。并且使人有闲空，为高等的享受。当进步不够时，必还要一大部分人在生产上服务，而社会众人不能为普遍同等享受，阶级即存在于此。中国有一句古话："不患寡，而患不均"，其实不均正是由寡而来。我们须知，非大家享受同等教育，使知识能力差不甚多，阶级不得消灭。然而教育实即一高等享受，其中表示着有空闲，空闲表示着社会的富力。像今天我们这一班人，得以享受教育，实为生产相当进步，而又有好多人在生产上替我们服劳，才腾出空闲给我们。假若他们亦争着受同等教育，怕大家都会没有饭吃，所以非生产技术有极高进步，纵然想求平等也作不到。

人类原是理性的动物，但理性的开发，不能无藉于教育；而教育的发达，又不能无藉于经济的进步，因此，人类社会的构造，初时只是机械地不自觉而构成，渐渐进于理性，最后乃有意识地为合理之建造。今日一般国家，实尚在机械的构造阶段，很像一物理上力学的装置。不论那个统一的国家，皆只是外面统一，内里并非当真一体不分，而实在是分成几方不同的势力，互相矛盾着，不过此互相矛盾之几方面，却又互相依存而不可离，军队或武力，通常都说属于国家所有。当其对外时，此话尚觉可信；若从其对付内部矛盾说，此话就非真。此时武力实属于一方面或一阶级（亦许不很直接不很明显），并不属于社会全体。一国之内，粗看可分为两面：统治，被统治。若细加体察，实像一复杂的机构，在巧妙地结构着。因为其间有大小强弱几方面不同势力，都在参加，彼此相欹相抗，若分若合，纵横起伏，皆有其位置关系在。大约在统治一面，以一种势力为主，亦许原来它就占优势，也许凭藉政权而更以强越。它对外就代表国家；对内虽不免有其自己立场，但总是以公家名义维持秩序。其所以内里虽非一事，而外则处处表见为一个国家者，就赖此。质言之，在一国里面，必须有此一方较强势力，隐然为中心支柱才行。

国家就是这样构成，统一稳定就是这样得到。

三

中国二三十年来，迄不得统一稳定者，究为何故？我的回答是：这就苦于社会形势散漫流动，缺乏阶级，难以形成统治。若问：中国过去不亦曾有统一稳定吗？那是如何得到的？我答：统一稳定，在过去历史上原不稀罕，但须知中国从来就不在"一般国家"范畴之内，它实非一种统治，这句话，并不新鲜，中国虽然少有人说，外国人倒不少说的（不论在昔在今）。我们声明过不多谈理论，这句话且止于此。历史上的中国，不像一种统治，或不够一种统治，但近百年的世界，则使中国要成一个国家才行，不成一个国家便不行。换句话说，必须构成阶级统治，于是在这一变化中，就失去固有的统一稳定，而新的统一稳定（阶级统治）又不成功。其不成功之故，正如上面我的回答。

中国社会形势之散漫流动，缺乏阶级，过去历史上只成一消极相安之局，未成积极统治之局，我在《乡村建设理论》第23—54页，有较详说明。自第55—135页，则进而论述其如何受外来影响，而致扰乱失序，崩溃解体。前后约共十三万余言，只有请读者去参看原书，这里不能征引。这十三万字，归纳起来：只是两个字：一个"散"字（从前老社会），一个"乱"字（近几十年来的社会）。散已难形成统治，散而且乱，将更难。读者只记着这两个字，也就够了。

中国统治之无由成功，最好与一般国家统治之所由成，对照来看：

中国的内战，中国的分裂，是和外国不同的。例如美国从前亦有南北战争。英国亦有爱尔兰要求自治独立的事。但其性质、其事实内容，与我们显然是两回事。他们是社会与社会的冲突，而我们则是政府与政府的冲突。他们是这一方社会与那一方社会不合，而反映到政治上有分裂有战争出现。我们则尽你政府与政府开战，于社会并不相干。我当说：如果许我说句不通的话，我们可以说，若将政府除外，中国国家原来是统一的。不过，当说国家时，没有把政府除外的道理罢了。因为我们亲眼看见，当南北战争时，全国各省教育会，还照常举行全国联合会，乃至全国司法会议，都还可以开。这在外国人无论如何弄不明白的了。……二三十年来的内战，那一件是问题发生在社会的呢？可知中国之分，分于上；外国之分，分于下。

在外国，国家虽是统一的，而其社会则有许多不同的分野，此疆彼界，隐然敌国。这许多分别，或从宗教来，或从种族来，或为地域关系，或为阶级分化，或因职业联系，或因身分不同，种种问题多的很。大约最早的关键在宗教,后来的问题在阶级。所以背景来历,都不是很浅,利害冲突,每每躲避不开。生在散漫和平社会中的我们,简直意识不到其意味之深刻,情势之严重。中国人恰好与他们相反。谁和谁也不是仇敌,谁和谁也不是一家。没有不容避闪的冲突,亦没有利害一致的相联。说分不分,说合不合。此其所以为散漫。从整个大社会说,倒是雍雍熙熙大家怪和气的。尤其浸濡在中国文化的中国本部地方,人口尽管数万万之多,南北东西千万里之遥,大山大川的阻隔,旧日交通之不便,曾没有什么分裂离异问题发生。反观西洋,英伦三岛已经很小,而爱尔兰与英格兰还要分,爱尔兰已经很小,而爱尔兰与北爱尔兰还要分,简直让我们不可解。以中国之地面,以中国之人口,若搁在欧洲,不知分成若干国家,演成多少国际竞争。然在中国,竟是情感相通的一个社会而不分。此中消息,正应该仔细参详。

前说:中国之分,分于上;外国之分,分于下。所谓分于下,就是下面尽管有相抗衡相竞争的诸不同势力,而无碍于上面政权的统一。所谓分于上,就是下面尽管不见有此疆彼界隐然敌国的各方势力,而上面政权却不免分裂。不留心的人,一定以为外国内部没有什么分裂问题,只有中国才四分五裂。其实颠倒了。中国这种分裂浅浅地在表面,那有外国内部矛盾的尖锐,冲突的严重呢?不留心的人,一定以为中国社会既然没有什么此疆彼界的分野,那国家还不应当统一吗?其实颠倒了。正唯其没有此疆彼界,融浑难分,所以没有成片段成形体的一方势力,可以为中心支柱,可以越居统治一面(《乡村建设理论》第337—340页)。

明白的说,只为武力缺乏主体,所以中国不得统一。武力是达到某种目的之工具,它总要有一主体来主宰之、运用之。按道理讲,国家是其主体,而事实上主宰而运用之者,则恒为一阶级。缺乏阶级则武力无处交代。因此,若干年来,武力之在中国早失其工具性,而变成以其自身为目的,为存在而存在。一个军队首领,不拥有一批军队,便不能有其地位。一大批军队,不拥戴一个首领,便亦不能自存。他们互相利用，共同图存，便需要一个地盘。这就是军阀割据的由来。凡说军阀即指自己握有武力者而言，外此皆不是。武力落于个人手中，是因为没有大过个人的一种势力（阶级或集团）具体存在，然个人不够为武力主体，可暂而不可久，遂而扰攘不定。不晓事人的还在做武力统一的迷梦，其实武力统一中国不难，倒难在谁来统一武力呢？

四

据前两层，而论定中国达成统一稳定之道，好像在中国也必须形成一阶级势力以为武力之主体，而后构成一个阶级统治的国家才行——其实这不是对的。中国社会将从阶级之缺乏，径直渡达于无阶级的社会，其道即在调整社会关系以达于新社会的建立，却非要造成一不平等的社会关系（阶级统治），将来再求平等。阶级统治在中国是万万造不成的，因而其达于统一之道也不在此。

我们要从中国的社会形势里，去发现中国问题的解决途径，大凡问题解决的窍要，就藏在问题里面，近在眼前，不必远求。即便是不求统一于上，而求统一于下。将外国统一的法子倒转过来，就是中国统一的法子。天下事情原来短处翻过来就是长处。这边走不通，就走那边。所谓求统一于下怎么讲呢？那就是求统一于社会。人家都说：国家统一则社会粗安；我们却应该说：社会统一则国家粗安。在外国是把上面的统一掩盖其下面的不统一。中国求那样，既不可能，就把下面统一起来，以统摄其上面的不统一，好了。

中国社会不见此疆彼界的分野，并非联系为一体，而是散漫不成片段，反映在政权上，自然是分散的。对症发药，现在我们就是要从三点上用力：

一、要使社会从散漫进于联系，从矛盾转向协调；
二、要使社会形见其一共同意志要求出来；
三、要使社会有力量。

这三点是相联的一回事。必有一个趣向，一共同要求，而后得所联系。得所协调，而联系协调了，则趣向要求益以明著，形成一个意志。而果然联系形成一大意志，即是莫大之力量，无待更求力量。到得此时，则前此没有主的武力，便隐然有了主体。而自然归复其工具地位——这便是中国达于统一稳定之道；统一稳定在中国只能由此得之。

我说这话，并非空抱希望，而是——皆有办法的。不过要另成章篇。此处不能详论。今只提出三层意思来说，读者果得于此有所理会，则于解决中国政治问题之道思过半矣。

第一层，我们须知，在外国社会里，所谓其一方面的势力即是一方面的要求；强越的势力即是强越的要求，其国家之统一实即统一于此强越要求之上。要求是包括了痛痒、利害、欲望、理想等而言。譬如在英国，资产阶级的要求强越于其他，大家只有随着资产阶级走，于满足资产阶级要求之中亦相当满足其它众人的要求，这样就是英国的统一。又如在苏联，共产党的要求强越于其他，大家就只有随着共产党走，共产党在奔赴它的理想中亦给了众人许多满足。苏联便是这样的统一。这其中自不免有些人的要求被拒却，被抹煞。那便管不了许多。究竟其政权背后有一部分人绝对拥护，有好多部分人相对或隐默地支持。就在这种拥护支持上面而得平稳，遂行其统治，同时它亦替他们作了许多事，尽了它应尽的一段义务。

第二层，须知中国今日就苦于寻不出一强越有力的要求掩盖其他，同时又说不上全国一致，而只见其散漫零杂，迷糊不真。此盖由过去中国人之散漫消极，又加以近年之乱而致。我曾痛切地说："……使得中国人真成了人各一条心，彼此心肝痛痒都到不了一处，意见理解很难相通；其形势之分散，心理之乖舛，盖古今所不可一遘"（《乡建论文集》第 50 页）。"如何得从痛痒亲切处条达出多数人内心的要求，而贯穿统一之，是中国的生死问题"（《乡村建设理论》第 365 页）。一明朗有力要求既不可见，政权缺乏社会方面之拥护，只有多靠他自己的武力来支持，而愈靠武力，社会方面的痛痒要求乃愈以抑闭而不得申。无论在中国在外国，只靠武力，都是不能统一稳定的。近三十年间，政权者的武力太显耀，而社会上的要求不明不强，实为不得统一之由。其间也有两三度极暂时的统一。例如在推翻满清之时，在推倒袁氏帝制之时，在国民革命军北伐之时，则正为那时各有一种强越有力的（或几于全国的）要求在也。当时那要求一成过去，则统一便难继续维持。此次幸得敌人入侵，激越我全国抗战要求。于是造成从来未有的统一局面。武力随即归复其工具地位。政府得举国拥护，正在尽其应尽的一段任务，真再好不过。但此只是临时对外的一要求，倘不乘机会作我所说的工夫，恐不可恃耳。

第三层，须知中国社会的重心，向来在社会而不在政治。历史上的中国，其政治从来是消极无为没有力量的，社会生活的进行从来不依靠它。有人因希望政治积极有力量，就羡慕极权国家（苏联、德、意）；此无异欲移重心于政治上，徒见其为妄想而已，我们今天自然要政治积极有力量，但此非可径直求之于政治者，必尽力于社会，始得收其效于政治。此在任何国家都是如此，而重心素在社会如中国者为尤然。假若我们想推动社会的进步（例如经济建设），到可从政治上想办法；今我们要解决政治问题（求统一稳定），则只有反求于社会而不能乞灵于政治。

五

中国政治问题的解决，必如上说，在申张社会要求，统一国人意志，以为武力之主宰；而不在以一方力量压倒其他，施行统治。却是批判者所走分化斗争之路，刚好是要想形成其一方面的力量，以斗争制胜，施行其"以消灭阶级为意志"的统治。凡于上面所说有了解，皆可见出其错误与行不通。今再只说给批判者一句话好了。就是：斗争是要有此一方彼一方的势力，才斗得成，才斗得出结果来；浑融难分，散漫难收的中国社会，我保你斗不出结局来，只有混斗，永远混斗！

我在《乡村建设理论提纲》第十四条上说："中国社会一向散漫流动，现在仍未形成阶级，即便倡导斗争，亦斗争不出来结果，结果乃指一新政权的建立。"又在《乡村建设理论》第441页上说："共产党的作法，倒亦痛快，只是于大局无补——他们若建得起政权来就有补。"我为什么一口咬定他们建立不起来政权呢？他们在过去以至现在，不都建立了政权吗？不错，政权何尝不是政权，然而达于统一稳定则不可能。统一，亦说不定有那一天；然而一天两天其又何补？总而言之，你们解决不了中国政治问题，你们恰走在问题解决的反面！

六　然则不问阶级立场乎？

统一稳定！统一稳定！说来说去，总是统一稳定，好像树立了统一稳定的政权（国权），万事都有办法。难道其阶级立场如何，可不必问乎？他将走向何处去呢？随他怎样干些什么事都好吗？——这仿佛是一个问题，须得答复。

其实，凡于上来所论有了解者，这问题均不烦再解答，假使此一政权是武力夺取靠武力支持的，那么，其阶级立场如何，他将干些什么，真为我们所不能不关心，不能不过问的。然而像那样的政权不会统一稳定，早经论证明白。果为统一稳定的政权，即是理性申张，国人意志统一的结果，还有什么担心害怕的呢？论者如果有疑问，应当在我所认定的中国政治问题上，我所认定的中国统一稳定之道上，生疑发问；这些都承认了，则阶级立场一层，实不必更发疑问也。

今为读者明了起见，对此问题，更为置答如次：

为何对于新政权的建立，只注意其统一稳定与否，而不问其阶级立场呢？答：因是民族问题涵盖了阶级问题。中国革命乃为世界潮流国际侵略所引发之文化改造民族自救，初非社会内部矛盾所爆发之阶级斗争。所有其民主政治之要求，建设社会主义经济之要求，皆发于文化改造，而企图为民族新文化之建设。于此，民族问题涵盖了阶级问题，所期望于新政权者，就是来完成这段任务；这段任务的负担完成，并不须从一阶级立场出发，而只有能负担完成这段任务者，能得统一稳定，真得统一稳定者必是他能尽他这一段的任务。因此，所以只要问其统一如何，不问其阶级如何。所谓新政权之新，从统一与否为断，不从阶级立场如何为断。

为何对于新政权的建立，只注意其统一稳定与否，而不问其阶级立场呢？答：因是统一于下，而不是统一于上。此请看前论"中国之分，分于上，外国之分，分于下"；中国应求统一于下，即求统一于社会，各段。中国国家的统一不统一，全看能否形著而且保持此大社会于统一的一个立场之上。既然全社会保持在一个立场上，安得更有阶级立场之说！

又统一于下，是重心在社会，偏靠于理性相喻，与偏靠于武力强制者不同。偏靠于武力，不免有许多要求被拒绝被抹煞；而此则正建筑于多数人痛痒要求的宣通修达之上也。它天然是革命的，而不能是反动的。就中国社会说，是反动不是反动，即决于是武力统治不是武力统治。是武力统治都是反动，纵然它自命是革命的。掉转来，理性申张达于高度，更不虑其倾向反动去。立场问题不是不要紧，而是包含在统一问题内得到解决。统一于下之"一"正指一立场或一趋向而说。本来在一大社会内，各有各的立场、散漫而流动的中国社会，就是立场分散而相差不大，又且变易无常，难于把握得定。又感受国际刺激的压迫，民族问题紧切，亦难于从各自立场来说话。因此不论是真的是假的，在政治上发言总是站在整个民族立场。但除了像今天强敌压境，有共同对抗的一个目标，能以形成一统一的民族立场外，平素是不能的。在平素，其问题仅止于刺激中国人发生救国运动，至于如何救国，则从各自背景立场而异其见解主张，意志并不能统一。抑且此种不相背反（同欲救国）又不一致之立场主张，最表现散漫微差性；此种在宽泛邈远目的下为其一种方法手段（如何救国）之立场主张最表现流动不定性；全不似从阶级问题而来的立场主张之简单明切，一贯不移。而各以武力求申，互相凌轧，就使得中国无法统一稳定而陷于翻覆混乱了。所谓统一于下，就是形成一个简单明切一贯不移的立场主张，俾前之散漫微差流动不定者归于统一稳定。其云统一，正是确定立场之谓。

更且可以声明一点，此确定之立场固然不好说是阶级立场，其实正非没有阶级立场在内。因为他固然是统一整个民族的立场，而趋向在建造平等无阶级的新社会，自今日社会政治上经济上处于不平等地位者言之，不是正站在他们的立场吗？今日阶级分化不著，非全无阶级问题，第以阶级问题随民族问题之解决而解决，故不说阶级运动而说民族运动，不说阶级立场而说民族立场耳。

现在所难，就难在如何形成一个民族统一的立场。此民族立场，当其对外时原不难统一，不对外而对内，就难了。但不是不可能。试看下文。

七 此大社会如何得统一？

一

我在《乡建理论提纲》上，曾说："乡建运动即中国社会统一运动"（第三六条）；又说："乡村建设运动，异于过去一切维新运动、革命运动、救国运动而独能统一中国"（第十九条）。因此，论到"此大社会如何得统一"，乃正是说明我心目中的乡建运动了。读者读此，乃可明白我一向的用心所在。

在一国之内，恒有许多不同势力，例如：不同阶层、不同种族、不同宗教、不同职业、不同乡土、不同党派，以及从性别年龄等所生之差别。此种种不同势力，共生息于一国之内，一面既互相依存，一面又互有参差矛盾，以至甚尖锐之冲突于其间。凡此，我们综括之曰社会内部形势。我们前曾有言"外国之分，分于下"，意即指其社会内部沟界深刻，壁垒严整。欧美日本大多如此。于此而言社会统一，怕是不易，怕是要经过暴力革命，再经过一种"以消灭阶级为职志的统治"，才得归于统一。"社会统一"，在尚未消灭阶级的今日，怕只有中国才可以作此企图，且亦非作此企图不可。此其所以可能，基于下列几要点：

第一，这里所谓统一是有限的，不过为了求政治上统一起见，而从社会统一入手，其所求止于使政治上得统一为已足，并不要求其它。譬如我们政治上从来的纷争，原不在（汉满蒙回藏）种族间，更不起于宗教问题，所以尽使种族难统一，宗教难统一，在我们却不须费力于此（一般地说，种族宗教仅有不同，却少矛盾，处兹国际形势，更多相依之情）。

第二，社会矛盾之最大者，原为在经济上恒各异其立场之不同阶级或不同职业。然此在中国恰最弱减。此由于旧日社会之散漫流动，至近若干年，又格于工商业之不得发达，而分化不著（此条更有申论于后）。

第三，于某一地方，种族宗教或颇成问题，而影响政治（如甘肃），又于某一地方，阶级（业佃间或资劳间）利害无法调和，皆为事实所有。但中国社会实在太大，此某一地方某一地方者比例上所居甚少，纵然影响于其地方政治，却不足以影响到整个国家。

第四，中国今恰在国际侵略压迫下，和政治经济教育种种落后的相形之下，而非平时。平时外面无问题，则内部问题虽小亦显得大。现在外面问题严重急切，内部问题虽大亦小。况原无何等问题，自不难由此严重急切的民族问题形成一个民族意志也。

第五，除上说社会形势不同外，还有社会风气亦不同。西洋近代的人生，以欲望为本，而利害是较；凡事站在自己的立场，与对方相争（所谓权利观念）。其习俗心理如此，求为调和沟通自有未易。中国人的风气刚好不同。凡在彼恒出以人与人"相对之势"者，在我莫不寓有人与人"相与之情"、伦理之义，互以对方为重；几于舍自己的立场而以对方的立场为立场（父亲要替儿子设想，儿子要替父亲设想）。是非观念、廓然大公，则几于超开一切立场。从来未闻有以斗争为道者，却另有一套克己、让人、学吃亏的哲学。凡此于减少社会矛盾，求得社会统一，恰都为助非小。更且从过去士人在旧社会结构中所尽的作用，到今日知识分子在新社会缔造中所尽的作用，均足以发挥这风气的力量。

二

此大社会——中国社会——如何得统一？前举五点，略言其有可能，兹当确指其实现之途径。此途径即在中国恰有当前严重问题可资把握。在这问题下，人人无所逃（不问其意识到与否），急切需要一个方针来应付来解决。这一个方针果真拣定，而行动起来，此大社会不是就统一了吗？所谓统一者，不外统于一个方针。方针是为了行动，行动是为了问题，故把握问题为第一着。

中国当前问题是什么？从它自身说，是如何求得民族出路？从它所负人类的责任说，是如何完成自近百年世界大交通，东方老文化与西洋近代文化相逢以后，所应有的大创造，而为人类开其前途。形式上只是国际竞争中一民族兴亡问题，骨子里却是人类历史文化大转变问题。我们先莫说远了，然而民族的出路，亦非从其民族文化的转变创造求之不可。我从来尝用"文化改造，民族自救"八字，近来又习用"民族解放，社会改造"八字。"民族解放、社会改造"八字是用得的，但莫误以为两个问题，而应知其为一个问题的两面。——对外求得解放，对内完成改造。今日说的"抗战建国"即是民族解放，社会改造的省文。此大问题一天一天严重，到最近几年以敌人相逼太急，乃凝缩到抗日这一点上。问题凝缩到一点，人心自亦随之集中，而同时方针亦易见，亦且要求速快，那亦就愈易得统一。但这样的统一，却不可久。因此，我们要把握的还在那大问题上。

中国人感受问题的煎熬，无日不求应付之方，解决之道，几千年来各种运动先后代起，或同时并起。无奈这问题方在逐渐揭开，未见究竟（文明天天在进步，潮流天天在转变，国际形势亦在变化转移），其势亦只有枝枝节节应付，不能得其要领。上次世界大战后，二十年的演变，这问题大致亦可认识把握，而我们的根本大计已到了非确定不可的时候，乡村建设便是从这问题里面觑定的一个方针。它以它正确性，在这个时候能有统一国人心志的效用；亦可说，正惟其能实现此大社会的统一，所以它才是一正确的方针。以下将指出它这伟大的效能。

三

乡村建设运动有使此大社会统一的效能，今从经济上和思想上两面说明之：

（一）经济上，中国原为一大农业社会，近百年来受西洋影响，虽走向近代工商业，走向资本主义，而以连年动乱，徒见旧的崩溃，不见新的成功，故一切矛盾（都市与乡村，农业与工商业，生产者与消费者，资方与劳方等）不著，而工商百业仍依托于农业，都市仍依托于乡村。所以前几年（十九年到二十四年）农业生产力大被破坏，乡村购买力随以降低；国际贸易出口入口相率的急剧减退，影响百业，牵动全国。救济乡村的呼声，不发于乡村而发于都市。此时最先感觉到问题而着急说话，实为上海金融界。而二十五年这一年，全国农产丰收，农产价格又不坏，工商百业立见起色，如响斯应。了解这形势，抓住乡村不就是抓住全社会吗？因此，乡村建设的主张，非唯从乎农业的立场，乡村的立场，抑并顺乎工商百业的要求，都市的要求。舍此而外，你断亦寻不出第二个题目，可以有同样的效能。

乡村建设运动在大社会中有它的立场，在大问题上有它的方针；然而此一立场，此一方针，却能将社会各方面的要求为一最大综合；——在综合上它能达于最大可能之度。

（二）乡村建设不仅能为一时的综合而已，尤要的是能维持此综合而更调整发展之。社会的矛盾在经济不进步时，还不大，亦不尖锐，而总是随着经济的进步大起来，尖锐起来。乡村建设在此处正好是提供一条路线，使中国社会的一切矛盾参差在建设进程中趋于解消，渐即调整，最后完成一体性的理想社会。这其中并无勉强，亦无神奇，只在把握一个要点：从农业引发工业，而不要从商业里发达工业。其详可看《乡村建设理论》，这里却不及说明。

乡村建设不是别的，就是抓住此大社会可能统一的一点端倪，而有计划地发展之,以达于社会一体性的完成。

（三）乡村建设运动在思想上,只有倾向可见,没有独创的主义,亦没有一定的信仰。说来颇觉好笑,然而此自有由来：

第一,乡村建设原是随着两度革命破坏之后,亟求建设新社会的运动；在思想上大致跟着革命潮流走。而中国革命恰又似追从于世界潮流。这实在是间接又间接,哪得清楚坚确的观念,只有倾向可见罢了。

第二,中国革命殆为汇合许多革命为一革命的。其间问题盖不止一端,潮流盖不只一度。于是种种思潮和其思潮过后的批评,都汇于近年的中国,拣择甚难,消化不易,除极少数人外,大都茫然无措,委心任运而已。乡村建设运动者,大抵是些沉着肯用心的人！他们在少数激进者之后,而在多数茫然无措者之前,大抵属于开明前进一流,不违于潮流风气,此外难确言其如何如何。

第三,乡村建设运动,是应于时势需要,由南北各处先后纷起,致力于乡村者之总称。他既不起于一个人或一派人独创的领导,苟非经慢慢地淘汰与融合,不知不觉归一,固不能举一家言以概其余。这样,今日也只能说到他们思想上的倾向而止。

然正以其尚在不断拣择消化之中,未曾凝固,是以可能容纳众流,形成时代思潮一大综合。凡倾向相同（例如政治上倾向民主主义,经济上倾向社会主义）的人,虽思想不一致,尽可一同致力于乡村建设。十余年来,事实上就是如此。因为社会的建设与进步,原是人人所求；乡村建设从社会基层以求普遍进步平均发展,更谁不赞成？其思想各色都有,正是大社会的反映。

（四）乡村建设不仅能为一时的综合而已,其前途将更能综合各方思虑意见,而俾其归于一辙。此其所以然,有三点可言：

第一,致力于乡村,即切近事实上去求办法。事实只有一个,办得通就是办法,办不通就不算数。不标榜主义是关了彼此纷争之门；切近事实去工作,是开了彼此归一之门。此两门之一关一开,前途更大大不同。许多思想上的争论,常常是名词之争,意气之争；愈争则愈争，要想以意见消灭意见，是做不到的，只有以事实消灭之。

第二，中国过去一切运动多出于模仿外人，在思想上为被动的。但受事实的教训，终不能不启其自觉之心，乡村运动实发端于此，而为国人入于自觉自动之第一步。今后我们将慢慢寻出其自己所应走的路，是无疑的。又自外界言之，世界潮流变化大致可睹，亦无更新鲜的可使我们再被动了。思想落于被动时，自纷然多歧，渐渐离开被动之后，便可彼此接近沟通。

第三，中国社会本来缺乏相对的两面，然政府与社会，社会与政府，却不免两个立场隐然相对。大家同在社会立场，彼此情意容易相通，一旦分属两面，每每便生隔阂。乡村建设运动将始终守定在野地位，不拥武力，不操政权（孙中山先生所云治权），俾与此大社会气脉相通，而保持一致。这不但可保持与大社会的一致，抑亦免于彼此生意见，乃至许多思想的问题，都可因立场的一致，情意的相通，而日益接近归一。

总之，此大社会之得统一，要必出于其形势之自然，而不容以强力求之（强力求得便属政治的统一，非社会的统一）。乡村建设正是此自然形势所在，吾人又从而有意识的顺成之，则事无不成。

四

上面从经济上和思想上，指出乡村建设这条路，有让此大社会趋于统一的效能。兹为谨防弄错，并为指示为何求统一，要说一段要紧的话：

思想或哲学或主义，虽家人父子夫妇亦没有统一的必要，而且各人存在心里亦统一不来，何况此大社会呢？所以我们并不求思想统一，不要弄错。还有痛痒利害亦是在各人身上，因人而异，万般不齐，不能统一的。偶然一时利害相通是有的，我们却不能使之统一。这亦不可弄错。然则我们屡言统一又何谓乎？这就是对于近在眼前的利害而言，那较远大的理想目标（例如建设平等一体的社会）却非不可统一者；又对于幽渺抽象的思想而言，那当前实际问题上之具体办法，却又非不可统一者。因为眼前利害不同的人，尽可统一于一个较远目标；哲学思想不同的人，尽可同意于一个具体的办法。我们现在就是须要一个较远目标，和顺着这目标去许多实际问题之具体办法。有的须要现在早决定，有的则逐渐前进，逐步决定。换言之，即是须要一个大方针，和大方针内的许多小方针。方针是为了行动；行动是为了问题。问题须要行动，行动需要方针，此外都不须问得。思想相接近，利害不冲突，其行动的方针自易于统一，原无疑问，但这是我们求统一所需凭藉的形势，却非我们所要统一者。

明乎此，而后统一庶几可求。

五

最后我们从过去三十年间中国的统一问题研索一番，将使我们更有所悟。过去三十年间，中国曾有过三度统一：一在推翻满清初建民国时；一在推倒袁氏帝制恢复共和时；一在国民革命军北伐完成时。试看其所以能得统一，都是那当时社会上有一种强越有力的思潮或要求，使此庞大散漫的社会不觉其庞大不觉其散漫，而觉其生动有力，浑整不二；于是从社会的统一，反映成政治上的统一。然而统一一时，转瞬又不统一了。所有三度之统一皆如此，这是何故？无他故，即当时社会的统一有神而无形，又不能持续故耳。我有如下的分析：

一、一种思潮要具体化——成为具体的要求，具体的运动——才得明朗有力。

二、一种要求或运动，如果只在有所排除反对，则不免为一时性的，不能持续长久。

所有那三度统一，诚然都出于当时思潮的具体化，却惜只在有所排除反对上明朗具体（排满倒袁除军阀），其积极的一面（正面）或尚为思潮，不够具体，或一落具体便此分彼异，不能统一。因此，统一只得一时，不能持续。还有：一种思潮或运动与武力结合起来，格外显得有威灵，过去制度之很快得到政治上的统一在此。然武力之为物，妨碍理性，招致隔阂，方其政治上统一成功之时。政治上的统一亦即不能保持了。

今日我们的乡村建设运动如何呢？它继承了两度革命的思潮，而正好为具体的要求，积极建设的运动。尤其要紧的，前此一切要求，一切运动，没有直接发于经济问题，或归于经济问题，以致与此大社会缺乏亲切实际的干联，实为过去一大缺憾。唯这一运动，不特是积极建设的，而且彻头彻尾切切实实要解决社会经济问题。于此所唤起之社会意识的统一，最深切实在。当经济上一明朗有利的要求为大社会所共持，这大社会便真的统一了。而且经济影响政治，最快最有力。一个政府只能存在与巩固，必为他对于那时社会的经济生活尽了其应尽的任务。否则，他不能存在与稳固。所以从这样的社会统一，映现出政治上的统一，当为过去所不及。

过去总是一种思潮或运动与武力结合起来，而内涵不涉经济；今则以经济为内涵，却不要武力。这一不同，却不同的甚大。这样将永站在社会立场，巩固社会的统一，而后政治上的统一乃能树立而维持。

此外，最要紧的一着，过去只有社会统一之神，今将并有社会统一之形。乡村建设是用广大无量的知识分子来作普遍深入的民众运动。从事于此运动之知识分子间互相有联络结合，而一切民众亦于运动中都联系起来，这是过去一切运动所没有的。不但此也，乡村建设的用意那在建设社会新组织，以达于社会一体为目的，与过去一切运动别有目的者不同。所以乡村建设一上手，便求着将此大社会联系为一体，顺着进行去，直到完成平等一体的新社会为止。说"社会统一"这才不是空口无凭了。

乡村建设运动大联合是我从前所设想的，今日不一定采这方式。我近来主张确定国是国策，形成党派间的大综合体，以为此大社会统一之方案；然后借以映现政治上的统一，其用意正同。此不详说。

八 批判者的错误究在哪里？

批判者的错误可分三层言之：

第一层，他认我们为错误之错误；

第二层，他自己已走错路之错误；

第三层，他改错之由。

今依顺序，逐层言之。

一

第一层他认为我们为错误之错误。此当先从我们没有错误说起。他所认为我们错误的，在忽视帝国主义，和他所谓封建势力之两大问题。我们于此并未忽视，已于前答乡建批判之一"打破现状乎？维持现状乎？"有所证明了。但只是举旧日发表的文字为证，证明不曾忽视而已？还没有说明我们于此两大问题，究将为如何应付，如何解决。现在可以来说了。

头一个帝国主义的问题如何呢？这问题的应付解决，总不出外交和军事两路。不论侧重哪一路，都须要自家政治上有办法才行；所以树立统一稳定的政权，或说树立国权，实为第一义。国内分裂扰攘，就无法应付国际环境，这是最明白的事。但中国政治如何才得有办法呢？我们认为最难最难，因为整个社会在根本崩溃中，政治上无办法，只是其见症于表面者。治本治标都必在乡村建设运动。乡村建设是看清楚问题已达于根本，而从根柢上重新建造社会组织者，是为治本（中国政治问题之根本解决）；同时乡建运动又为眼前使国家统一稳定的唯一途径，是为治标（中国政治问题之相当解决）。治本之义，本文中不及谈。治标之义，则自答乡建批判之三至七各段，具有说明。所有我们用心于求国内统一稳定之处，即是我们用心以求应付国际侵略之处；不过不将"反帝"的话常挂口边耳。请看我当初论经济建设末后的几句话：

> 时下论坛，一提到中国经济问题，有最爱说的一些话：一是极论中国土地分配不均，妨害如何之烈；一是痛数帝国主义如何侵略压迫，只有推翻它，才有办法。在比例上他们说的最多者，恰是我在此说的最少者。这里并没有什么一定的偏见，大概是我感情放得太平静了些，没有各位先生那愤懑激昂的情绪，不由得话便少了。更其是我专从解决的办法上设想，那没办法的话，就置之不说。
>
> 国际问题谁又能看不见呢？在举世闹着倾销问题，互相以邻为壑的时候，他们一国一国都竖起关税壁垒，然在中国境内不独没有关税壁垒，倒有外国的领事裁判权、国内设厂权、内河及沿海航行权、租借地、割让地、势力范围等。这许多的枷锁不除去，工业生产又如何能振兴？还有适才说到为工业根本的那些资源，如煤铁石油等，本不丰富，乃竟大部（尤其铁之一项）被窃夺于日本。假使不收回，中国简直无法谋工业建设。所有这些问题如何解决呢？……要紧的是在调整内部关系，以树立应付环境的根本。（《乡村建设理论》441页）

"要紧的是在调整内部关系，以树立应付环境的根本"，这是我们用心之自白。

我曾反对以帝国主义为革命对象的说法，见《中国民族自救运动之最后觉悟》第181—186页，原文甚长，不能全引。我不主张用急进的强硬手段对付它，因为事实上不可能。原文指出革命军天天喊着"打倒帝国主义",及至遇着它,又赶紧回避不趋(民十七八年);其知难而退,盖正以有知易而进者在。即是对帝国主义者还有运用外交一路可走。从革命不革命事属两可,便证明分际不到:我还不到被统治的殖民地,他不算革命对象。武力反抗,既属不智,亦不正确,亦不可能。乃至以经济不合作来反抗他,亦难作得到。原文举十六年在武汉的事为证,并有说明。我相信中国必有统一稳固的政府,其中有本领的外交家政治家绝不走这笨路;没有统一稳固的政府,没有好外交家政治家,而走这笨路,更是偾事而已。

然而切莫以为我是不敢设想反抗帝国主义的:

> 我非想避免国际战争;反之,我深信在经过国际大战后,这些问题(指许多不平等条约及日本夺我煤铁)大半都可解决。(同前书第441页)

我们情知战争不可避免,更深信要经一番大战,一切问题即可解决。对于这一战争的准备,我们早有下列的认识:

> 在我认为:中国不应当在如何摧敌处着想,而应当在如何让敌人不容易毁灭我们处着想,乃至在我们被毁后如何容易恢复上着想;尤其要紧的是在调整内部关系,以树立应付环境的根本。但所有这些功夫将怎么作呢?那就是当下讲的乡村建设。乡村建设是我们在国际大战前最好的准备功夫!聪明人自会领会我的话。(同前书同前页)

所说不要在如何摧敌处着想,盖指要在持久消耗上着想。其云让敌人不易毁灭我,乃至虽毁而旋毁旋复,则持久之道也。如何得不易毁灭,乃至旋毁旋复,则指民众组织之牢韧力也。是所谓最后决胜寄于全国之乡村也。其详于抗战前在成都为《如何抗敌》一讲演言之。其尤要在调整内部树立应付环境的根本，则今日团结统一之说也。乡村建设于上能收协调统一之效，下能尽组织民众之功，如何不是大战前最好的准备？我们对付帝国主义的用心，如何能说错误？

再一个，他们所谓对封建势力的问题，内容即指军阀、土豪劣绅、土地问题等。军阀问题前边言之已详，我们用心最多的就在这问题上，稍留心者皆见得出。中国国家的统一，亦即军阀问题的解决，我敢自信舍我提出的道路，更无其他。请留志此言，以俟后验。不过我不说作封建势力，亦不标榜打倒军阀耳。土豪劣绅问题，另详他篇。对于土地问题，我们所怀抱的，亦曾一再自白：

> 常有人怪我们不大爱谈土地问题。土地问题怎么谈呢？问题哪个不承认？要紧的是在有办法。办法亦不难想，要紧的是谁来实行。要知土地问题，问题却不在土地，而在人与人之间。只有分散杂乱的个人意识，或其较大意识，而没有一社会整个意识；只有分散杂乱的一些势力，而未得其调整凝聚之一大力量，这是问题之所由来。若不略略形成此意识此力量出来，而只是你谈我谈他谈，究竟没有负责的，又有何用？所以我们认为调整社会关系，形成政治上统一力量，为解决土地之前提。《（乡村建设理论），第411页）

> （上略）第一个条件，自然是能负责解决土地问题的政治力量。有了这个，方能从法律上设为种种限制，裁抑地主，终使其土地出卖；而同时奖励自耕农，保护佃农。有了这个，方能建立完整的农业金融系统，从长期金融贷款于农民以购地。其他方法种种甚多，而移民垦殖亦是一要着。凡往者丹麦、英、德、法等国创设自耕农之法，中欧东欧各国土地制度改革之经过，均足为参考。而不论什么方法实行之前，总要清查地亩、清查户口。在户籍地籍无从稽考，一塌糊涂之今日，实在什么都谈不到。大约总须这些前提条件有了进步，事实日见清

楚，才好想办法。办法亦是要一边想一边作，一边作一边想，才得切合实际而生效。此时空谈无益。（同前书第414页）

解决土地问题非用国家权力不能解决，这怕是各国所同。然却不是任何一个国家的政府皆能负责解决土地问题。因为必须他感到这个问题，而要求其解决才行。唯有中国国家权力之建立，于此大社会痛痒要求之申达，所以他将是具此要求，又具此力量的。我们为代表大社会的痛痒，原当为土地问题而呼吁，不过为顾及他方面的不安和受人猜忌，说话又不得不慎重。我们要走调整协和之路，是没有不惜走分化斗争路者那样爽快的。我亦曾自白：

（上略）至于共产党的做法呢，倒亦痛快，只是于大局无补（按此于大局无补的话今天可以证实了）。反之，我们不但不那样作，而且近于鼓吹乡村内部斗争的话，我们正极力避免。无益的话不说，没用的话不说，我只是想怎样建立那确能负责解决中国土地问题的政权。（同前书第441页）

归结来说，凡我们用心于解决中国政治问题建立国权之处，即是我们用心以求早点解决土地问题之处，正未尝放松。

以上证明我们没有错误，而批判者认我们为错误，实属他的错误。

二

第二层，他自己走错路之错误。他哪一步走错呢？他要求解决帝国主义和他所谓封建势力两大问题错误吗？不错误；或者说：大致不错误。他本着这要求而努力，错误吗？亦不错误。然则是否帝国主义和封建势力打不倒呢？亦非打不倒。那么，错误何在？错误就在以这两个口号为标榜，过分强调这两个口号，而不顾其他。

大声疾呼，标榜着打倒帝国主义，其实并不能实行；果要实行，却不必标出口号。以此为号召而图建立政权，恐为国际环境所不许。且恐以虚声而取实祸。许多国家都要赞助日本人来安定东亚，那却不得了。昔人云："说的不作，作的不说。"好说的人亦只是说罢了，到他真来实行时，还须收起这口号才行。

再则如批判者所说，农民组织必须以反帝反封建为其主要任务，怕只是不行的。反封建有时或于农民感觉到亲切；但他却不能放下锄头，跟从你去打倒帝国主义。我们认为农民组织要在社会进步中（经济进步文化提高）培养起来；而批判者之意，似要从斗争中锻炼成功。某种适当的斗争，亦许为锻炼农民组织之所需，但我却虑口号标出，声势虚张，未及斗争，先受摧残。如其说：摧残正好斗争，那就是战斗了，如过去湖南江西之所为，社会一切不得长养进步，农民组织未见能确立也。——农民组织的确立，还要在其实际生活之积极改进中，大社会的普遍进步中。

说到此，我们可以指出批判者的错误，实在其要走分化斗争的路，来解决中国问题。其标榜这两个口号而强调之，正是分化斗争的先声，正从那条路而来。他们将首先斗争于乡村内部，从而建立大社会斗争的壁垒，更从而建立一种阶级统治而作国际斗争；以此为农民解除枷锁，为整个民族解除枷锁之道。如他们错误就错误在这里。这里是躯干，旁的是枝叶。

他们这条道路的错误，上述各段文中已有论证，要点就在他们不能解决中国政治问题；而不能解决中国政治问题，即无由对外求得民族解放（帝国主义问题），对内完成社会改造（封建势力问题），中国问题依然一毫未动。所以其错误现在无须再论。不过其致误之由，究在哪里呢？

三

第三层，论他致误之由，却亦简单，他这条分化斗争的路，原是一般革命的路；他致误之由，就在将中国革命和一般革命没有分清。

中国革命和一般革命有何分别？如若不嫌我杜撰名词，则我愿为如下的说法：

一般革命是机械性的问题，为机械性的解决；

中国革命却似问题出于理性，需为理性的解决。

这话自须加以解说，才得明白。一般革命，大抵由其社会内部矛盾爆发而来。此矛盾之两方，自然都是其社会中之两大势力。其势力之形成和其矛盾之形成，皆有莫之为而为者，卒至无法转圜，于是就谓之机械性的问题。当其革命爆发，一方武装暴动，一方武力镇压，两相撞击，前者卒将后者撞倒而问题以解，于是就谓之机械性的解决。对于异族统治而起的民族革命亦属此例。中国革命则为国际侵略世界潮流所爆发，而不出于其社会内部矛盾之自发。同时又未到被异族统治的地步。是原未构成一机械性的问题，自不适用机械性的解决法。至其如何为问题出于理性，又如何为理性的解决，则另为一文言之于后。

九　中国问题决定中国出路

中国问题，何以谓为出于理性，而非机械性的问题呢？此即为中国革命非由社会内部自发的，而为国际侵略世界潮流所引发，意识之觉醒先乎事实的逼迫，形势上与一般革命根本两样。欲明此义，应分四层言之：

第一应明白：中国文化盘旋不进，入于停滞状态者已千余年，历史上只有一治一乱之循环而无革命。旧著《东西文化及其哲学》和《中国民族自救运动之最后觉悟》两书，皆极辨世俗对于中国文化停滞不前误混为迟慢落后之非。

> 我可以断言，假使西洋文化不同我们接触，中国完全闭关与外间不通风的，就是再走三百年五百年，亦断不会有这些轮船、火车、飞行艇、科学方法，德谟克拉西产生出来！（《东西文化及其哲学》小字本 65 页）

> 中国数千年文化与其说为迟慢落后，不如说为误入歧途。凡以中国为未进于科学者昧矣谬矣！中国已不能进于科学，凡以中国为未进于德谟克拉西者昧矣谬矣！中国已不能进于德谟克拉西。同样之理，其以中国为未进于资本主义者昧矣谬矣！中国已不能进于资本主义。（《中国民族自救运动之最后觉悟》，第 97 页）

这问题甚大，原书辨之甚详，恕不具引。只有一治一乱而无革命，正由文化盘旋不进一贯下来，却在《乡村建设理论》谈之较详，见原书第23—46页，《中国民族自救最后觉悟》第78—87页亦特论之，均请参看。明白这些道理，然后乃晓得中国社会内部自始缺乏机械性的问题，竟无从有自发的革命了。

第二应明白：六七十年来中国维新革命的历史，则于其革命非由内在矛盾，而实由外面引发之历历情状，自可看出。所谓外面引发，具有三义：

一、受外面的压迫打击，激起自己内部整顿改造的要求；

二、领会了外来的新理想，发动其对固有文化革命的要求；

三、外面势力及外面文化实际地改变了中国社会，将其卷到外面世界漩涡来，强迫地构生一全新的中国问题。（《中国民族自救最后觉悟》，第209页）

因为问题不在内，所以不是阶级性的，亦即不是机械性的。因为问题自外来，所以是民族性的。虽曰民族问题，然以未受异族统治，便不是机械性的。中国人于其固有政治、固有经济初未必到了不能忍受的地步；其所以成为问题，实出于文化改造文化提高之意，并有不得不改造不得不提高之势在。故与其说是政治问题、经济问题，毋宁说是整个文化问题。又从固有政治改造到民主主义的政治，从固有经济改造到社会主义的经济，为此革命要求者，与其说他势逼处此，毋宁说他头脑较新。其不赞成的，亦正非其势所不得不然，而宁由于耳目心思之有所蔽。

第三：从上两层，故中国革命的动力寄于先知先觉，仁人志士；而事实上恒以留洋学生为主。中国革命领袖孙先生必生于澳门，长于香港，而不出于内地；中国革命同盟会在东京开成立会，独缺甘肃人；中国革命人物多出于沿江沿海南方各省，革命势力且必以广东为策源地，似皆由问题所决定而然。若于此，以一般革命之阶级眼光求之，便大误。

一切劳苦群众但有工可作，有地可耕，不拘如何劳苦，均不存破坏现状之想,除非他们失业流落,或荒唐嗜赌,或少数例外者。然即至于此,仍未见得"绝对革命";投身土匪或投身军阀的军队,或为窃贼,或为革命先锋,在他们是没有分别的。这就因客观事实没有明白摆出来,叫他革命。本来人们初不必了解"革命"这名词,而要在社会客观事实明白摆出来他的前途应在哪里求,自尔走向前去。其奈可怜今日的革命方向——本应该简单明了客观存在,不待宣诸口而已喻之于心——乃纷纭聚讼于学者笔墨间,连篇累牍,还在辨认不清,莫衷一是。蚩蚩之氓,更如何知道走向哪里去呢?曾见某君论文有云:"中国许多劳苦群众,虽受了帝国主义和封建势力的压迫,以致流离失所,然而他们并不感觉谁是他们的死对头,何处是他们的出路";此言甚是。(《中国民族自救运动之最后觉悟》,第177页)

我们现在可以看出许多先生呆笨地想从农工、无产者、被压迫者,寻求中国革命的动力之错误。在他们设想这些人都是在政治上经济上机会最不好的;则要起来推翻现状,求政治上经济上机会平等的,必是这些人。他们殊不知:

(一)散漫流动又加混乱失序的中国社会,其政治上经济上机会之不等,非限于阶级大势之定然,顾落于个人运际之偶然;个人自求出路于现状之中,较诸破坏现状为社会谋出路容易得多,"非革命不可"的形势造不成。不要说他不革命,革命了,他个人稍得地位机会,便留恋现状而落于不革命或反革命去。

(二)在大势上定无好机会者,则唯穷乡僻壤蚩蚩无知之人。可以说,在中国现社会受压迫剥削最甚者,即于知识智力最低者。他不但没有新知识而已,同时他大半是离开外面世界最远者,陶铸于旧习惯最深者。他不动则已,动则为翻转回去的动。天下岂有问题中正主人,其解决问题的方向,走向反面去者?与其认他为解决中国问题的动力,不如说他正是中国问

题的对象；前所谓文化改造民族自救，其功夫正要在他身上做也。（《中国民族自救运动之最后觉悟》212页）

然在问题中感受压迫虐苦的多数人，实为解决此社会问题之潜伏的一大力量，要为革命的知识分子所必凭借，却无疑问。不过他是宾不是主。

主与宾何由定？方向在谁身上，谁是主；从乎其方向来完成其事者为宾。（同前书214页）

在问题简单而决定的社会，凡在问题中人于其方向所指，不必宣之于口而已喻之心。此时社会上大抵是两方面：一面要维持现秩序；一面非破坏现秩序不可。所谓知识分子思想家者，不过于此时供给一套否认现秩序的理论与建设新秩序的理想，其破坏现秩序之革命基础力量，别有在而不在他。新秩序之建设完成虽亦要假乎有头脑的知识分子才行，然而方向之决定不在他。于此际，知识分子是宾，不是主。（同前书第211页）

于此，可以打个比喻：一社会知识智力之士，是其社会头脑心思之所寄；社会众人离他不得。一个人的行动，虽无不经过头脑判定而身体活动出来，但方向有早决定于体内者，有待决于头脑者。唯社会亦然。西洋革命往例，好像一个人饥饿或干渴的问题先发自体内，而头脑为之觅饮求食。虽问题的判明与如何活动无不经过头脑者，而方向固已早决于体内，且上达于脑，头脑不过从而映现于意识完成其事耳。饥一定求食，渴一定求饮，无容商量。现在的中国革命，好像一个人病了，身体内种种不适，而头脑为之觅药求医。此时问题的认取——病在哪里？解决的方向——当吃什么药？一待头脑慎明辨而后决。其至身体初时尚不爱吃这药，待服下去后，方感得好。是则头脑决定方向，身体从而完成其事，比之前例，主宾互易，

正自不同也。(同前书第214页)

事实还不到,而革命的方向先从意识上决定了;所谓问题不出于机械而出于理性即指此。事实是自家的(数千年历史演下来);意识是外来的(感发于世界潮流);革命不革命,系于知识问题。然不是说知识分子一定革命;革命是他,不革命是他,反革命亦是他。所以说"先知先觉"还不够,要说"仁人志士"。单有知识不行,还得感情富、意志强。说得明白些,中国革命全靠有知识的人之向上前进的心理,我所谓理性正指此。

第四从解决中国问题所需要的功夫来看,更知是理性的。一、就对外说,单单排除国际压迫算不得问题的解决,而要在有以充实自己。这自觉自动地来充实自己的功夫,不是理性吗?二、就对内说,暴动与破坏在这里需要的很少,尤其在两度革命后的今日为然。所唯一需要的是社会长足的进步;有了新事实,乃有新秩序。而这社会进步,却不可像过去欧洲那样从自由竞争盲目地进步,要有计划地推进社会,使向一定目标而进步。这不是理性吗?三、所谓推进社会不在强制推行,而在唤起民众之自觉自动,一切建设举当纳于教育之中,俾其以自力建设一切。不如是,革命不得完成,这不是理性吗?而更要紧的还不在此。

更要紧的,乃在确定建设计划,担负推进工作的这一方面力量之如何形成。我们试问:谁来计划?谁来推进呢?这不是某一阶级的事,前已论证明白,凡关心这事而志愿参加的,都应当承认他。乃至他不参加而要过问这事的,都必得承认。这里不可能拒绝任何人,拒绝一人,即拒绝一切人。如果不是他自绝于人,在此大社会中谁亦拒绝不了谁的。但这些人之间,若彼此合不来,"有计划地推进社会,使向一定目标而前进"便作不到,且必互相冲突摩擦,为民族最痛心的损失。如何使他们形成一个力量呢?其道必求之理性,归于协调,而更无其他道可走。

这末后更要紧的一层,就是前论中国当前政治问题如何解决一层。当前政治问题的解决，是一切问题解决的入手，亦是一切问题解决的关键。而这一问题，刚好是不能为机械的解决（武力解决），只能为理性的解决（协调统一）。由是而中国问题，要理性解决之义乃决定。

中国问题之未陷于机械形势中，由于其问题之不简单不决定。何谓问题不简单？假如单是民族对外问题，或单是社会内部问题，就是简单。又假如单是政治问题（民主革命），或单是经济问题（社会革命），就是简单。何谓问题不决定？例如封建社会的地主与农奴，资本社会的资产阶级与无产阶级，以及帝国主义者与其殖民地，其相互关系就明白决定。中国问题既不是简单的一个问题，而其关系又复含混模棱不定。外则帝国主义既不只一方面，我与帝国主义的关系亦尚未到殖民地的地步。内则中国社会究是个什么社会谁亦说不清，又适在崩溃剧变之中，更无分明而决定的两方面。在一般革命恒只有矛盾的两方面，而没有超居两方之上（或从旁），先看到他们的问题为之谋合理解决者（非绝对没有，而是不成力量），卒演为机械的对抗，亦只有机械的解决是他们的出路。中国问题如其简单决定，当然亦只有如此，现在恰好不然。

中国人恰好从外面对照而看出内部的缺欠和问题，并看出其应取方针，更且从外面刺激而激发其内部整顿改造的运动，这哪里是机械的呢？同时复感于内部缺欠之大，而看出民族前途之可怕，赶紧应付外面，这又哪里是机械的呢？由外而内，由内而外，往复综合于意识之中，而筹划于事先，这便是我所谓理性。这个理性，实在是从问题多而不定的机会中，开出来的。

一般革命所以要走分化斗争的路，盖由矛盾之两方既成机械对抗之势而不可挽，则亦只有从而分之斗之，以促其解决。又因为一般革命——社会内部自发的革命——其新旧秩序的更替好像金蝉蜕壳，新的早孕育成熟，故功夫重在蜕去旧的。分化斗争正是加强新的力量，以促旧的蜕去，说他问题解决在此，未为不可，中国问题于此，却不适用。就对外说，有决裂不决裂两途可走，而重要的皆在充实自己才有办法。此时而分化斗争于内，在平时则妨碍了充实自己的功夫，在战时则妨碍抗战，岂有是处。就内部说，缺欠大而矛盾不大，机械对抗之势未成，此时而分化斗争，义果何取？旧秩序以不容于外来的新意识而被推翻，新秩序却未尝孕育于旧历史而得产生出来。此时正待培养社会进步，藉新事实以立新秩序；分化斗争只益破坏，宁得为问题之解决？——这又是说，由于问题的不简单不决定，走机械的路便"文不对题"。

解决中国问题要如何才行呢？只须顺着"从问题多而不定所开出来的"理性走去便好。这个理性就是"由外而内，由内而外，往复综合于意识"的意识。这个意识是民族自觉（对外），同时是社会自觉。何谓社会自觉？不是从大社会里面，意识到自己这一小份（一身一家一阶级一部分），而却是离开自己，意识到整个大社会。中国问题本是最能启发这个意识的，只须顺着去发达这个意识，加强这个意识的作用，中国问题便得解决。这样得解决时，就谓之理性的解决。

（我顺便指出：中国问题不是一个正好启发阶级意识的问题；去发达阶级意识，加强阶级意识的作用，中国问题便不得解决。——这样不得解决的路，就是批判者要走的路）。

何以说这个意识发达，中国问题便得解决呢？中国问题的解决在民族解放，社会改造。求得民族解放之根本动力，在民族自觉，——这个意识的一面。有了这个根本，求得解放的一切办法一切条件乃随着而有，即如今天抗战的成败利钝，不全看全体的中国人民族自觉如何吗？再问：一切办法一切条件中最要紧的一着是什么？无疑的是国家的统一，是一个最高统一权力之建立。而此统一之建立，却又完完全全以这个意识（包括民族自觉社会自觉）为基础，更无其他。——中国的统一完全建筑在这个意识上，而不能建在武力征服武力统治上面，这是我们见之最真，论之已详的了。如此，统一既得建立，一面充实自己，一面应付国际，可以言外交，可以言军事；凡求得解放的手段都运用起来，问题之解决何难？

　　说到社会改造，在其他国家亦许其根本动力要放在阶级意识上。然而在中国社会改造的要求却出于社会自觉——是这个意识的又一面。更为了阶级意识不能建立中国的统一，而统一的建立则为"有计划地推进社会，使向一定目标而前进"的前提，"有计划地推进社会使向一定目标而前进"，又为完成中国社会改造之路；于是乃卒不能不退阶级意识，而进这个意识，以社会自觉为解决社会问题的动力。统一一旦基于这个意识而建立，则如何计划，如何推进，如何纳建设于教育之中，最后如何实现平等无阶级的社会，那只在时间和功夫了。前后总起来说，只须发达这个意识，中国问题便得解决，很明白的。

　　若问：这个意识的发达容易不容易呢？却还不易。外面的世界，从正面启发我们这个意识，但又从侧面梗阻其发展。因为外面的世界是个人意识很强，阶级意识很强的世界；是尚斗争尚武力的世界。这样的风气传进来，正好造成许多逆流：从个人意识，阶级意识破坏了这个（民族的社会的）意识；更其是从斗争、从武力使彼此情意不得相通，彼此几若无理可讲，无话可讲，大大伤损了原来可能有的感情。而这个感情是要与这个意识相俱的，缺乏这个感情，则这个意识不能发生。因此，百年来外侮日逼，救国之言盈耳，乃不见中国人彼此团结相亲，反而分裂斗争，相杀相斫了几十年。这实在是一个大矛盾！自然，几十年的分裂斗争，还有其他因素和许多理由在。但我愿指出许多以社会一体为心的仁人志士，袭取外来学说，于社会中制造壁垒，破坏这个意识而不自知。他自己这一矛盾，实生出来那大矛盾。今后必须于此有所觉悟，尤其以武力斗争为戒，则理性的路庶几早些走通。

　　其余未尽之义请看下文。

十　乡村内部问题如何解决？

一

中国问题决定中国出路，大意已尽于上述，为读者易得了然，今更拈出一个问题来说一说。

前于《两条路线——批判者和我们》文中，曾表见出彼此第一个争点：我们眼前将乡村看成整个的而组织之；他们则分化乡村，只将贫农雇农及一部分中农组织起来。这个乡村内部问题，主要是地主佃农间的问题，和土豪劣绅问题，实在是一件不易谈的事。批判者曾反对我们说：

> 梁先生由于不了解乡村中的阶级关系，他把乡村视为抽象的整体，而不看成是由各种利害不同的地主农民所组成的。他只看见了乡村之外部矛盾，而不看见乡村之内在的矛盾，所以他是根本不想改变乡村之内部的生产关系。唯其如此，他的整个乡村是抽象的空洞的东西。即使在表面上在所谓乡长与村长领导之下组织起来了，然而农民们明白这种乡长与村长即是从前的乡绅与地主，他们多是收租的而不是纳租的；多是放债的而不是欠债的；由他们所主持下的乡学和村学，和从前的《自治协会》并没有什么本质上的差别。而且一般贫苦农民的经济地位既不变更，

他们对于乡学村学也会取一种漠不相关的态度，他们只把乡学与村学当为新的政府玩艺或新的花样，他们决不会把乡学与村学看成自己的东西，看成代表他们具体利益的政权。决不是有了它，即可以免除苛捐杂税、高率田租及高利贷之种种的剥削；或有了它，既可以不受贪官污吏土豪劣绅所蹂躏。事实上只有当乡学与村学变质为代表贫农利益这样的政权时，农民们才会以必死的决心去拥护它，才会对它发生真正的兴趣而"必忠必信，生死以之"。但这又不是梁先生的所谓"乡学"与"村学"了。梁先生的"乡学"与"村学"，不过是旧日乡绅政权之变相，只是披上了一件美丽的梁先生的外衣而已。（《中国乡村建设批判》第91—92页）

乡农学校最大特色就是把农民看成无差别无等级的一团。（中略）但乡民是不是整个的呢？乡民内部是不是真没有严重问题？如果有问题，会不会影响他们合作与团结呢？要是他们的利害不一时，应该谁迁就于谁呢？这几个问题在梁先生看来好似不成问题。（中略）我们疑问的是：在农民自身利害如此冲突的"整个乡村"中，梁先生如何能教他们"出入相友，守望相助，疾病相扶持"呢？这几句话即在古代亦未曾实现过，正有如王道之为古人之一种理想一样；不幸却作了梁先生乡农学校的憧憬。（同前书第138—139页）

"整个的乡村"是与"全民"同样地是抽象名词。（中略）由这种种经济地位不同的农民所组成的乡村，不能调和的乡村与冲突是不可避免的。要使他们为着全乡村的利益而合作，这种利益名义上是全乡村的，事实上却是一部分人所独享。例如防匪与防盗终算是一乡村共同的利害关系了，但其实地主与富户更沾到光，而义务是全村共同负担的。（同前书第140页）

梁先生以为我们不应该在乡村社会内起一种分化的工夫。

但问题是乡村社会内究竟有没有显然对立的农民阶层的划分；假如没有，则掺杂外力亦分化不了；假如有的，则梁先生苦口婆心的劝告，亦终归无用处。（同前书第 139 页）

二

我从来不为琐碎的声辩，只谈根本的异同；但在此处却要为几点辩白。先将我书中原文录后：

（上略）我们则看乡村社会的内部，虽然不是全没有问题，然而乡村外面的问题更严重；——就是整个乡村的破坏。所以我们现在必须看乡村是一整个的，至少我们于中国社会多数乡村必须如此看法。（《乡村建设理论》，第 280 页）

乡村的整个性，至少在中国较大部分地方是可见的；而同时都市与乡村的分殊，乡村地位的不利，则以西洋文明进来而益严刻。这样就规定了农民运动的正当路线是团结自救。乡村内部的矛盾亦是有的，要当待后一步解决；要尽可能的避免斗争，从理性求解决。也许有的地方，乡村内部矛盾到团结不可能，那就管不了。天下事只能从多分，从大体，把握一要点以求解决，其他则在大局解决之下自随着而解决。（同前书第 282 页）

从这原文上看来，就可以证明：我何曾不了解乡村中的阶级问题？我何曾不知乡村内部问题需要解决？我明明只说"必须如此看法"，又且是暂时如此看，又且是对大部分如此看，而批判者一概抹杀，强诬我以乡村真为整个的。我既说出当待后一步解决的话，则真不能听阶级存在可知，还有上下文其它证明甚多；而批判者强诬我根本不想改变乡村内部的生产关系。批判者文章十余万言，其为我不及一一置辩者，谈者以此为例，亦可推见其多诬。

再有须为中国社会辩诬的,"出入相友,守望相助,疾病相扶持"几句话原是乡村间随在可见的事实,而批判者竟指为古人一种理想,未曾实现过,这实在可惊的很。我们承认与这话相反的事亦有的,这话未曾彻底实行亦诚然的,但照我所见北方乡村情形而言,若完全离了这几句话真无法生活。乡农学校所憧憬的不在此;这亦用不到乡农学校再憧憬。或者我的见闻有限,中国之大,无奇不有吗?我很愿意知道批判者根据哪地方的乡村情形而说的;我很愿去加以考察,以广见闻。在都市里,前后左右邻居不相闻问者是有的,在乡村则不可能。其生活上的互助,真所谓日用寻常,怎能完全没有互助于其间,我倒想不出!这是不是厚诬中国社会,读者必有判断。

三

乡村内部问题解决的途径,须看其阶级分化的深浅;分化不著,谁亦不能强分;分化已著,自难强合。这话大家同承认。但我们与批判者的观察既然不同,又无可凭的调查统计,各人强调自己的所见,殊属无味,所以我不从这里来说话。

我们试且看:乡村内部问题总不是中国问题的全部罢?不但此,中国问题里面好多非常严重问题:国际的侵略压迫、国内的军阀战争、经济上文化上种种极大缺欠、可怕的落伍等等,较量起来,这总是个小问题罢?这样,乡村内部问题解决的途径还待看整个大势如何,不是单从乡村内部情势可以决定的。在整个大势上中国要走理性的路,它使不容两歧,自去走分化斗争的路。因此,不论批判者如何强调乡村内部的分化,都不够一决定力,来变更中国所要走的路。反之,乡村内部问题的解决,却只能随着整个中国问题而解决。

乡村内部问题,如我所说要留待后一步解决,其理由就在此了。在整个大势上,要走理性的路,而不容分化斗争于内。那么,头一步就不能触动内部问题。头一步将如何？头一步将先求同，而不求异。——就是建立统一，建立外抗侵略、内求进步的根本。本末先后，轻重缓急，当如是的。

头一步不要触动内部问题，但头一步却要着手在乡村；那么，就必照我所说对于大部分的乡村看作整个的了。此时对于那些矛盾深刻以致不能团结合作的乡村，暂不管它（暂不进行乡村建设），未为不可。

在头一步功夫收得成果时，则解决乡村内部问题的根本力量就建立了。此根本力量分析言之有二：第一是民族文化改造运动（即乡村建设运动）的大体系；第二是国家权力。所谓民族文化改造运动的大体系，就是担负"有计划地推进社会使向一定目标而前进的大体系"，亦就是前论"此大社会如何得统一"之具体实现；这与国家权力相需相待而发生作用。盖不走分化斗争的路，就必须有一超居矛盾两方之上的大力量始得。

头一步功夫收效，后一步功夫于是向前迈进。要借国家权力来进行的，当然解决土地问题从根本上消灭阶级是第一件事。然而大部分功夫却要赖文化改造运动去作。功夫如何作，这里须稍为说一说：

（一）从人生向上的意思来组织乡村，标出"大家齐心向上学好求进步"的口号，而彻头彻尾发挥此一精神（详见《邹平的村学乡学》一书），所以不叫"村公所""乡公所"而叫"村学""乡学"。这样就使人们离开各自狭隘的立场，而一以理性为准；这样就使人们虚怀接受外面的新道理新事物，接受人家的指导，好像开了胃口，想吃饮食一样，社会的进步与改造，由此而形势自顺。

（二）在乡村组织中，特将乡村运动者放进去，有计划地推动社会的进步与改造，这就是村学乡学的教员。这教员非孤零的一个人，而是左右有联络，上下成系统，全国文化改造运动大体系中的一分子。他好比在前线作战的一个战士，执行上级指挥者所给予他的任务，背后还有大本营作后盾。此一大力量不仅是超于乡村内部矛盾之两方的，且是超乡村的。

（三）在乡村组织中，不取近代法律上的个人本位权利观念，而从固有伦理互以对方为重的精神去发挥，各自认识其应尽之义，并认识社会联带关系，人生互依之义。这样，不使人各去争执自己的利益，而引人在社会出路中求得自己的出路。

一切办法不及详说，请看我的原书。由此向前迈进去解决乡村内部的问题，无有不可解决的。

不要以为这些办法道德气味太重，不切实际，要知道中国问题当初发动，一面激于民族自救知耻要强，一面爱好真理而奔赴理想，正所谓人生向上的精神。便是乡村内部问题的提出，亦不出于被压迫被剥削之众，而宁出于可以压迫人剥削人而自了的人。他要为自了汉，还是可以自了，而他却要干农民运动乡村运动。今不过顺沿这一副心理而见于行事，并没有一毫格外生强撰作。由此形成的一大力量（民族文化改造运动），天然是超社会矛盾，而是以解决社会矛盾的。

批判者的疑问，不外是：

（一）农民自身利害如此冲突，如何得团结合作？

（二）他们的利害不一致时，谁迁就谁？

（三）乡农学校既是集各种农民的一垃圾堆，其政权究竟握在什么人手里，将为那一种人谋利益？

我们现在可以回答：

（一）对于大部分的乡村可以看为整个的，进行乡村组织，其内部矛盾逼于深刻的暂不进行，待国家对土地有了办法时再进行；或他们鉴于旁的乡村的进步而乐于接受指导时，进行之。总之都不难随大势而解决。

（二）利害不一致是眼前一时，向远看，向前途看，利害便是一致的。启发得理性，无所谓谁迁就谁。"谁迁就谁"的困难，是只有矛盾的两方时才发生，这里没有这困难。

（三）政权不属于矛盾之任何一方，而隐然操于全国民族文化改造运动，当然亦就不是为任何一种人谋利益的。

四

土豪劣绅问题虽同为乡村内部问题之一，但只地主与佃农间算是乡村内部的矛盾，而土豪劣绅却不算。地主固然有时兼为土豪劣绅，但土豪劣绅却不必皆是地主。有时地主且正为豪绅敲剥的对象，这是我们常见的。社会之有土豪劣绅并不由于制度之不平，而宁由于他个人为人之不好，他与贪官污吏是一类问题。官吏并不一定贪污；不贪污的官吏并不要排除。同样，乡村领袖并不一定豪强奸劣；不豪不劣的领袖并不要排除。造成贪污豪劣的，自然由社会环境许多条件，不能单责他个人；然而他个人却不能不负责。在个人要负责的问题，就是一种机械的矛盾。

革命是由于社会中机械的矛盾之存在，而不应当牵扯到个人道德问题。但中国革命恰又是例外。仿佛记得民国十七年吴稚晖先生主张全民革命说，为改组派所讥笑。吴先生的说法就是：军而不阀，官而不贪，吏而不污，土而不豪，绅而不劣，便不是我们要反对的对象。革命者与革的对象，不以阶级来分，因而人人皆可革命，就是全民革命。吴先生所说，实不高明，然而你却应当玩味他所以落于如此说法者，正非无由也。

由于什么？由于中国社会里缺少决定的两方面。假如有决定革命的一方面，有决定反动的一方面，中国问题早办好了（参看《民族自救最后觉悟》第 171—191 页论革命对象难，阶级基础难）。现在革命动力落到仁人志士身上，则革命对象之落在贪污豪劣，不仁无志的人，亦势所必至了。于是革命问题卒牵混到道德问题，而无可奈何。

假如批判者和读者承认以上的话大致不错，则问题解决的路不在分化斗争，而在我所谓理性的路，在我所说文化改造运动，亦就明白。我们应当转移风气，改变形势，使人不流于土豪劣绅，而从正面培养民主势力，健全地方组织，实为根本。在我所设计的乡村组织，于消极积极两方面功夫皆曾注意到，可看《乡建理论》274—279 页，此不具引。

总结来说，中国问题是从理性发动的，其出路，仍须求之理性。彻头彻尾，是"文化改造民族自救"八字，以乡村内部问题为例，亦既可见。

结语

在弁言中，原说先谈两大根本问题，其有未尽，再分别作答。现在写了以上十段文章，大意已具；而时经两月，不愿再费时光于琐琐辩论，拟即此为止。

不过有一句话，还要在这里声说。以上十段文章，虽说"大意已具"，真实未曾向深处谈。中国问题起于中西文化之异；中国问题的解决，在于中国文化改造。文化改造是何等深细问题，上文虽纸不离文化改造字样，实未曾触到问题所在。因为说话要说了一层，再说一层，所以尚且有待。

只因问题的深处未谈到，所以对于批判者有一些疑问未曾置答。例如批判者对我讲伦理，讲礼的复兴，讶为开倒车的一类便是。这真老子所说"下士闻道"，他自然是要大笑不止的。

如我所说，此礼的路为人类未来社会所必由；——在近代法律制度后更进一阶段的文化便是礼（《民族自救最后觉悟》第153页）。

（上略）尤其不可不知者，现在一般国家所行之法律制裁的方法，实以对物者待人，只求外面结果，而不求他心与我心之相顺，粗恶笨硬，于未来社会全不适用；非以教育的方法及人种改良的方法替代不可。此教育要在性情的陶养；那么，莫胜于中国的礼乐。所谓国家将成为一教育的团体。凡今之所谓政治，在那时大半倒用不着，法律制度则悉变为礼（同前书第161页）。

判者既不虚心以求了解人家的用心，则横以恶意相猜测；

例如：

　　我们再问：这种乡学村学，它真正的任务到底是什么？在梁先生草拟的《山东乡建院设立旨趣及办法概要》中我们寻到正确的答案了："乡民愚迷而有组织，且为武装组织，其危险实大。第一要化导他向开明进步的方面去，不然必为乡村改进的绝大障碍。第二要慎防其势力扩大，为人利用，酿出祸乱，这是一件最不易对付的事。然只许用软功夫，不可用强硬手段摧毁之"。这几句话把乡学村学的根本精神暴露无遗了。（中略）说穿了，不过是孔老夫子"民可使由之，不可使知之"的老把戏。不过是现存秩序之巧妙的设计者。梁先生虽然口口声声要深入农村组织农村；然而农民假如真的组织起来，他却是一个民众武力之惧怕者；所不同的，他是要用"软功夫"去对付，以别于"硬功夫"对付者而已（《中国乡村建设批判》第142页）。

　　批判者之意，不外"只有我是革命的，你们都是不革命，并且反革命的"。他一见乡民武装组织字样，便欣然以为革命之机，而不知上面冠有"愚迷"二字。此愚迷二字，非泛语而是指红枪会或其他帮会组织（如天门会、无极道、赔钱道等等数之不尽）说的。原文上句"地方有红枪会或其他帮会组织者，亟宜作一种化导功夫，务使其相当之用而不为害"；被批判者截去不录出，不知是有意截断，以遂其诬陷否。红枪会、天门会在河北、河南、山东一带，愚蠢迷信，为害地方；故原文云"要化导他向开明进步的方向去"。然有时能防匪，能抗乱兵，民十四、五、六年曾将国民二军及奉军缴械甚多，故原文云"务使其尽相当之用而不为害"。批判者却以为抓到我反革命的证据了，岂不可笑！

　　我们对于批判者数十万言的批判文章，归总来答复两句话：请不要以为"只有我明白，你们都不明白；只有我革命，你们都不革命。"批判者明白几何，而只以为明白？批判者革命了许久，便自以为革命？倘使虚心以体会当世人的言论主张，所明白者或当更进。倘使推自己革命之心，以相信当世之同具此心肝者，则于大局当更有补益，又不止彼此一二人之私幸也。

二十九年八月于江津白沙之黑石山